신화는 없다

신화는 없다

저자_ 이명박

1판 1쇄 발행_ 1995. 1. 15.
1판 168쇄 발행_ 2025. 10. 10.

발행처_ 김영사
발행인_ 박강휘

등록번호_ 제406-2003-036호
등록일자_ 1979. 5. 17.

경기도 파주시 문발로 197(문발동) 우편번호 10881
마케팅부 031)955-3100, 편집부 031)955-3200, 팩시밀리 031)955-3111

저작권자 ⓒ 1995, 이명박
이 책의 저작권은 저자에게 있습니다. 저자와 출판사의 허락 없이
내용의 일부를 인용하거나 발췌하는 것을 금합니다.

Copyright ⓒ 1995 by LEE, MYUNG BAK
All rights reserved including the rights of reproduction
in whole or in part in any form. Printed in KOREA.

값은 뒤표지에 있습니다.
ISBN 978-89-349-1763-2 03810

홈페이지_ http://www.gimmyoung.com   블로그_ blog.naver.com/gybook
인스타그램_ instagram.com/gimmyoung   이메일_ bestbook@gimmyoung.com

좋은 독자가 좋은 책을 만듭니다.
김영사는 독자 여러분의 의견에 항상 귀 기울이고 있습니다.

신화는 없다

―――――

이명박 지음

김영사

개정판 서문

이 책의 초판을 내고 10년의 세월이 흘렀다. 강산도 변한다는 시간이기는 하지만 세상이 참 많이도 변했다. 사람과 정보, 자본과 물자가 거침없이 국경을 넘나들며 세계가 하나의 생활권으로 수렴되고 있다. 서로 다른 것들이 사방으로 오가면서 섞이고 어우러져 모든 게 전보다 훨씬 빠르게 돌아간다. 세계화의 기치 아래 경제의 논리는 한편으로 경쟁을 강화하면서도, 다른 한편으로 환경, 복지와 문화로 그 지평을 넓히고 있다.

근대화를 목표로 공업화와 수출에 전력했던 우리나라는 세계 10위권의 경제대국으로 발돋움하고 OECD 회원국이 되었다. 그야말로 세계 속에 당당한 나라가 되었다. 가난을 벗어나겠다는 일념으로 밤낮을 가리지 않고 현장을 뛴 젊은이들은 '후진국도 선진국이 될 수 있다'는 것을 증명함으로써 역사를 다시 썼다. 그들은 이제 기성세대라 불리는 장·노년층이 되었다.

개인적으로 나는 기업 경영에서 도시 경영으로, 민간 분야에서 공공 분야로 활동의 영역을 바꾸었다. 내 젊음을 불태웠던 현대를 떠났고, 국회의원을 거쳐 지금은 서울시장으로 수도 서울의 행정을 책임지는 자리에 와 있다. 정보가 많아지고, 빨라지고, 상황이 급변하는 만큼, 경영자의 판단과 행동에도 그만큼 스피드가 중요해졌다. 그리고 스피드 경영이 성공하기 위해서는 공직자의 역할이 막중하다. 그들이 먼저 앞을 내다보아 새로운 틀을 만들고 바람직한 여건을 조성해야 하기 때문이다. 이게 내가 일자리를 바꾼 이유라면 이유다. 자리가 달라졌지만 여전히 나는 할 일이 많은 경영자다. 나날이 새롭게 도전하고 끊임없이 미래를 열어가야 한다는 점에서는 사실 달라진 것이 없다고도 할 수 있다. 다만 대상이 사기업에서 공공의 영역으로 바뀌었을 뿐이다.

　어느 날 출판사 사람이 찾아와서 이 책의 재판을 인쇄하겠다고 하였다. 요즈음 책을 찾는 이들이 부쩍 많아졌다는 것이었다. 솔직히 말해서 잊고 지내고 있었던 터라 의외였다. 반갑기도 했지만 그보다는 오히려 궁금증이 앞섰다.

　왜일까? 요즘 같은 불경기에 취업 전문서도 아닌 책이 누구에게 왜 필요할까? 어쩌면 어려움을 겪고 있는 사람들, 특히 장래가 불안한 젊은이들일지도 모른다는 생각이 들었다. 자유와 평화가 주어진 줄 알았는데, 그 당연했던 상황이 흔들리고 있는 것이다. 풍요와 안정이 확보된 줄 알았더니, 거꾸로 불안이 가중되고 있는 것이다.

　이 위기감의 근원은 무엇인가? 세계질서가 재편되고 있는 가운데 동아시아의 파고가 심상치 않게 높아지고 있다. 그런데 한국은 앞으로 나아가지 못하고 있다. 아니, 안타깝게도 혼돈에서 헤어나지 못하고 있다. 북한 핵 문제가 날로 위기를 가중시키는 가운데 주변국 간 영토를 둘러싼 시비가 갈등으로 비화할 조짐을 보이고 있다. 전통적 동맹관계가 느슨해지는 것이 안팎으로 우려를 낳고 있다는 사실도 부인하기 어렵다. 집단 간에 갈등이 증폭되고 성장은 정체되었다. 입시다, 취업이다, 경쟁은 치열해지는데, 조기 퇴직이 하나의 풍조로 자리 잡고 있다. 이혼율은 높아지고 출산율은 떨어진다. 기업들이 줄지어 해외로 나가고, 기러기 가족에다 도피성 이민이 늘어나고 있다고 한다. 이런저런 사회적 이슈를 둘러싸고 분열과 혼란이 거듭되지만 이를 수습하여 통합을 이루고 나라를 통일과 번영으로 이끌어갈 비전은 보이지 않는다. 한마디로 앞이 보이지 않는다. 젊은이들이 앞날을 불안해하는 이유는 바로 여기에 있다.

나는 어려움이 닥칠 때마다 젊은이들의 눈을 바라본다. 그리고 그 눈빛에서 미래를 향한 열정을 읽어낸다. 부끄러움을 무릅쓰고 처음 세상에 책을 내어놓았을 때 그러했듯이, 이 책은 그 열정에 찬 눈빛들에 대한 나의 솔직한 화답이다. 이제는 더 묵은 이야기가 되었지만, 젊은이들이 희망과 용기를 가지고 도전하길 바라는 소망은 전과 다를 바 없다.

그동안 세상이 변했고 계속해서 변하고 있다. 더 빨리, 더 많이 그리고 더 크게. 그러나 겉모양이 변한다고 사람 사는 원리가 변하는 것은 아니다. 살아가는 모습, 일의 방식은 달라졌지만, 세상 돌아가는 이치와 사람이 행할 바 도리는 예나 지금이나 마찬가지라는 말이다.

지금보다 더 어렵고 힘든 때가 있었다. 그래도 우리는 꿈과 희망을 잃지 않았다. 그리고 바른 길을 가려고 애썼다. 앞으로 더 어려운 상황이 닥쳐올지 모르지만, 피하거나 물러서서는 안 된다. 문제에 맞서서 해결하고 도전을 넘어 새로운 미래를 열어야 한다. 일에 따라가는 것이 아니라 일을 장악하고 해내야 하는 것이다. 세계를 둘러보고 앞을 내다보아야 한다. 과거를 돌아보고 자신을 살펴야 하는 것은 그 때문이다.

  우리가 이 불확실성과 불안감을 헤치고 앞으로 나아갔을 때, 겹겹이 둘러싼 난관을 극복하고 마침내 길을 열어 보여주었을 때, 사람들은 다시 그것을 신화라고 부를지 모른다. 그러나 거듭 말하거니와 신화는 없다. 다만, 꿈과 용기를 가지고 바른 길로 나아가는 젊은이들의 성실한 노력이 있을 뿐이다.

2005년 3월 28일 혜화동 서재에서

이명현

차례

개정판 서문 4

1 현대를 떠난 까닭은?

서귀포에서 내린 결단 15 | 명예회장의 최후 통첩 17 | 망해도 내가 망한다 21 | 세 번의 만류 23 | 의리의 상황 논리 26 | 현대에서의 마지막 임무 29 | 아무것도 받지 않았다 30 | 같이 일해 봅시다 32

2 나의 스승은 가난과 어머니

아버지의 진짜 덤 37 | 여름날 아침의 쌕쌕이 41 | 팔이 긴 아이 42 | 음식 얻어먹으면 혼날 줄 알아 45 | 고등학교 입학 공방 48 | 겨울에도 밀짚모자를 쓰는 소년 50 | 가출과 기도 51 | 포항 달동네에서 이태원 판자촌으로 55 | 청계천 헌책방의 진학 상담 선생님 59 | 임마, 이런 몸은 군대에서도 안 받아 줘 62 | 촌놈의 도전 65 | 6·3 시위 주동자 70 | 나를 거듭나게 한 서대문 형무소 74 | 아, 어머니 80

3 일을 장악하라

입사를 방해하지 마라 87 | 건설은 창조라고 생각합니다 91 | 고참 소장과 신출 내기 사원의 한판 96 | 타이 금고 사건 98 | 그럼, 자네 혼자 해먹었나? 104 | 밤에 화장하라 110 | 불도저로 밀어 버린 청와대 지시 115 | 청운동 사모님 120 | 우리같이 큰 회사가 어떻게 집 장사를 하나? 123

4 서른다섯 살짜리 사장

그래, 실컷 울어라 131 | 당신이 사장을 맡지 134 | 경쟁 140 | 월급쟁이 사장과 회장 아들 147 | 압구정동 현대 아파트 바람 150 | 상처와 역전 153 | 박정희 대통령과의 마지막 만남 158

5 강한 자는 우회하지 않는다

하, 이거 곤란한 사람이네 165 | 피눈물을 흘리다 171 | 신 군부와 전경련 회장 181 | LNG 저장 시설 입찰의 어이없는 참패 185 | 영광 원자력 발전소 전면전 188

6 세계를 달리며

와하브 시장과 이라크 상륙 작전 201 | 혁명 정부 형제들의 환대를 받고 207 | 이라크의 포니 픽업 211 | 바그다드 엑소더스 216 | 열네 시간의 전쟁 219 | 말레이시아의 보석 마하티르 수상 223 | 수상의 엉덩이는 더 큽니까? 231 | 마르코스와 이멜다의 싸움 234 | 20년 만에 지킨 약속 238 | 잊을 수 없는 사람들 240

7 사장처럼 생각하고 과장처럼 뛰어라

인생 선배로서 하는 얘기요 247 | 먼저 월급을 받아야 할 사람 250 | 경쟁 상대는 기업주 252 | 직위와 권위 254 | 우리 사장은 밤에 잠도 안 자나? 255 | 일에 적성을 맞춰라 257 | 직장 상사 때문에 괴롭습니다 259 | 일과 시간을 장악하라 260 | 토요일에도 정장을 262 | 만성 간염과 싸우다 263

8 이 회장도 가정이 있습니까?

공동묘지의 메이퀸 273 | 이명박이 세컨드와 산다 276 | 드라마 속의 그 여자 279 | 못생긴 얼굴 콤플렉스 282 | 아빠의 비결 286 | 나 내일부터 걔네 차 안 타 289 | 돈 버는 법, 돈 쓰는 법 292

9 북방에 미래가 있다

신천지를 찾아서 299 | 서광이 보입니다 302 | 보드카로 녹인 북극 빙하 306 | 시베리아 천연가스를 한국으로 311 | 고르바초프 미로 찾기 319 | 신고구려 시대의 출발지, 연해주 328 | 북한을 열어야 21세기가 열린다 330

글을 마치며 335

현대를
떠난 까닭은?

현대라는 기업에서 나는 여한이 없이 일했다. 일하고 또 일했다.

이름없는 중소기업이 대기업을 거쳐 세계적인 기업이 되기까지,

1인당 국민소득이 불과 1백 달러 미만에서 8천 달러로 성장할 때까지,

그 중심에서 소신껏 일할 수 있었던 것만으로 나는 무한히 감사한다.

서귀포에서 내린 결단

1991년 12월 31일, 나는 가족과 함께 제주도로 여행을 떠났다. 나와 아내, 네 아이가 가족이 된 이래 처음 가진 가족 여행이었다. 가족들은 모두 즐거워했다. 그러나 나는 오랜만에 모인 가족의 아늑함 속으로 끼어들 수가 없었다.

하루만 지나면 새해. 나는 중대한 결정을 내려야만 했다.

현대를 떠나야 할 것인가?

일생일대의 갈림길이었다. 나는 만 쉰 살을 하루 남겨 놓은 채 서귀포 앞바다를 바라보고 있었다. 겨울의 남쪽 바다는 무한대로 넓었다. 수평선은 한눈에 들어오지 않았다. 바다 앞에서 실감하는 무한대의 넓이는 과거보다는 미래에 어울리는 것이었다.

하지만 지천명(知天命)이란, 과거를 얼마나 잘 꿰뚫느냐에 달려 있다. 지나온 날을 잘 정리하지 않고서는 '천명'을 제대로 읽을 수 없다. 나는 앞만 보며 달려온 지난 50년을 돌아보며 나에게 주어진 천명에 대해 곰곰이 생각했다.

참으로 오랜만에 홀로 서보는 바다였다. 바다와 나와의 인연은 질긴 것이었다.

일본에서 태어나 해방된 조국을 찾아 돌아오던 뱃길, 부모님과 여섯 형제가 함께 탄 귀국선은 쓰시마 섬 앞에서 난파했고, 일본에서 벌어 모은 얼마간의 돈은 수장되고 말았다. 바다에서 살아나 빈털터리로 귀향한 우리 가족을 맞이한 것은 혹독한 가난이었다.

전쟁이 끝난 이후에도 가난은 물러가지 않았다. 형님들이 먼저 상경하고 부모님마저 서울로 갔을 때, 여동생과 둘이 고학하며 끼니를 구해야 했던 포항의 앞바다는 무심하게도 푸르렀다.

상경, 대학 진학, 학생 운동, 감옥살이, 어머니의 죽음, 현대 입사. 여기까지가 가난으로 점철된 내 성장 시절이다.

그리고 현대에서의 27년. 20대 이사, 30대 사장, 40대 회장. 사람들은 나를 '신화의 주인공'이라고 말한다.

그러나 신화는 그것을 신화라고 명명하는 사람들, 신화를 밖에서 보는 사람들에게만 신화일 뿐이다. 그 안에 있는 사람에게 그것은 겹겹의 위기와 안팎의 도전으로 둘러싸인 냉혹한 현실이다. 나는 나를 가로막던 위기와 도전 앞에서 우회하지 않고 정면에서 돌파했다. 이 돌파력을 사람들은 신화라고 부르는 것 같다.

이튿날 1992년 1월 1일 아침, 쉰 살이 된 나는 서귀포 앞바다를 혼자 걸었다. 성장 23년, 도전 27년, 그리고 현대 이후 앞으로의 25년. 가야 할 길은 정해져 있다.

현대라는 기업에서 나는 여한 없이 일했다. 일하고 또 일했다.

적도의 밀림에서 열사의 사막, 그리고 동토의 시베리아까지 온 지구를 누볐다. 이름 없는 중소기업이 대기업을 거쳐 세계적인 기업으로 성장하기까지 나는 그 중심에 있었다. 1인당 국민소득이 불과 1백 달러 미만에서 8천 달러까지 성장할 때도 나는 그곳에 있었다. 유례 없이 빠른 속도로 현대와 내 나라가 성장할 때, 그 성장의 한복판에서 소신껏 일할 수 있었던 것만으로 나는 무한히 감사한다.

언제 뒤따라왔는지 아내가 몇 걸음 뒤에서 걷고 있었다. 아내는 나의 고민을 짐짓 알고 있었다.

불현듯 1977년, 사장으로 발령났을 때가 떠올랐다. 서른다섯 나이 그때, 나는 사장직을 과연 제대로 해낼 수 있을까, 사장 자리를 수락할 것인가를 놓고 커다란 고민에 빠져 있었다. 기자들이 집까지 들이닥쳤다. 그때 아내와 나는 고향을 떠난 뒤 처음으로 다시 고향 땅을 밟았다. 그리고 영일만의 푸른 바다를 보며 마음을 가다듬었다. '이 운명을 거역하지 말자. 있으나마나한 사장은 되지 말자.'

그리고 15년이 흘렀고, 나는 아내에게 실로 난감한 '쉰 살의 신년 인사'를 전했다. 현대와의 관계를 정리해야 한다고. 서귀포를 떠나기 전에 결정을 내려야 한다는 말에 아내는 낮은 소리로 말했다.

"당신 뜻대로 하세요. 신념대로 결정했으면 당신답게 밀고 가세요. 우린 그 결정이 최선이라고 믿고 따를 거예요."

나는 서귀포의 아침 바다를 떠났다.

현대는 내가 없어도 소중한 전진을 멈추지 않으리라.

명예회장의 최후 통첩

1992년 1월 3일 아침, 서귀포에서 돌아온 다음날이었다. 나는 현대 그룹 계동 본사로 출근했다. 현대에서의 마지막 날은 공교롭게도 신년 하례식, 한 해 업무를 시작하는 첫날이었다. 회의실에는 신년 하례식을 하기 위해 사장단 전원이 참석해 있었다.

여느 때와 마찬가지로 헤드 테이블 중앙에 정세영 그룹 회장이 앉고, 그 왼쪽으로 나와 이현태 씨, 오른쪽으로 이춘림, 정몽구 씨가 앉아 있었다. 그리고 계열사 사장들이 순서에 따라 두 줄로 앉아 서로 마주보고 있었다. 신년 덕담들이 오고가 회의장 분위기는 밝았다.

그때 정주영 명예회장이 회의실로 들어섰는데, 실로 낯선 모습이었다. 운동화에 점퍼 차림이었던 것이다. 정 회장은 운동화에 점퍼 차림으로 청운동 집에서 걸어 나와 회사에 도착해서 옷을 갈아입고 업무를 시작하는 것이 관례였다. 그런데 다른 날도 아닌 사장단과의 신년 하례식에 운동복 차림 그대로 불쑥 들어선 것이었다. 전례가 없는 파격이었다.

정세영 회장이 급히 만들어 준 자리에 앉은 명예회장의 표정은 굳어 있었다. 한마디 인사말도 없이 그는 입을 열었다.

"오늘 날짜로 본인하고 이명박 회장, 이내흔 부사장은 정치에 참여하는 걸로 결정하고 오늘부로 회사를 사임합니다."

이 한마디를 던지고 나서 그는 들어올 때처럼 불쑥 나가 버렸다. 회의실은 조용했다. 한 5분 동안 아무도 입을 열지 않았다. 한참 뒤에야 정세영 회장이 어색한 침묵을 깨고 서둘러 신년 하례식을 마쳤다.

회의실에서 나간 사장단 전원은 마북리 연수원으로 향했다. 매년 신년 하례식을 마치면 마북리로 가 세미나를 여는 것이 고정적인 행사였다. 나는 마북리로 가는 버스에 오르지 않았다. 대신 정 회장 방으로 들어갔다. 정 회장은 혼자 앉아 있었다.

"제가 회장님을 도와드리지 못해 죄송합니다. 저는 이만 가겠습니다."

정 회장이 한마디로 통고했듯이 나도 한마디로 내 의사를 전하고 돌아왔다. 그러나 나의 통고는 한마디로 충분한 것이었다. 지난 연말 정 회장의 최후 통첩에 대한 나의 결정을 밝힌 것이었다. 1992년 벽두에 새 정당을 창당한다는 성급한 일정표를 만들어 놓은 정 회장의 이날 통고는, 내가 새 정당 창당에 참여하든 말든 현대와는 완전히 분리시킨다는, 기업주로서는 일방적인 권리 행사라고 나는 판단했다.

그것은 나를 일방적으로 코너에 몰아넣는 억압적인 처사였다. 나는 나를 내리누르는 어떠한 힘 앞에서도 굴복해 본 적이 없다.

현대를 떠나겠다는 뜻을 분명하게 밝히고 돌아서려는데 정 회장이 자리에서 일어나면서 말했다.

"며칠 후에 한번 만납시다."

"생각해 보겠습니다."

생각해 보겠다는 나의 대답은 완강한 거부의 표현이었다. 기업주와 기업에 관계된 일로 대화를 나눌 때, 나는 단 한 번도 '생각해 보겠다'라는 모호한 답을 해본 적이 없다. 있을 수 없는 답변이었다. 회장실 문을 닫는 순간, 나는 27년간 현대와 나 사이에 묶여 있던 단단한 끈이 풀려 나가는 것을 느꼈다.

나는 내 방으로 내려왔다. 현대에서의 마지막 날을 내 방에서 지켰다. 전무 이상 사장단이 연수원으로 떠난 뒤여서 현대 본사 건물에는 나 혼자 남은 듯했다. 적막함과 외로움이 방 안에 감돌았다. 그 어떤 전문 경영인도 나와 같은 방식으로 기업주와 결별하지는 못할 것이다. 대부분 모시고 있던 기업주의 명령에 따르게 되어 있다. 그러나 나는, 현대를 떠나야 한다, 국민당과 합류해서는 안 된다는 나의 결정에 대한 후회나 미련은 추호도 없었다. 시간이 지나고 나면 나의 결정이 합리적이고 정확한 것이었음이 판명날 것이라고 믿고 있었다.

그때 나의 거취에 촉각을 세우고 있던 기자들이 몰려왔다.

"정치를 하기 위해 회사를 떠난다고 하는데, 사실입니까?"

"정 회장이 신당을 창당하면 합류할 생각입니까?"

기자들은 내가 현대를 떠난다는 사실을 정계 진출의 동의어로 알고 있었다.

"내가 신당에 참여한다 안 한다의 여부는 지금 이 시점에서 결정해야 할 문제가 아닙니다. 그보다는 정치를 하는 것이 옳으냐 안 하는 것이 옳으냐 하는 보다 근본적인 문제부터 생각해 보아야겠습니다."

기자들은 곧 돌아갔다.

30년 전, 학생 운동을 하던 동지들이 모두 정계로 나갔을 때, 유일하게 나는 기업을 선택했다. 그때 나는 이 나라의 경제를 살리고 나서, 나라가 기틀을 잡고 났을 때 정치를 시작해도 늦지 않다고 생각했다. 국민 소득 80달러의 후진국, 일자리가 없어 허덕이는 많은 사람들에게 일자리를 만들어 주는 것이 정치보다 급선무라고 보았던 것이다. 지난 30년간 이 나라를 여기까지 끌어올린 원동력이 정치가 아니라 경제였음을 부인할 사람이 몇이나 될 것인가.

나는 북방 개척을 위해 시베리아와 중국 대륙을 오가면서 한반도의 새로운 미래를 보았다. 이제 북방은 한국 기업뿐만 아니라 한민족의 장래와도 뗄 수 없는 관계임을 시베리아의 혹한과 흑야(黑夜) 속에서 절감한 것이다.

한국의 미래는 이제 정치에 달려 있다고 생각했다. 그동안 경제의 뒷전으로 밀려나 구태를 벗지 못해 온 정치가 탈바꿈해 한 단계 올라서지 않는 한 한국의 앞날은 암담할 것이 분명했다. 내 힘이 크지 않더라도 나의 역할은 분명히 있을 것이었다. 가느다란 혈관 속으로 들어가는 주사액이 몸 전체를 치유하는 것처럼, 나는 한국 정치의 혈관 주사가 되어야 한다는 결심을 했다. 기업에서 닦아 온 경륜을 정치에 쏟아 부어야 할 시점이 된 것이다.

지방화·국제화 시대가 빠르게 전개되는 지금, 30년 동안 변하지 않은 정치는 놀라운 속도로 변화하는 현실을 이끌어 갈 수가 없다.

이제 정치는 통치가 아닌, 미래를 앞서가는 경영이어야 한다.

1992년 1월 3일, 나는 현대 그룹을 떠났다.

망해도 내가 망한다

정주영 회장의 정계 진출설이 루머처럼 떠돌던 1991년 여름, 정 회장은 '국민정신 운동본부' 라는 비정치적인 단체를 결성코자 한다는 의사를 밝혔다. 이 단체는 정 회장의 인맥을 직접 동원해 구성될 예정이었다. 정 회장이 내 이름을 발기인 명단에 올리겠다고 했을 때 선뜻 동의했고, 한 걸음 더 나아가 김수환 추기경, 한경직 목사 등을 고문으로 앉히면 더욱 좋을 것이라고 추천할 만큼 나는 정 회장의 속뜻을 모르고 있었다.

정 회장은 나의 제안을 받아들였고, 세 분을 직접 만나 동의를 얻었다고 나에게 전해 왔다. 그런데 그 다음날, 그는 이렇게 말하는 것이었다.

"이거 뭐, 나라를 위해 일을 하려면 직접 해야지, 국민정신 운동 가지고는 안 되겠어."

결국 국민정신 운동본부는 발족하지 못했다.

나는 '직접 한다'는 말의 속뜻을 명확하게 파악할 수 없었다. 그의 진의를 모르기는 '국민정신 운동본부' 사람들이나 비서실도 마찬가지였다. 정 회장의 이상한 잠행이었다. 밖에서도 관심들이 대단했다. 그의 활동이 기업과는 무관한, 정치와 관련된 문제라는 것은 분명했지만 그것이 후원인지, 정당의 전 단계인지, 아니면 대권에 직접 도전하는 것인지 당시로서는 도무지 갈피를 잡을 수가 없었다.

12월에 들어서서야 정당 조직에 관련된 문제를 검토하고 있는 모습이 눈에 들어왔다. 정부와 안기부에서는 이 사태를 심각하게 받아들이고 있다는 소리가 들려왔다. 그 무렵 정 회장이 나를 불렀다.

"나, 정부에도 다 통고했어."

새 정당 창당. 사태는 이미 돌이킬 수 없는 지경에 들어서 있었다. 정 회장은 그 자리에서 나의 결정을 요구했다. 정 회장의 정계 진출 못지않게 나의 14대 출마설도 기정사실인 양 세상에 떠돌고 있었다. 다른 때 같았으면 내심 언짢아했을 정 회장도 나의 출마를 은근히 바라는 태도를 간혹 보여 왔다. 그의 태도 변화가 자신의 정치활동과 무관하지 않을 것이라는 짐작은 있었으나, 그것이 나의 진로 선택 문제와 겹쳐지자 나는 당혹스러웠다.

"이 회장, 무소속으로 나갈 것인지 나와 합류할 것인지 빨리 결정 내리시오."

"회장님의 정계 진출이 이런 방식이 되리라곤 미처 생각하지 못했습니다. 이렇게 되면 사태가 너무 복잡하게 됩니다. 저는 정치를 하고 싶지 않습니다. 굳이 정치에 뛰어들 이유도 없습니다. 회장님이 당을 만들어 야당을 하시고, 저도 야당으로 가고, 또 우리 밑에 있는 사장, 부사장들도 출마하면 우리 사회의 정치 풍토나 정서상 현대 그룹이라는 기업이 어떻게 되겠습니까? 일반 국민들을 상대로 소비재를 팔아 온 회사가 우리 그룹에는 드뭅니다. 더구나 그룹 모

기업인 현대건설은 잘 아시다시피 해외 공사와 국내 정부 발주 공사에 크게 의존하고 있는데, 정치에 잘못 뛰어 들었다간 자칫 결딴이 나지 않겠습니까?"

정 회장은 자신이 정당을 하겠다고 분명한 입장을 표명한 이상 거기에 따르는 것이 순리인데, 비판을 하고 나서자 심기가 불편했는지 이렇게 내뱉었다.

"이 회장이 왜 쓸데없는 걱정을 해. 회사가 망해도 내가 망하는 건데. 내가 괜찮다고 하면 괜찮은 거지, 이 회장이 왜 걱정을 해요?"

"회장님, 이 회사는 법적으로는 회장님 회사일지 모르지만, 모든 현대 가족과 마찬가지로 정신적으로는 저도 주인이라고 생각하고 있습니다. 신입 사원으로 들어온 이래 지금까지 현대를 남의 회사가 아니라 나의 회사라고 생각하고 평생의 희망을 걸고 여기까지 달려 왔습니다. 그런 입장에서 말씀드린 것입니다."

이렇게 말하는 나의 가슴은 공허했다. 전문 경영인의 한계, 기업주와 전문 경영인 사이의 넘을 수 없는 벽이 새삼 느껴졌다.

세 번의 만류

나는 정 회장의 정계 진출을 막아야 했다. 정 회장은 노태우 정권의 경제 정책 담당자와 사이가 극도로 나빴다. 그렇기 때문에 노태우 대통령에 대한 감정도 곱지 않은 상태에서 반발 심리로 정치를 하겠다는 것이 아닌가 싶었다.

노 정권 말기에 당국은 1천6백억 원이란 천문학적인 세금을 현대에 추징해 경영을 압박했고, 정 회장의 자존심에 먹칠을 했다. 억울하게 세금 1천6백억 원을 무느니 그 돈으로 차라리 정치를 하는 것이 더 경제적이고 효과적이지 않겠는가, 그 같은 맥락에서 특정 정치인이나 정당을 도우려는 것이 아니겠는가 정도로 나는 생각하고 있었다. 그런데 '직접 하겠다'고 나선 것이었다. 나는 당황했다.

"평소 후보들 가운데 회장님께서 김영삼 후보를 그중 좋게 말씀해 오지 않았습니까. 김영삼 씨가 들어서면 6공과는 전혀 다른, 문자 그대로 문민 정부가 될 것이고, 또 그 양반은 정직한 사람이니 정통성 없는 군사 정권처럼 기업에 부당한 간섭을 하지는 않을 것입니다. 그러니 김영삼 씨를 적극 밀어 주면 회장님의 뜻을 이룰 수 있지 않겠습니까?"

이전에 정 회장은 김영삼 씨에 대한 이야기가 나오면 "그 사람 정직한 사람이다"라며 호감을 표시하곤 했다. 그러나 이날 정 회장은 나의 김영삼 후원론에 별 반응이 없었다. 나는 계속 설득해 나갔다.

"노태우 씨에 대한 반감 때문에 정치를 해야겠다면 차라리 김영삼 씨를 적극적으로 미는 것이 최상의 방법입니다. 김영삼 씨가 그렇게 해서 당선되면 회장님께서는 재계의 원로로서 평소에 하고 싶던 일을 건의할 수 있지 않겠습니까. 가뜩이나 우리 사회에는 원로가 없어 권위가 실종된 마당 아닙니까. 국가 경제에 가장 큰 영향력을 미치는 기업을 대표해 회장님께서 원로의 권위를 가지고 국가에 기여하셔야 할 것입니다."

정 회장은 내 의견을 단호하게 부정했다.

"그거 다 필요 없는 얘기니 하지도 마시오. 내가 직접 정치를 하겠소."

그 후 정 회장의 창당 준비는 발 빠르게 진행되었다. 며칠 후 다시 만난 자리에서 나는 거듭 설득했다. 두 번째 만류였다.

"기업을 하시는 분이 일을 이렇게 하시면 앞으로 현대 그룹에 어려움이 많을 것입니다. 현대가 대한민국 경제에서 차지하는 비중이 적지 않기 때문에 결과적으로 국가 경제에 미치는 영향도 클 것입니다. 회장님의 판단과 행동이 뒷날 국민들에게 어떻게 평가될 것인가 하는 것도 국가 경제에 미치는 부정적인 영향과 밀접한 관계가 있을 것입니다. 꼭 정당을 만드시려면 무소속을 지원하시고, 그들이 당선되면 규합하고, 또 여당에 대한 불만 세력을 결집시켜 총선이 끝난 뒤에 정당을 만들어도 늦지 않을 것입니다."

나는 내심으로 총선이 끝난 후에 정 회장이 교섭 단체를 만들 기회가 오지 않으리란 것을 염두에 두고 있었다. 그가 워낙 서두르고 있어 급한 불이나 꺼보자고 제안한 것인데, 역시 먹혀들지 않았다.

"그것은 소극적인 방법이야. 나는 적극적인 방법을 택하기로 결심이 섰어요."

다음날 나는 세 번째 제안을 했다.

"회장님, 직접 당을 만들겠다고 하시니 제안을 하나 하겠습니다. 지금까지 정치에 발을 들여놓지 않았던 때 묻지 않은 젊은 사람들을 모아서 당을 만드십시오. 그렇게 하신다면 저도 적극 돕겠습니다. 이번에 만족스러운 결과를 얻지 못한다고 하더라도 이 다음에는 국민들로부터 지지를 받을 것입니다. 해볼 만한 일입니다. 또 기업에서 번 돈으로 참신한 정치인을 길러내면 기존의 정치 세력을 압도할 것이고, 기존 정당들과의 차별화도 자연스럽게 이루어질 것입니다. 당장 정치 철학과 노선, 방향성이 확립되지 않았다 하더라도 신선함만 있으면 기성 정치에 멀미를 하고 있는 국민의 기대치에 부응할 것입니다."

정 회장은 간략하게 대답했다.

"그렇게 하면 안 되고, 다른 당이 공천하는 걸 본 후에 공천을 못 받은 사람들 중에서 당선될 만한 사람을 규합하면 많은 수의 당선자를 낼 수 있어요."

이 무렵 정회장과의 대화는 이와 같은 식이었다. 내가 길게 설명하면 정 회장은 한마디 툭 던지는 식이었다. 정 회장의 짧고 투명한 대답에는 '정치도 나와 함께해야 하는 것 아니냐. 그냥 따라오면 될 것이지 무슨 말이 그리 많으냐'는 불만이 배어 있었다. 내 의도와는 관계없이 상황은 돌이킬 수 없는 방향으로 치닫고 있다.

의리의 상황 논리

여러 번의 만류에도 별 효과가 없이 결단의 시간은 다가오고 있었다.

당시 현대는 국세청이 부당하게 부과한 1천6백억 원의 세금 추징에 곤욕을 치르고 있었다. 이를 해결하기 위하여 나는 백방으로 뛰어다니며 바쁜 나날을 보냈다. 그럴 즈음 정 회장이 나에게 12월 말까지 결정을 내리라는 최후 통첩을 했다. 어떠한 경우라도 회사를 함께 떠나자는 의미를 내포하고 있었다.

이제 생각을 정리해야만 했다.

정 회장이 정치를 하기로 마음먹기 전부터 나는 새로운 출발을 생각하고 있었다. 수년 전부터 현대는 '2세에 의한 지배'를 준비해 왔고, 또한 많은 전문 경영인들도 안정적으로 자리를 잡아 가고 있었다. 내가 회사를 떠날 때가 되었고, 떠난다고 해도 부담을 갖지 않아도 될 것이라고 느끼고 있었다.

북방을 개척하면서 정치의 중요성을 실감하고 있었고, '내가 할 수 있는 일이 있겠구나' 하는 생각도 했다.

나의 새로운 출발에 정주영 회장의 정치 참여가 공교롭게 맞물린 것은 서로의 처신을 아주 어렵게 만들었다.

나를 가장 고민하게 만든 것은 오너와 전문 경영인의 관계에 대한 봉건적인 정서였다. 뿌리 깊은 의리 의식이 더해져 어떠한 일이든 맹목적으로 기업주를 따르는 것이 옳다는 식의 사고에 나는 동의할 수 없었다.

진정한 전문 경영인은 오너보다 더 주인답게 살아야 한다. 주인은 무엇보다 먼저 '자기 삶의 주인', '양심의 주인'이 되어야 한다. 그래야 모든 일의 주인이 될 수 있다.

만일 기업주가 기업 내에서 '삼협 댐 공사를 우리가 맡자' 또는 '한일 해저 터널을 민간 자본으로 뚫자'는 제의를 했다면, 나는 전문 경영인으로서 이의를 달지 않았을 것이다.

그것이 아무리 비현실적인 지시였다 하더라도 기업주가 요지부동이면 결국 승복하고 혼신의 힘을 다해 해냈을 것이다. 그것이 기업인의 자세다. 나는 그렇게 살아왔고, 현대건설이 나라 안팎에서 이룩한 성과들이 그 증거들이다.

지난 13대 총선 때에도 국회의원 출마 여부가 논의되었던 적이 있었고, 나 자신 또한 이를 긍정적으로 생각했었다. 이때 현대는 끊임

없는 노사 분쟁에 휘말려 들고 있었다.

어느 날 아침 정 회장이 나에게 "이 회장, 이것이 마지막 부탁이오. 울산에 머물면서 책임지고 노사 분규를 해결해 주시오"라고 말했다. 바로 그 자리에서 울산 노사 분규의 본산인 현대엔진공업주식회사의 회장으로 임명장을 받았다.

회사가 위기에 처했기에 나는 계획을 훨씬 뒤로 미루었다. 그날로 울산에 내려가 노조 간부들과 2개월간 씨름을 해야만 했다.

그러나 정치는 기업과 다르다.

가능한가 아닌가의 문제를 넘어 가치관의 공유가 필요하다. 정치는 철학이 필요하고, 역사에 대한 비전이 있어야 한다. 국가 발전에 대한 총체적인 목표, 합목적적인 지향점이 있어야 한다.

철학과 비전 없이 단순히 의리 때문에 정치를 한다는 것은 나와 정 회장은 물론이고, 내가 살고 있는 이 사회에 결코 도움이 되지 않는다는 판단을 했다.

만일 한국 최대 재벌의 총수가 아닌 인간 정주영으로서 정치 참여를 선언했다면 내 반응은 어떠했을까? 젊은 날의 정주영은 추진력과 판단력, 개척 정신, 검소하고 겸손한 자세 등, 비교적 장점이 많아 나는 그를 무척이나 좋아했다.

하지만 무엇보다 나는 지난 1979년 삼성 그룹의 중앙일보와 현대와의 '극한 대결'을 기억하였다. 재벌의 언론 기관이 타기업에 미치는 영향력은 엄청나게 큰 것이었다. 하물며 현대라는 재벌이 정치 참여로 권력을 갖게 되었을 때 사회에 미칠 부정적 영향은 쉽게 예상할 수 있었다. 이것이 내가 함께 갈 수 없는 큰 이유 중 하나였다.

나의 고민과 함께 1991년의 해가 지고 있었다. 모처럼 나는 가족들과 함께 제주도를 찾았다.

후에 내가 정 회장과 다른 길을 걷기 시작했을 때, 실제로 많은 사람들이 왜 키워 준 사람과 같이하지 않았느냐는 힐책성 얘기를 해왔다. 한편에서는, 정치를 같이하지 않은 것은 용기 있는 일이며 잘 판단했다고, 지방에서까지 이름 모를 사람들이 전화와 편지로 격려를 보내오기도 했다.

나는 어떠한 소리에도 변명이나 해명을 하지 않았다. 시간이 지나면 모든 것이 올바르게 이해될 것이라고 확신했고, 지금도 이런 생각에는 변함이 없다.

현대에서의 마지막 임무

1992년 1월 초순, 나는 현대건설 본사 임직원 5백여 명이 참석한 가운데 이임사를 했다.

"사원 여러분, 나는 지금 27년간 몸담아 온 회사를 떠나려 합니다. 떠나게 된 이유는 여러 가지지만, 지금 그런 것을 얘기하고 싶지는 않습니다. 현대에는 유능한 전문 경영인들이 많기 때문에 내가 떠나도 회사에는 아무런 지장이 없을 것이므로 마음이 가볍습니다. 기업은 몸담고 있는 우리 모두가 주인입니다. 나와 여러분, 그리고 앞으로 들어올 젊은 새 일꾼들 모두가 이 회사의 주인으로 회사를 만들었고 앞으로도 만들어 갈 것입니다. 정신적인 주인이든 법적인 주인이든 가릴 것 없이 모두가 회사의 주인이기 때문에 회사에 몸담고 있든 떠났든 간에 회사의 이익에 반하는 행위를 해서는 안 됩니다. 나 또한 그러할 것입니다."

나는 회사가 무엇보다 우선한다는 것을 강조했다. 개인의 정치적 도구나 볼모로 기업을 희생시켜서는 안 된다는 나의 견해를 완곡하게 표현한 것이다. 이것이 기업주보다 더 기업을 사랑해 온 전문 경영인, 혈연관계가 아니면서 '2인자'의 자리에 올라섰던 '근로기준법상의 근로자'인 내가 현대를 위해 할 수 있는 마지막 일이었다.

내가 회사를 떠난 며칠 후 정주영 회장은 청운동 자택에서 가진 기자 회견에서 창당을 선언했다. 이와 함께 '6공 정치 자금 제공 내역'을 공개하면서 '정주영식 정치'를 공개적으로 전개시켰다. 정주영 신드롬이 전국을 휩쓸기 시작했다.

아무것도 받지 않았다

사람들은 내가 현대로부터 큰 것을 받고 나올 것이라고 생각했다. 한 언론에서는 내가 회사를 그만두면서 인천제철을 떼어 줄 것을 요구했다는 보도가 나오기도 했다. 내가 대우로 간다는 소문도 나돌았다.

그러나 1992년 1월 3일, 현대를 떠나올 때 나의 모습은 27년 전 현대에 입사할 때와 다름이 없었다. 시험에 합격해 입사했듯이 근로기준법에 의해 퇴직금을 받고 회사를 나온 것이다. 나도 한 사람의 근로자였다. 일절 보상을 받지 않고 현대를 퇴직했다는 사실에서 나는 긍지를 느낀다. 보상을 기대하지도, 받지도 않는 자세는 일찍이 내가 어릴 때 어머니로부터 물려받은 삶의 자세였다. 지독하게 가난한 형편 속에서도 떳떳하라고, 당당하라고 어머니는 행동으로 가르쳐 주셨던 것이다.

재벌 총수는 철저한 계산에 의해 사람을 쓴다. 정 회장과 내가 부자지간 같다는 말을 들으면 나는 웃는다. 기업의 생리를 모르는 사람들에게는 그렇게 보일지도 모른다.

지연이나 학연 등 사적인 감정이나 관계로 사람을 써서 재벌 총수가 된 사람은 없다. 현대처럼 중소기업에서 대재벌이 된 경우는 예외 없이 사람을 가장 과학적으로 쓴다. 밖에서 보면 비정하다고 할 만큼, 사적 감정은 전혀 개입되지 않는다. 정 회장은 일찍부터 철저한 계산에 의해 사람을 쓰는 용병술이 탁월했다.

내가 현대에서 27년간 일할 수 있었던 이유는 단순하다. 남이 할 수 없는 일을 해냈기 때문이었다. 아무리 어려운 일이라도 이명박은 해낸다는 인식을 기업주가 갖고 있었다. 또한 내가 하는 일을 통해 누구보다 회사에 필요한 사람임을 모두가 알고 있었다.

나 또한 정주영 회장을 위해 일한다는 말을 해본 적이 없다. 과거에도 그랬고, 지금도 그러하다. 오직 일이 있어 그곳에 있었다. 일이 없었다면 나도 그 자리에 서 있지 않았을 것이다.

현대와의 결별도 그래서 가능했던 것이다. 부자지간이란 관점은 모든 사회적 관계를 지연, 학연 등에서 비롯한 이해관계로만 보려는 습성에서 나온다. 이 같은 사고가 사회에 팽배하면 그 사회는 병든다.

기업을 떠난 사람들은 대개 그 기업의 비인간적인 처사를 비난한다. 그러나 이것은 인정에 매달린 결과이다. 나는 냉정하게 기업과 기업주를 인식해 왔다.

그래서 현대와 정 회장에 대한 원망이나 실망, 섭섭함이 없다.

같이 일해 봅시다

"현대를 그만두고 왜 여당으로 가셨습니까?"

요즘도 간혹 이 같은 질문을 받는다. 이 질문은 좀 복합적이어서 간단하게 설명하기가 어렵다.

1992년 1월 서귀포에서 현대를 떠나기로 결심했을 때, 나는 1~2년 정도 외국에 가서 공부를 해볼 작정이었다. 1970년대 후반경부터 외국에 나갈 때마다 발견하게 되는 변화가 있었다. 즉, 세계의 정치가 통치의 개념이 아니라 경영의 개념으로 바뀌고 있다는 점이었다. 국가 관리가 아니라 국가 경영이었다. 싱가포르나 말레이시아가 특히 그러했다. 정치 지도자들은 모두 경영자였다. 지방 자치의 선진국인 미국과 일본도 마찬가지였다. 지방 분권은 곧 지방 경영이라는 인식을 세계는 20년 전부터 실천에 옮긴 것이다.

통치와 경영의 차이는 실로 크다. 통치라는 정치 개념 아래에서 권력을 가진 자는 자신이 나라의 주인이라는 생각을 갖는다. 공복(公僕)이란 말은 이론일 뿐이다. 통치 정치 아래에서 공직자들은 국민 위에 군림한다. 그러나 경영 개념을 도입한 정치는 그렇지 않다. 자치 지역 혹은 국가를 위해 더 많이 벌고, 벌어들인 것을 국민이라는 고객에게 환원해야 한다는 인식을 한다.

그동안 외국에서 본 선진 정치를 현장에서 배울 목적으로 유학을 준비하고 있는데, 당시 집권 여당의 모 인사로부터 연락이 왔다. 민자당 지역구 의원으로 출마하라는 것이었다. 나는 그에게 이렇게 말했다.

"당장 정치에 뛰어들 생각이 없습니다. 지역구에 출마한다면 결국 정 회장이 만든 당과 마주쳐야 합니다. 제가 정 회장과 부딪치는 모습이 언론을 통해 국민들에게 알려진다면 모양이 좋지 않습니다. 이것은 어른들의 모습이 아닙니다."

그러고는 잠잠했다. 그런데 얼마 후 새벽 6시경 당시 당 대표 되는 분으로부터 연락이 와 약속 장소로 나갔다.

"이 회장, 지역구로 나가면 국민당과의 관계가 곤란하다고 했으니 우리 당 전국구로 나와 주시오. 이 회장은 일하던 사람이니, 앞으로도 계속 일을 하려면 우리 당에서 해야 합니다. 우리 당 전국구에는 전문 경영인이 한 사람도 없어요. 이 회장이 필요합니다."

1992년 2월 초순이었다. 1~2년의 공백기를 가질 것인가, 아니면 공백기 없이 기업에서의 내 경험을 활용할 것인가를 두고 나는 다시 고민했다. 무엇을 한다 해도 내 본바탕은 변하지 않는다. 여당에서도 내 자존심을 지키며 뜻을 펼칠 수 있을 것이라는 데에 생각이 닿았다. 사회에 이바지하기 위해서는 일을 해야만 했다. 그러기 위해서는 야당보다는 집권 여당이어야 했다.

우리 사회에서 국제화를 가장 먼저 접하고 적응한 집단이 기업가들이었다. 정치를 통치라고 믿고 있는 현실 정치에서 비록 미미하지만 내 역할은 분명하게 있을 것이라고 판단하기에 이른 것이다.

우리 기업은 이미 성장해서 세계 일류 기업과 어깨를 겨루고 있는데 정치는 아직도 우물 안 개구리처럼 권력만을 잡기 위해 안달하고 있다. 이 커다란 간격을 기업에서의 체험과 안목으로 메워야 한다는 사명감이 나의 선택을 지원했다.

1992년 3월 나는 당시 여당인 민자당 전국구 국회의원으로 당선되어 새로운 목적지를 향한 항해를 시작했다.

나의 스승은 가난과 어머니

고향에 대한 최초의 기억은 포항 시장통의 가난이었다.

굴 껍데기처럼 우리 대가족에 들러붙은 가난은

내가 스무 살이 넘어서도 떨어질 줄을 몰랐다.

아버지의 진짜 덤

해방 직후인 1945년 11월. 우리 여덟 명의 가족은 일본 오사카에서 짐을 꾸렸다. 아버지와 어머니, 큰누님 귀선, 큰형 상은, 둘째 형 상득, 작은누이 귀애, 그리고 나, 여동생 귀분 등 우리 대식구는 시모노세키 항에서 부산으로 향하는 임시 여객선에 올랐다. 귀국선이었다. 핍박과 설움의 땅 일본에서 어렵사리 긁어모은 전 재산이라고 해야 몇 푼의 돈과 남루한 옷가지, 그리고 일용품 따위가 고작이었다.

정원을 훨씬 초과해 짐짝처럼 실려 뱃멀미에 시달렸지만 선실과 갑판은 들떠 있었다. 마침내 꿈에 그리던 고향으로 돌아가는 뱃길이었다. 그 난리통에 목숨을 잃지 않고 살아 있는 몸으로 고향 땅을 찾아가는 길이었던 것이다.

귀국하는 한국인을 가득 실은 귀국선은 그러나 쓰시마 섬 앞바다에서 가라앉고 말았다. 사람들은 다 구조되었으나 가지고 있던 짐들은 배와 함께 수장되고 말았다. 그야말로 맨몸뚱이만의 귀국이었다.

바다에서 건져 올려져 고향 땅을 밟을 때 나는 네 살이었다. 난파한 귀국선에 대한 기억은 전혀 없다. 고향에 대한 최초의 기억은 포항 시장통의 가난이었다. 목숨을 부지한 것만 해도 천만다행이라며 고향 땅을 밟은 우리를 맞이한 것은 지독한 가난이었다. 굴 껍데기처럼 우리 대가족에 들러붙은 가난은 내가 스무 살이 넘어설 때까지도 떨어질 줄을 몰랐다.

아버지(이충우)는 포항에서 북쪽으로 30여 리 떨어진 경북 포항시 북구 흥해읍 덕성리 농사꾼 집안의 3형제 중 막내로 태어났다. 작은 땅뙈기는 그나마 두 형에게 돌아갔으므로 아버지는 젊을 때부터 고향을 떠나 떠돌았다. 식민지 시대 나라 잃은 다른 젊은이들의 운명과 비슷한 길을 걸어간 것이었다. 떠돌이 시절에 아버지는 소, 돼지를 대량으로 키우는 목축 기술을 익혔다.

고향 친구들 몇 사람과 함께 살길을 찾아 일본으로 건너간 아버지는 오사카 근교 목장에 고용됐다. 새벽부터 일어나 우유를 짜고 목초를 베고 축사를 돌보는 목부였다. 고향 땅 머슴살이보다 더 고달프고 서러운 생활이었으나 아버지는 부지런하게 일에만 전념했다. 저축도 할 수 있었다.

일본에서 어느 정도 자리를 잡자 아버지는 잠시 고향에 돌아와 결혼을 했다. 지금은 대구시로 편입된 반야월 채씨 집안의 딸을 신부로 맞았다.

신혼부부는 결혼식을 올린 지 얼마 되지 않아 일본으로 건너갔고, 타향살이 속에서도 여섯 남매를 낳아 키웠다. 막내동생 상필은 고향에 돌아와서 태어났다.

고향에 돌아온 아버지는 6·25 전에 겨우 일터를 마련했다. 동지상고 재단 이사장 소유의 목장이었다. 보잘것없는 일자리였지만 장터를 떠도는 일보다 아버지의 성격과 경험에 잘 맞았다.

아버지는 유교적 전통과 가치관이 몸에 밴 전형적인 양반 타입이었다. 형제와 집안 간의 우애를 강조했고, 웃어른 모시는 법이며 절하는 법에 이르기까지 우리 형제들의 외형적 인격 형성에 큰 영향을 끼쳤다.

사실 가난한 집안의 가장이 권위를 지키기란 쉬운 일이 아니다. 무기력함에서 나오는 매질이나 술주정, 아니면 자신의 존재를 부정해 버리는 경우가 대부분이다. 그러나 아버지는 그 궁핍함 속에서도 가부장의 권위를 엄격하게 지켰다.

아버지가 목장에서 일하는 동안 우리 대식구는 잠시나마 안정을 누릴 수 있었다. 그러나 6·25가 터지자 이 소박한 작은 둥지는 산산조각 나고 말았다. 낙동강 방어선의 동쪽 끝이었던 포항은 인민군과 국군이 서로 공방을 거듭하던 치열한 격전지였다.

인민군이 포항을 점령했을 때 우리 가족은 가까운 고향 흥해읍으로 피난해 있었으나, 아버지는 돌보던 가축을 지키기 위해 목장을 떠나지 않았다. 주인은 이미 떠나고 없었지만 아버지는 당신의 책임을 회피할 수가 없었던 것이다. 전선이 북상하고 다시 식구들이 포항에 모였을 때, 아버지는 실직자가 되어 있었다. 거덜이 나고 만 것이다.

나는 초등학교 저학년 무렵부터 '일'을 시작했다. 키가 훤칠했던 아버지를 따라 나는 영덕, 흥해, 안강, 곡강 등 포항 인근의 장터를 돌았다.

아버지는 그때 이북 피난민의 주선으로 옷감 장사를 했다. 이 장사는 자 눈금에 이문이 달려 있었다. 이북에서 내려온 옷감 장수는 아버지에게, 비단을 팔 때 자를 조금씩 겹치게 재라고 일러 주었다. 그래서 '남는 걸 덤으로 얹어 주어야 된다'는 것이었다. 결국 여섯 자를 파는 것인데 몇 치쯤 더 얹어 주는 걸로 알게 하는 속임수였다.

그러나 아버지는 그 말을 따르지 않았다. 곧이곧대로 여섯 자를 쟀고, 거기에다 진짜 덤을 얹어 주었다. 게다가 늘 외상이었다. 외상하는 사람의 이름이나 주소도 묻지 않았다. 그날 입은 옷차림새를 적었으니, 외상한 사람이 와서 안 갚으면 누가 누군지도 몰랐다. 아버지는 양심을 속일 수 없는 성격이었다.

아버지는 젊은 시절 한때 교회에 다닌 적이 있으나, 스물여덟 살 때 목사와 크게 언쟁을 벌인 후 다시는 교회에 나가지 않았다. 시골 교회에서는 추수 감사절에 현금 이외에도 곡식으로 감사 헌금을 했다. 그런데 목사가 돈이나 곡식을 낸 사람의 이름만 특별히 거명해 축복하는 기도를 한 것이 사태의 발단이었다.

"왜 물질을 낸 사람만 위하여 기도를 하느냐. 내고 싶어도 내지 못하는 사람들을 위해 더 간절한 기도를 해줘야 할 것 아니냐."

아버지는 예수의 사랑을 속물적인 물욕으로 호도하는 목사를 용서할 수가 없었던 것이다. 그러나 아버지는 가족들이 교회에 다니는 것을 말리지는 않았다. 어머니의 굳은 신앙에 대해서도 일절 언급하지 않았다.

장터에서 옷감을 파는 아버지, 목사와 언쟁하는 아버지를 통해 양심을 속일 수 없는 사람은 원리 원칙에 벗어난 행동을 할 수 없다는 사실을 깨달았다. 원리 원칙은 가장 단순한 논리이지만, 가장 힘이 있다.

뒷날의 이야기지만, 아버지는 결국 신앙인으로 되돌아왔다. 큰 교회는 싫다고 작은 교회에 다니며 봉사 활동도 하고, 얼마 되지는 않지만 재산의 일부도 헌금으로 내놓았다. 그리고 목사와 친해져 함께 바둑을 두며 노년을 보냈다. 그 교회에서 세례를 받은 지 일주일 만에 아버지는 조용히 숨을 거두었다.

여름날 아침의 쌕쌕이

포항은 6·25 전후 생선 냄새가 물씬 풍기던 조그만 어항이었다. 어머니는 그 시장 바닥의 제일 후미진 곳에 좌판을 깔고 과일을 팔았다. 나는 대여섯 살 때부터 이 시장통을 얼씬거리며 잔심부름을 했다.

초등학교에 들어가자마자 6·25를 겪은 나에게 전쟁의 기억은 생생하게 남아 있다. 그 전쟁통에 나는 내 바로 위 누나인 귀애와 막내 상필이를 눈앞에서 잃었던 것이다.

아버지는 목장에 남아 있고, 우리는 고향 흥해의 큰아버지 집에 피난해 있었다. 무덥고 지루한 여름날이었다. 햇살이 아직은 따갑지 않은 아침나절이었다. 귀애 누이는 포항에 와서 태어난 막내 상필이 칭얼거리자 등에 들쳐업고 마당에 나가 달래고 있었다. 비행기 소리가 들리는가 싶더니, 생철 지붕에 주먹만 한 우박 떨어지는 소리가 바로 머리 위를 훑고 지나갔다.

얼마나 지났을까. 고개를 들었을 때 쌕쌕이는 이미 보이지 않았다. 그런데 누이와 동생은? 소스라쳐 놀란 가족들이 문을 열고 밖으로 뛰어나왔다. 누이와 막내동생은 마당 한가운데 쓰러져 있었다. 등과 이마에서는 피가 솟아오르고 온몸은 화상을 입어 차마 볼 수가 없었다.

어머니는 거의 정신을 잃다시피 했다. 한 가닥 남아 있는 숨을 확인한 어머니는 정신없이 산으로 달려갔다. 쑥을 캐어 와서는 짓찧어 누이와 동생의 온몸에 발랐다. 전쟁과 가난에 약을 구한다는 것은 불가능한 일이었다.

지난밤 마을에 인민군이 들어왔다는 정보를 입수한 미군이 전투기를 동원해 마을을 쑥밭으로 만들었다며 어른들은 한숨을 쉬었다.

마을을 중심으로 전투가 계속됐고, 어머니는 가족들을 안전한 곳으로 피신시켰다. 움직일 수 없을 정도로 위험한 상태였던 어린 목숨들을 살려 보려고 어머니는 폭탄이 여기저기서 터지는 전장에 홀로 남았다. 어머니의 애달은 기도에도 불구하고 모진 목숨을 이어가던 누이와 동생은 두 달을 버티다가 고통 속에서 숨져 갔다.

누이와 동생의 참혹한 모습과 간호하시던 어머니의 애처로운 모습이 지금도 기억 속에 진하게 남아 있다. 이후 나에게 전쟁과 그 후의 분단 상황은 추상적 관념이 아니었다. 남북 분단과 이념 대결은 늘 죽은 누이와 동생의 모습으로 귀착되곤 했다.

그날 큰아버지 집 마당에서 죽어 간 내 형제들은 뒷날 내가 현대건설 회장으로 있을 때 나로 하여금 구소련과 중국 등 북방을 억척스럽게 개척하게 하는 심리적 요인으로 작용했다. 전쟁을 일으킨 이데올로기의 본산을 뚫고 들어가는 내 마음 한편에는 이제 이념과 체제의 대결로 인한 비극은 사라지게 해야 한다는 각오도 있었던 것이다.

팔이 긴 아이

전쟁으로 아버지가 실직하자 우리는 집을 산기슭 절터로 옮겨야 했다. 일본 절터였던지 적산 절간이라고들 불렀다. 방 한 칸에 부엌도 없이, 15세대가 모여 살았다. 그들은 모두 날품이라도 팔 수 있는 날이면 운수 좋은 날로 여기는, 가난의 끝까지 내몰린 사람들이었다. 새벽부터 밤늦게까지 싸우는 소리, 배고파 우는 소리, 병들어 죽어 가는 소리들로 바람 잘 날이 없었다.

조용한 집은 우리 집뿐이었다. 온 가족이 생업 전선에 뛰어들어야 했기 때문이다. 그래도 끼니 잇는 것조차 어려웠다.

이즈음 가장 값이 싸서 우리 가족이 주로 먹었던 음식이 술지게미였다. 술지게미는 곡식으로 술을 빚어 술을 짜내고 난 뒤 남는 찌꺼기를 말한다. 막내아들인 내가 매일 술도가로 심부름을 다녔다. 술지게미 중에서도 제일 나쁜 것을 사다가 가족이 나누어 먹었다. 하루에 두 끼를 술지게미로 때우다 보니 알코올 기운 때문에 나는 항상 벌겋게 상기되어 돌아다니곤 했다.

아마 회사 생활을 하는 동안 그 많은 술자리에서 누구보다 강할 수 있었던 것은 어린 시절의 훈련이 있었기 때문이 아닐까? 가난이 나에게 물려준 하나의 유산으로 생각하고 있다.

물론 학교에 도시락을 싸가지고 가는 것은 꿈도 꿀 수 없었다. 점심시간에 다른 아이들이 도시락을 먹는 동안 배고픔을 참지 못하여 뱃속에 펌프 물을 퍼 넣어 보지 않은 사람은 그 고통을 알지 못할 것이다. 그리고 그 물이라는 것이 아무리 많이 마셔도 공복감을 해소하지는 못한다는 것도 굶어 보지 않은 사람은 모를 것이다.

일본에서 농장 목부살이를 하던 시절, 아버지는 수입의 상당 부분을 고향에 있는 큰아버지에게 보내는 한편, 사촌 형을 일본에 불러들여 공부시키는 데 썼다. 그러나 정작 고향으로 돌아와 당신의 자식들이 학교에 다니게 되었을 때는 교육을 위해 돈을 쓸 만한 여유가 없었다.

나는 심심하면 등록금을 가져오라고 학교에서 쫓겨났다. 그러면 학교 뒷산에 올라가 시간을 보내다 돌아와서는 선생님께 이렇게 둘러댔다.

"조금만 더 기다려 주시면 꼭 주겠다고 하십니다."

집에 간다고 없는 돈이 나올 리 없음을 너무도 잘 알기 때문이었다.

초등학교 고학년 때 나는 이미 안 해본 일이 없었다. 성냥개비에 황을 붙여 팔기도 했고, 군 부대 철조망 밖에서 김밥을 팔기도 했으며, 밀가루 떡을 만들어 팔다가 헌병에게 잡혀 매도 맞았다. 굶기를 밥 먹듯이 하고, 굶은 주제에 하루 왕복 네 시간을 걸어 학교에 다니다 보니, 아무리 어린 나이라지만 중학 시절에 내 몸은 이미 결딴나고 있었다.

1학년 때, 나는 시들시들 아프기 시작하더니, 자리에 누워 넉 달 동안 일어나지 못했다. 병원에 다닐 형편이 아니었으니 무슨 병 때문에 그랬는지는 지금도 알 수 없으나, 아마 영양실조가 아니었던가 싶다. 그래도 자라나는 사춘기의 기운 덕분에 나는 넉 달 만에 다시 일어나 하루 네 시간을 걸어 학교에 다녔다.

아마 이 때문이었을까. 나는 우리 형제들 중에서 키가 가장 작은 편에 속한다. 우리 집은 남들보다 키가 머리 하나씩은 더 큰 장신 집안이다. 아버지를 비롯해 큰형, 둘째 형, 세 사람은 180센티미터에 가까운데, 유독 나만 173센티미터의 단신(?)이다.

그런데도 내 팔의 길이는 보통 사람들보다 10센티미터는 더 긴 편이다. 성장기 무렵 영양실조로 쓰러지지 않고 정상적으로 성장하였다면, 나도 형들만큼은 클 수 있었으리라. 어쨌든 나는 '팔이 긴 아이'였다.

음식 얻어먹으면 혼날 줄 알아

나의 외가는 일찍부터 기독교를 받아들인 집안이었다. 어머니(채태원)는 유교적 가풍을 엄격하게 지키고 있는 경주 이씨 집안에 시집와서도 신앙이 독실해 집안 사람들로부터 눈총을 받기도 했다. 그러나 어머니가 아니었다면 우리 대식구는 가난의 무게를 이기지 못하고 주저앉고 말았을 것이다.

어머니 역시 키가 컸고 바싹 마른 얼굴이었지만, 눈은 늘 반짝반짝 빛이 났다. 어머니는 초등학교를 나왔다고 했다. 졸업했다고 말한 적이 없는 걸로 보아 아마 중퇴한 것 같았다. 지식은 많지 않았지만 기억력 하나는 누구보다 비상해서, 먼 친척의 제삿날, 집안 누구의 생일이며 주소, 동네 사람들의 집안 대소사를 머리에 다 꿰고 있었다.

우리 식구의 하루 일과는 새벽 4시에 시작됐다. 그 시각에 어머니가 우리 형제들을 전부 깨워 놓고 새벽 기도를 드렸기 때문이다. 어머니의 기도는 독특했다. 나라와 사회가 불안하지 않도록 기도한 후에 일가친척들의 안녕을 부탁했다. 그 다음 동네 이웃들의 행복을 빌었다. 아픈 집, 실패한 집, 옆집과 싸운 집 등을 일일이 대면서 다 잘되기를 빈 다음, 예수님을 믿게 해달라고 기원했다.

그리고 나서야 우리 형제들의 이름이 나왔다. 정작 당신 자신을 위해서는 한마디의 기도도 하지 않았다. 우리 자신의 삶이 너무 힘들었지만 언제나 남에 대한 것이 먼저였다. 형제들에 대한 기도도 형과 누나들 것은 길었지만, 맨 마지막인 나는 늘 정해진 한마디였다.

"은이는 공부 열심히 해서 훌륭한 사람이 되게 해주시고, 득이는 곧 시험을 치르는데 좋은 성적이 나오게 해주시길 바라오며…… 우리 박이는 튼튼하게 자라게 해주십시오."

나에 대한 기도가 짧은 것은 집안에서의 나의 위치를 그대로 반영한 것이었다. 아버지가 동지상고 재단 이사장의 목장 일을 한 덕분에 큰형과 둘째 형은 동지상고를 졸업할 수 있었다. 어려서부터 손재주가 있었고 장사에 능했던 큰형은 일찍이 집을 떠났다. 수재였던 작은형은 집을 떠나 서울에서 공부에 전념하고 있었다. 막내인 나는 포항에서 부모님을 도와 형의 학비를 대야 하는 신세였다.

새벽 기도는 일에 시달려 고단한 나에게 무척이나 귀찮은 행사였다. 쭈그리고 앉아 반쯤은 졸다가 내 이름이 나오면 잠깐 정신을 차리곤 했다.

새벽 기도보다 더 견디기 힘들었던 일은, 이웃에 봉사하되 아무런 대가를 바라지 말라는 것이었다. 학교가 파한 뒤 지친 몸으로 시장에 들르면 어머니는 자주 '명령'을 내리곤 했다.

"박아, 오늘 기름집 큰딸 치우는 날이다. 가서 일손을 돕고 오너라."

"친척도 아닌데……."

"이웃이 친척보다 가까운 거야. 어서 가지 못하겠어?"

내가 마지못해 돌아서면 어머니는 내 등 뒤에서 고함을 쳤다.

"너 가서 물 한 모금이라도 얻어먹으면 안 돼. 음식을 준다고 받아 왔단 봐라. 알아들었지!"

나는 고등학교를 졸업할 때까지도 매우 내성적인 소년이었다. 남의 집 일을 도우라는 어머니의 '명령'은 처음엔 지키기가 무척 어려웠다. 아무 인사도 못하고 부엌 근처에서 얼쩡거리다 물을 길어다 주거나 음식을 날라 주다가 일이 끝났다 싶으면 소리 없이 돌아오곤 했다. 그러던 것이 나중에는 "도와드리러 왔습니다", "일 마치고 돌아갑니다"라는 인사 정도는 할 수 있게 되었다.

인사말을 꺼내는 것만큼 곤혹스러웠던 것은, 기름진 음식들의 유혹을 물리치는 일이었다. 아무도 보지 않는데 한 점 집어 먹을 수도 있었지만, 그때마다 어머니의 당부가 떠올랐다. 일을 마치고 돌아올 때 잔칫집에서 음식을 싸주면, 나는 먹지 않더라도 부모님이나 형, 동생들이 얼마나 맛있게 먹을까 생각하다가도 어머니의 고함 소리가 들리는 듯해 내 두 손은 끝내 나가지 못했다. 이웃에서는 "건방진 녀석, 음식 받아 먹으면 배탈이라도 나는가?"라며 못마땅해하기도 했다.

이런 일이 몇 차례 반복되자, 나는 어머니가 왜 아무것도 얻어먹지도 받아 오지도 말라고 했는지 어렴풋이 깨달을 수 있었다. 도와주는 일이 떳떳해지는 것이었다.

"박이네는 달라도 뭐가 달라. 가난해도 자존심은 대단한 아이들이야. 가정교육 하나는 똑 부러지게 시키누먼"이라며 이웃들도 우리를 무시하지 못했다.

남을 위한 기도와 일손 돕기는 나에게는 귀찮은 일이었다. 하지만 못 배우고 살기에도 급급한 사람이 이웃을 위해, 더구나 부자를 위해서도 대가를 바라지 않고 봉사할 수 있다는 사실은 귀한 가르침이었다.

가난한 사람이 부자의 도움이나 바라고 있다면 평생 그 가난을 벗어나지 못할 것이다. 가난을 극복할 수 있는 힘이 우리 형제들에게는 알게 모르게 자라나고 있었다. 나중에야 나는 어머니가 몸으로 실천하며 보여 준 가르침의 힘을 깨달을 수 있었다.

고등학교 입학 공방

내가 포항중학교를 졸업할 무렵, 우리 집 형편은 더욱 어려웠다. 우리 집의 희망이었던 둘째 형이 대학 입학을 목전에 두고 있었기 때문이다. 맏형은 군에 입대해 있었고, 동지상고를 수석으로 졸업한 뒤 등록금이 없는 육군사관학교에 들어갔다가 건강이 좋지 않아 1년 만에 퇴교한 둘째 형은 다시 대학 입학을 위해 공부를 하고 있었다.

둘째 형은 우리 가족의 희망이었다. 형은 서울에서 고학을 하며 우리 못지않게 고생하고 있었다. 부모님은 둘째 형에게 조금이라도 보탬을 주기 위해 포항에서 허리띠를 졸라매고 일에 매달려야 했다.

나는 당연히 관심 밖이었다. 중학교 3학년 때 넉 달이나 누워 있었지만 병원 문턱에도 가보지 못했다. 집안 형편을 빤히 아는 나는 고등학교 진학은 아예 나와 무관한 일이라고 제쳐 놓고 있었다.

졸업을 앞두고 진학 상담이 있었다. 포항중학교에서 성적이 좋은 학생은 도내 최고의 명문 경북고등학교로 진학하는 것이 정해진 코스였다. 담임 선생님은 학교에서 줄곧 2등이었던 내가 당연히 경북고로 가는 줄 알고 있었다. 부모님을 모시고 오라는 것이었다.

어머니가 행상을 그만두고 중앙통 한 모퉁이에서 국화빵을 구워 팔기 시작한 지 얼마 안 되는 때였다. 준비 없이 달랑 몸만 나가는 장사는 없다. 국화빵만 해도 밀가루 반죽부터 불을 준비하고 팥고물을 만들고……. 어머니와 함께 국화빵 준비를 하고 내가 학교에 가면 어머니는 국화빵을 구워 팔았다. 학교에 올 시간이 없었다. 그때 어머니는 둘째 형 등록금 마련이 최대의 과제여서 이웃을 만나면 한숨을 짓곤 했다.

나는 말이라도 꺼내 보자는 생각으로 담임 선생님이 오라신다고 어머니께 전했다. 어머니는 국화빵을 굽다 말고 먼 데로 눈을 돌렸다.

"우리 형편에 너를 고등학교에 보낼 수 없다는 것은 네가 더 잘 알 것이다. 형이 대학에 떨어진다면 몰라도…… 꼭 가고 싶으면 국비로 공부시키는 체신고등학교에 가볼 수는 있겠지만, 그러면 장사를 도울 사람이 없지 않으냐. 이 장사 어미 혼자는 못한다."

짐작은 하고 있었지만, 너무 강하게 갈 수 없다고 하시자 그만 눈물이 핑 돌았다. 형들 교복과 옷을 물려 입은 것도 억울한데, 이젠 형들 때문에 고등학교도 못 가는구나…… 나는 가난과 형들이 원망스러웠다.

집안 사정을 들은 선생님은 납득하기 어렵다고 했다.

"나는 네가 서울 일류 고등학교까지는 아니더라도 경북고는 갈 줄 알았다. 너무 아깝구나. 무슨 수가 없을까? 그래, 포항에 동지상고라는 야간 고등학교가 하나 있는데, 거기라도 가라. 네가 지금 어려서 모르겠지만 생을 살아가는 데는 중졸보다는 고등학교 졸업장이 더 도움이 될 것이다."

담임선생님의 의견을 어머니께 전했지만, 어머니께서는 단호했다.

"너는 장사해서 형을 도와야 한다. 장사해서도 잘살 수 있는 거야."

담임선생님과 어머니의 공방전은 오래갔다. 양쪽의 말을 전하는 나 역시 힘들었다. 어머니는 낮에 일을 할 수 있는 야간학교라도 월사금이 있어야 할 것 아니냐며 고등학교에 갈 수 없다는 뜻을 굽히

나의 스승은 가난과 어머니

지 않았다. 담임선생님도 물러서지 않았다.

"전체 수석으로 입학하는 학생에겐 등록금이 면제된다. 너는 할 수 있다."

선생님의 마지막 제의를 어머니는 받아들였다. 돈이 들지 않는다는 조건 때문이었다.

"그렇다면 약속을 하나 하자. 학교에 다닐 시간은 주겠다. 대신 등록금이 면제되는 동안만 다니는 거다."

등록금이 면제되는 동안만 다닌다는 약속 하에 들어간 고등학교를 나는 무사히 졸업할 수 있었다. 3년 내내 주야간 통틀어 1등을 했기 때문이다.

겨울에도 밀짚모자를 쓰는 소년

내가 야간 고등학교에 다닐 때 집안에서 일을 도울 사람은 나와 여동생 귀분이뿐이었다. 고등학생이었으니 능히 어른 한 사람 몫의 일을 해낼 수 있었다. 중학교 때까지 하던 김밥 장사 같은 일은 아무 것도 아니었다. 철따라 엿장사, 아이스케이크 장사를 하며 떠돌았고, 겨울철에는 뻥튀기를 만들어 팔았다.

내가 고등학교에 입학할 때, 어머니는 국화빵 기계 옆에다 뻥튀기 기계를 갖다 놓고 두 가지 장사를 했다. 새벽부터 나가 준비를 한 후 나는 뻥튀기를, 어머니는 국화빵 굽는 작업을 시작했다. 아침 무렵부터 손님들이 오기 시작하여 일이 분주해지면 온몸은 땀으로 범벅이 되고, 얼굴에는 땟국이 녹아 흘렀다.

뻥튀기를 팔 때 나는 교복을 입고 있었다. 변변한 옷이라고는 교복 한 벌밖에 없기도 했지만, 일이 끝나자마자 학교로 곧장 가야 했기 때문이었다. 그런데 그 모퉁이가 하필이면 여자고등학교로 통하는 골목이었다. 아침저녁 등하교 때, 여학생들이 지나가며 나에게 눈길을 던질 때마다 나는 모닥불을 끼얹은 것처럼 얼굴이 뜨거워져 견딜 수가 없었다.

내 교복과 땟국이 흐르는 얼굴, 그리고 고개 숙여 뻥튀기를 하는 모습을 보며 웃고 지나가는 여학생들로부터 자유로워지기 위해 많은 노력을 해보았지만 번번이 허사였다. 자존심은 강했지만 내성적인 성격은 그대로였다. 게다가 사춘기가 아니었던가. 가난으로부터 자유로워지기보다 더 어려운 것이 이성에 대한 부끄러움으로부터의 해방이었다.

나는 궁리 끝에 밀짚모자를 하나 구해 푹 눌러쓰고 쌀을 튀겼다. 내가 밀짚모자를 눌러쓸 때마다 어머니의 핀잔이 날아왔다.

"사내 녀석이 뭐가 부끄럽다고 이 한겨울에 밀짚모자를 쓰고 야단이냐."

가출과 기도

고등학교 2학년 때 나는 '독립'을 시도했다. 기왕에 고생할 바에는 벌이가 더 잘되는 장사를 찾은 것이었다. 여고생들의 따가운 시선을 피해 보자는 생각도 큰 이유였다. 낮에 과일을 떼어다가 학교가 끝나는 대로 리어카를 극장 앞으로 끌고 가 극장에서 나오는 사람들을 상대해 보자는 계산이었다.

　나의 새 사업은 쉽게 어머니의 허락을 받았다. 리어카를 하나 구했고, 과일도 떼어 와 빛이 반짝반짝 나도록 닦았으며, 카바이드 등도 장만했다. 행인들이 많은 극장 앞에 처음 나설 때는 조마조마하기도 했지만 우쭐한 기분도 들었다. 카바이드 불빛에 빛나는 과일이 보기에 참 좋았다.

　세상에 쉬운 장사는 없었다. 과일 행상은 앞으로 남고 뒤로 밑지는 장사였다. 가격과 시간 조절이 생명이기 때문이다. 자칫 초장에 비싸게 불러서 장사가 안 되면 남은 것들을 파장에 헐값으로 팔아야 하는 것이었다. 사는 사람과 파는 사람의 가격이 적정하게 맞아떨어져야 하는 '고도의 산수'였다.

　과일 장사를 시작한 지 얼마 안 되는 늦여름 밤, 부슬비가 내리고 있었다. 비 오는 날은 공치는 날이라는 말은 행상에게도 그대로 적용되었다.

　마지막 회를 보고 극장에서 나오는 사람들에게 마지막 한 가닥 희망을 걸면서 극장 입구를 바라보고 있을 때였다. 자동차 한 대가 후진을 하다가 뒤를 잘 보지 못했는지 멈춰 서지 못하고 내 리어카를 받아 버렸다. 과일들이 땅바닥에 우르르 떨어졌다. 수박 같은 것은 박살이 나버렸다.

　나는 내 리어카가 차에 받혔다는 사실을 까맣게 잊고 굴러다니는 과일을 주우러 엉금엉금 기었다. 그때 내 목덜미 위에서 욕설이 쏟아졌다.

　"야, 이 자식아. 리어카를 대려면 제대로 댈 것이지 길을 막고 서 있으면 차는 어떻게 하라는 거야. 이 길이 너희들 장사하라고 내놓은 길인 줄 알아? 장사 똑바로 못하겠어?"

나는 자가용 주인의 위세에 눌려 엉겁결에 잘못했다고 말했다. 자가용이 사라지고 나서야 분노가 치밀기 시작했다. 사실 내가 잘못한 것은 없었다. 가진 자의 횡포 앞에서 잠깐 기가 꺾였던 내 자신이 혐오스러웠다. 가난하다는 이유로 당해야만 하는 억울함이 치밀었다. 서러움과 분노가 뒤섞였다.

'이런 식으로 살아서 무엇하나. 고등학교는 졸업해 무엇할 것인가. 차라리 어디론가 떠나 버리자.'

주머니에 있는 돈을 헤아려 보았다. 서울 갈 차비는 충분할 것 같았다. 나는 눈물을 훔치며 바로 옆에 있는 포장마차로 들어갔다. 술이라도 한 잔 마시고 떠나자는 생각에서였다.

"아주머니! 여기 소주 한 병하고 안주 좀 주세요."

나는 소리쳤다.

"아니, 학생 왜 이래?"

평소에 교복을 입고 장사하던 나를 착하게 잘 봐주던 아주머니가 오히려 놀라서 나에게 되물었다.

"아니, 술이나 빨리 줄 것이지 웬 말이 그리 많아요? 돈만 주면 될 거 아녜요?"

나는 괜히 짜증까지 부렸다. 그런데도 주인 아주머니는 머뭇머뭇거리며 술을 빨리 안 주고 시간을 끌고 있었다. 불과 몇 초였을까? 술을 기다리던 나의 머리에 번득이며 스쳐 가는 생각이 있었다.

'과일 장사 시작한 지가 언제인데 아직 어머니께 과일 한 개 드셔 보시라고 하지도 못했구나.'

어머니는 내가 도매상에 가서 과일을 떼어 오면 윤이 나라고 과일을 닦아 주며 "그것 참 곱기도 하지. 먹음직스럽게 생겼구나"라고 했다. 그러나 이미 '독립채산제'로 장사를 하고 있었기 때문에 한 푼이라도 더 남기려는 마음에 늘 어머니의 말을 못 들은 체했다.

새벽마다 기도하는 어머니. 비록 형들에 비해 짧고 간단하지만 나를 위해 매일 기도해 주는 어머니였다.

'그래, 내가 꼭 오늘 떠나야만 하느냐? 저 깨진 과일이라도 어머니에게 실컷 드리고 내일 떠나자. 하루 연기한다고 크게 달라질 것도 없지 않은가?'

나는 과일들을 리어카에 다시 주워 담고 집으로 돌아왔다. 어머니는 먼저 돌아와 있었다.

"어머니, 아버지, 오늘은 과일 좀 드세요. 많이 남았거든요."

어머니는 찌그러진 리어카와 깨진 수박, 그리고 나의 과장스러울 정도로 밝은 목소리에 이내 사태를 알아차리곤 아무 말 없이 이불 속으로 들어가 버렸다. 나는 잠자리에 누워서도 가출에 대한 생각뿐이었다.

이튿날 새벽에도 어김없이 어머니의 기도는 시작되었다. 그런데 이날 나에 대한 기도는 간절하고 길었다. 아마 어머니는 밤새 잠을 못 주무신 것 같았다.

"우리 명박이의 앞길을 하나님께서 인도하여 주시옵소서, 건강도 지켜 주시고, 명박이가 하는 일도 잘되게 해주시옵소서……."

평소와 다른 어머니의 기도가 내 가슴을 두드렸다. '나에게 이렇게 관심을 가지고 계셨다니.' 너무나 놀랍고 고마운 마음에 나는 가출 시기를 다시 한 달 뒤로 미루었다. 이렇게 몇 번을 미루다가 평소의 나로 돌아오기까지는 그리 시간이 오래 걸리지 않았다. 어머니의 새벽 기도는 이렇게 위력을 발휘했다. 어머니가 아니었다면, 그리고 그 포장마차 주인이 술을 빨리 주었다면, 나는 그길로 서울행 열차를 탔을 것이다.

포항 달동네에서 이태원 판자촌으로

야간고등학교에 다니던 시절, 나에게는 잊지 못할 고마운 친구가 있었다. 양재원이라는 아이였는데, 나는 대부분 그와 함께 등교를 했다. 그는 낮에는 조그만 회사에서 일했다. 퇴근을 하면 집에 와서 학교에 갈 준비를 한 후 나에게로 왔다.

그의 집에는 장닭 한 마리와 암탉 두 마리가 있었는데, 암탉들은 매일 알을 낳았다. 재원이는 그 중 한 개를 몰래 숨겨 가지고 와서 먹으라고 나에게 내밀었다. 그 친구는 매일 죽만 먹고 비실비실거리는 내가 금방 영양실조에라도 걸려 쓰러질까 봐 걱정스러웠던 것이다.

이 달걀이 성장기의 나를 지탱해 주던 유일한 영양 보충원이었다. 당시 서민들에게 달걀은 모아서 팔면 당장 돈이 되는 아주 귀한 것이었다. 도시락조차 가져오지 못하는 아이들이 많았던 그 시절에 달걀부침은 넉넉한 집 아이들이나 먹을 수 있는 그런 음식이었다.

암탉은 두 마리인데 알은 하나밖에 낳지 않는 것을 의심스러워하던 그 집 부모님에게 덜미가 잡힐 때까지 몇 달 동안 나는 달걀을 얻어먹을 수 있었다.

학교를 졸업한 후 가는 길이 달라 오랫동안 서로 안부를 전하지도 못하는 처지가 되었고, 은혜를 갚지도 못했다. 하지만 재원이의 고마운 마음은 일생 동안 잊어 본 적이 없다.

그도 어렵게 대학을 마치고 고생하다가 이제는 자리를 잡고 유복하게 살고 있다고 한다. 앞으로도 나는 그의 고마운 마음을 새기면서 살아갈 것이다.

내가 3학년이 되었을 때 어머니는 중대한 발표를 했다. 서울에 있는 둘째 형 뒷바라지를 위해 서울로 이사를 한다는 것이었다. 그러나 나는 여동생과 함께 고등학교를 졸업할 때까지 포항에 남아 있어야 했다. 부모님은 서울에 가서 발붙일 수 있는 돈을 마련하기 위해 절간집은 물론 장사 도구도 다 팔았다. 나와 여동생에게 작은 방 하나를 구해 주면서 서울 가서 쌀값은 보낼 테니 염려 말라는 말만 남기고 부모님은 포항을 떠났다.

포항에 남은 여동생과 나의 생활은 더욱 비참해졌다. 쌀값은 보내겠다던 어머니는 매달 돈을 부쳐 오기는 했다. 하지만 그 돈은 충분하지 않았다. 말이 밥이지, 후루룩 마셔야 할 정도로 묽게 죽을 쑤지 않으면 한 달을 먹을 수 없었다. 늘 허기에 시달렸다. 참다못한 여동생은 열흘이라도 실컷 먹고 나머지 스무 날은 굶자고 했다. 나는 그렇게 하면 꼭 죽을 것만 같았다.

폐종이를 구해서 봉투 30개를 만들었다. 거기에 양식을 똑같이 나누어 담아 두고 동생에게 하루에 봉투 한 개씩만 죽을 쑤도록 했다. 지금도 동생은 나를 만나면 "그때 오빠 참 지독했어. 난 가출하려고 했었어"라며 쓴웃음을 짓는다. 정말이지 웃어넘길 일이 아니다.

멀지 않은 곳에 큰아버지가 농사를 지으며 살고 있었지만 도움을 받은 적은 없다. 나는 산에 가서 나무를 베어다 팔기도 하고 행상도 틈틈이 했으나 가난을 물리칠 수는 없었다.

1959년 12월, 고등학교 졸업식을 앞두고 나는 동생과 함께 서울 가는 기차에 올랐다. 나는 전체 수석자에게 주는 재단 이사장 상을 받게 되어 있었지만 졸업식 때까지 기다릴 형편이 아니었고, 또 포항으로 내려올 차비도 없을 게 분명했으므로 상장과 졸업장은 친구 김창대가 대신 받아 놓기로 약속을 해놓았다.

서울행 기차에서 나는 막막했다. 포항에서의 19년이 힘에 겨운 것이었지만, 서울에 간다고 무엇이 달라질 것이란 말인가. 부모님도 아직 기반이 튼튼한 것 같지 않았다. 그래도 포항과는 다른 무엇이 서울에서 나를 기다리고 있을 것이라고 마음을 가다듬었지만 희망은 손에 잡히지 않았다.

부모님은 이태원 판자촌에 단칸방을 얻어 놓고 이태원 시장에서 채소 노점을 하고 있었다. 포항과 달라진 것은 아무것도 없었다.

나는 모처럼 내 시간을 가질 수 있게 되었다. 포항에서처럼 내가 혼자 할 만한 장사도 없었고, 무엇보다 밑천이 없었다. 나는 전차를 타고 종점에서 종점으로 여행을 하기도 하고, 때로는 영등포에서 미아리까지 걷기도 하며 서울 거리를 하릴없이 쏘다녔다.

그런데 나도 모르게 내 발길은 동숭동이나 안암동, 신촌 등 대학가로 자주 향하는 것이었다. 교복을 입은 대학생들을 보면 공연히 가슴이 철렁했다. '먹고살 길을 찾아야 할 내가 지금 어디에 와 있는 거지?' 하면서 발길을 돌리곤 했다.

고등학교 2학년 때 형이 보내온 엽서가 있었다.

'명박아, 결코 대학을 포기하지 마라. 네가 비록 야간 고등학교에 다니지만 노력 여하에 따라 얼마든지 대학에 갈 수가 있다.'

그러나 생존만이 유일한 과제였던 나는 그 '노력'을 언제 어떻게 해야 하는지 전혀 모르고 있었다.

삼각지에서 이태원으로 걸음을 옮기던 어느 날, 문득 엉뚱한 생각이 머리를 스쳤다.

'중학교 선생님이 중졸 졸업장보다는 고졸 졸업장이 큰 도움이 될 것이라고 하지 않았던가? 고등학교 졸업장보다는 대학 중퇴가 더 낫겠지. 그러면 시험이라도 한번 쳐보자. 시험에 합격만 하면 학교를 다니지 않더라도 대학 중퇴가 된다.'

실로 돈키호테 같은 생각이었다. 봄이 되자 포항 친구 김창대가 올라왔다. 대학 시험 공부를 위해 서울로 와 자취방을 마련한 것이다. 나는 즉시 단칸방에서 나와 창대의 방으로 옮기고 대학 시험 공부를 준비했다. 그런데 무슨 책을 봐야 할지 도무지 알 수가 없었다. 창대 역시 갓 올라와 별 도움을 주지 못했다.

나는 포항중학교 동창을 찾아갔다. 그는 경기고를 나와 막 서울대학교 법대에 합격한 친구였다. 내가 사정을 털어놓자 친구는 대뜸 이렇게 말하는 것이었다.

"네가 대학에 가겠다고? 대학은 가고 싶다고 해서 아무나 가는 게 아냐. 너, 그 학교 나와 가지고 대학 갈 생각은 안 하는 게 좋을 거다. 괜한 시간 낭비 말고 다른 방향을 알아보는 게 좋을 것 같다."

나는 쓰던 책이라도 빌려 달라고 했지만, 친구는 다른 이야기만 했다. 나는 빈손으로 돌아왔다. 친구에 대한 섭섭한 감정은 없었다. 내 사정을 훤히 알고 있기 때문에 가능했던, 현실적인 충고였다. 그러나 나는 대학 졸업이 목적이 아니라 시험에 합격하는 것만이 목적이었다.

청계천 헌책방의 진학 상담 선생님

"청계천 헌책방에 가면 참고서를 싸게 살 수 있다."
이웃 사람에게서 이 말을 들은 후 나는 돈벌이에 나섰다. 이태원 시장에 나가 번 일당을 모아 만든 1만 환의 거금(?)을 들고 청계천으로 나섰다. '대학 입시 참고서 전문'이란 간판이 있는 곳으로 들어갔다. 헌책방 주인은 40대 남자였다. 대학 입시 책을 사려고 시골에서 올라왔다고 하자 어떤 책을 찾느냐고 했다.
"그걸 모릅니다. 무슨 책을 봐야 할지 모릅니다."
주인은 한심하다는 듯이 나를 쳐다보았다.
"문과냐, 이과냐?"
문과, 이과? 난생처음 들어 보는 소리였지만 내가 상고 출신이고 또 형이 상대에 다니는 것이 확실하므로 자신 있게 말했다.
"상과대학에 가려고 합니다."
"임마, 그건 문과야. 어느 대학에 가려고 하는데?"
"어느 대학이든 상관없어요. 아무 대학이나 갈 수 있는 책을 주십시오."
주인은 나를 물끄러미 쳐다보다가 책이 빼곡한 서가에서 책을 골랐다. 여남은 권의 책을 쌓아 놓고 주인은 주판알을 튀겼다.
"삼만 환이야. 아주 싸게 쳐준 거다."
"이거 어떻게 하죠. 지금 가진 돈이 만 환뿐인데……."
"야, 너 지금 바쁜 사람 앉혀 놓고 장난하는 거냐. 보자보자 하니까 이놈 엉뚱한 놈이네."
주인은 사람을 잡아먹을 듯이 욕설을 퍼부으며 불같이 화를 냈다.

너무 심하게 욕을 해대는 바람에, 나는 참지 못해 혼잣소리로 중얼거렸다.

"누가 학교에 가려고 하나, 그냥 시험이나 보려는 건데."

그 말을 들은 주인은 더욱 기가 막혔던지 더욱 채근했다.

"뭐라고? 이런 이상한 놈 다 봤나. 너 뭐라고 했니?"

나는 사실대로 말했다.

"갈수록 태산이네. 임마, 학교에 다니지도 않을 거면서 왜 시험을 쳐?"

나는 계속 실토했다. 그의 화를 풀어 주지 않으면 책방에서 온전히 나갈 수 없을 것 같았다. 내 얘기를 가만히 듣고 난 책방 주인은 처음에 꺼냈던 책들을 서가에 꽂고는 책을 다시 고르기 시작했다.

"이 책으로 공부하면 대학에 갈 수 있을 거다. 있는 돈만 주고 가져가. 나머지는 나중에 와서 갚아."

돌변한 주인의 행동에 내가 머뭇거리자 그는 내 등을 떠밀었다.

"내 마음 변하기 전에 빨리 가, 이 촌놈아."

나는 믿어지지가 않아 책을 가슴에 안고 뒷걸음질치다가 냅다 뛰었다. 그가 마음이 바뀌어도 쫓아오지 못할 지점까지 나는 멈추지 않았다.

욕쟁이 책방 주인 덕분에 참고서는 구했지만 시간은 넉넉하지 않았다. 나는 아침저녁에는 시장에서 부모님 일손을 돕는 한편 시간을 쪼개 입시 공부를 했다. 헌책방 주인이 헐값에 준 참고서들은 내가 지난 3년 동안 배운 지식이 얼마나 하잘것없는 것인가를 깨우쳐 주었다. 나는 죽어라고 참고서를 파고들었다.

나는 고려대학교 상과대학에 원서를 냈다. 여러 대학의 상과대 입시 요강을 보았더니 고려대 상대가 제2외국어가 없어 유리했다. 고려대 상대 경영학과는 그해, 1960년도에 신설되어 경쟁률이 높을 것이라는 예측이 나오고 있었다.

시험이 임박했지만 시장 일을 돕지 않을 수 없었다. 막일에 시달린 몸은 물 먹은 솜이었다. 나는 입시 한 달을 남겨 놓고 당시 학생들에게 유행하던 불면제 '안나뽕'을 먹으며 밤을 새웠다. 급기야는 몸이 배겨 내지 못해 시험 사흘 전에 드러눕고 말았다. 집안에서는 나의 도전에 전혀 관심이 없었다. 시험이나 한번 보겠다는데 말리지 말자는 생각이었을 뿐, 시험 전이라고 해서 무슨 배려가 있었던 것은 아니었다.

시험 당일 휘청거리는 몸을 이끌고 겨우 시험장에 들어갔다. 영어는 잘 보았고, 수학도 무난했다. 그러나 합격하리라는 기대는 하지 않았다. 대학 시험을 쳐보았다는 사실 자체만으로도 만족스러웠다. 합격 발표를 기다리는 마음 역시 가벼웠다.

그런데 합격자 명단에 내 이름이 있었다. 나는 꿈을 이룬 것이었다. 드디어 '대학 중퇴자'가 된 것이었다. 이태원 시장 사람들도 기뻐하면서 등록금은 마련되었느냐고 물어 왔다. 나는 웃으면서 말했다.

"저는 등록금이 필요 없습니다. 합격만 하면 대학 중퇴니까 됐습니다."

"무슨 소리야. 최소한 한 학기는 다녀야 중퇴지. 합격하고 등록을 안 하면 아무 소용 없는 거야."

알아보니 과연 그랬다. 갑자기 눈앞이 아찔했다. 시험에 합격하는 것보다 훨씬 어려운 일에 봉착한 것이었다. 어디서 등록금을 구한단 말인가. 대학 중퇴자도 아무나 되는 것이 아니었다. 포기하는 수밖에 없었다.

그때 길이 뚫렸다. 내 사정을 알게 된 이태원 시장 사람들이 고맙게도 일자리를 하나 주선해 주었다. 새벽 통행 금지가 해제되자마자 시장 쓰레기를 갖다 버리는 일이었다. 잘만 하면 등록금은 해결될 듯싶었다. 만만찮을 것이라고 예상하고 덤벼들었는데 정말 힘에 부쳤다.

쓰레기를 리어카에 가득 싣고 한참을 끌고 내려가 삼각지, 해방촌, 보광동 길이 갈라지는 '콜트 동상' 언덕길에서 미군 부대를 오른쪽으로 끼고 한참을 내려가면 나오는 공터에 버리고 돌아오는 일이었다. 이 일은 새벽에 여섯 번이나 반복해야만 끝이 났다. 쓰레기 리어카는 오르막도 힘들었지만 내리막이 더 힘들고 위험했다.

1학기 등록금만 벌자고 시작한 일이었는데, 나는 쓰레기를 치우며 2학년이 되었고, 3학년 때에는 학생회장에 출마하기에 이르렀다.

임마, 이런 몸은 군대에서도 안 받아 줘

내가 대학에 들어간 그해에 5·16이 일어났다. 한 해 전 4·19 혁명을 주도했던 고려대의 분위기는 무겁게 가라앉아 있었다.

대학생이 되어서도 내 삶은 크게 달라지지 않았다. 꼭두새벽에 일어나 시장판에 쏟아져 나온 쓰레기 더미를 싣고 곡예를 하듯 이태원 언덕길을 오르내리는 일은 나의 대학 공부를 지탱해 내는 수입원이었다. 학교에서 돌아온 뒤에는 바로 어머니의 일을 도와야 했다.

공부를 할 수 있는 시간은 거의 없었으며, 한밤중에 천근같이 무거운 눈꺼풀을 치뜨면서 리포트를 쓰는 것이 고작이었다.

학교에서도 마찬가지였다. 강의가 비는 시간이 내가 유일하게 가져 보는 나만의 소중한 시간이었다. 나는 틈이 나면 어디서나 책을 읽었고 사색에 잠겼다. 여느 신입생들처럼 술을 마시거나 여학생을 만나러 다닐 시간이 없었다. 친구가 없는 것은 당연했다.

내가 2학년 때 어머니는 시장 안에 가게를 하나 차렸다. 커다란 변화였다.

어린 시절, 시골 장터를 전전하며 잡화를 팔 때, 포항 시장통에서 국화빵과 뻥튀기를 팔 때, 리어카에 과일을 싣고 오가는 사람 없는 사막 같은 거리를 헤맬 때, 그때 우리 가족이 가장 부러워한 것은 잘 먹고 잘사는 부자가 되는 것이 아니라 시장 모퉁이에 작으나마 '내 가게'를 하나 갖는 것이었다.

그 당시 남의 가게 앞을 서성거리며 행상을 할 때, 유독 이리 비켜라 저리 비켜라 하면서 내쫓던 가게 주인이 있었다. 그 가게 주인이 얼마나 미웠던지, 나중에 돈 벌면 그 가게 터를 통째로 사는 것이 어릴 적 내 최대 소망이자 꿈이었다(현대건설 사장이 된 후 고향에 내려가 보았더니 그 가게 터는 도시 계획으로 이미 없어져 버린 지 오래였다).

그런데 마침내 그 꿈을 이룬 것이었다.

그러나 가게를 가졌다고 해서 몸이 편해지는 것은 아니었다. 나는 지쳐 있었다. 아무리 젊은 나이라 해도 새벽 4시에 일어나 쓰레기를 치우는 일은 감당하기 버거웠다.

나는 군 입대를 탈출구로 삼았다. 빠져나갈 비상구조차 없는 현실보다 군대가 훨씬 나을 성싶었다. 의식주 걱정은 안 해도 되고, 어느 정도 적응하고 나면 정신적 여유도 생길 것이었다. 재충전할 수 있는 단 하나의 방법이었다.

3학년 1학기를 간신히 마치고 나는 자원 입대했다. 논산 훈련소에서 첫날 밤을 지내고 다음날 신체검사가 실시됐다. 내 앞 사람까지는 무사 통과더니, 군의관은 내 몸 여기저기에 청진기를 들이댔다.

"네 몸이 어떤 상태라는 걸 모르고 여길 왔는가?"

"전혀 몰랐습니다."

"쯧, 너 임마 이런 몸은 군대에서도 안 받아 줘. 도대체 나이 스물밖에 안 된 놈이 몸을 어떻게 굴렸기에 이 모양이야. 정밀 검사 받아 봐."

정밀 검사 결과 내 몸은 정말 엉망이었다. 그 중에서도 기관지가 형편없이 늘어졌다는 판정을 받았다. 병명이 기관지 확장증이었다. 오래전부터 기침과 함께 열이 자주 났다. 그때마다 드러눕고 싶었다. 그게 다 기관지가 늘어나서 그랬다는 것이었다. 기관지뿐이 아니었다. 축농증까지 겹쳐 있었다. 군의관은 나에게 말했다.

"기관지 확장증은 근본적인 치유가 불가능하다. 과로하면 열이 심해서 훈련을 받을 수가 없다. 게다가 축농증도 악성이다. 그 몸을 끌고 지원하다니, 군을 무슨 요양소로 알고 왔냐?"

나는 논산 훈련소에서 불합격 판정을 받고 쫓겨 나왔다. 남들은 있는 줄 없는 줄을 동원해 군에 안 가려고 하는 마당에, 나는 군에 가고 싶어도 병들어 가지 못하게 된 것이었다. 집에 돌아오니, 내가 부정한 방법을 쓴 것이 아닌가 하여 방첩대에서 조사를 나오기도 했다.

훈련소에서 쫓겨온 뒤 친구들의 도움을 받아 공공기관에서 운영하는 병원에 입원했다. 진료비가 거의 없는 병원이었다. 그러나 가난한 사람은 병원이나 감옥에 가면 제일 서럽다는 말은 그저 떠돌아다니는 소리가 아니었다.

어느 날 아침, 의사들의 회진 시간이었다. 담당 의사가 여러 명의 인턴들을 데리고 나타나더니, 내 진료 기록부를 들여다보며 소견을 이야기하고 있었다. 나는 언뜻 잠이 들었다가 의사들의 말소리에 깨어났다. 담당 의사가 말했다.

"이 환자에게는 이 약이 맞지 않아. (약명을 영어로 말하며) 이러이러한 약을 쓰도록 하시오."

그러나 한 인턴이 대답했다.

"이 환자는 극빈 환자라 그 약을 쓸 수가 없습니다."

"그래?"

그들은 내 옆 병상의 환자에게로 눈을 돌렸다. 나는 감고 있던 눈을 뜰 수가 없었다. 눈을 뜨면 그들 얘기를 다 들었다는 사실을 알게 될 테고, 그렇게 되면 더 비참해질 터였기 때문이다.

태어나 처음 가본 그 병원에서 나는 어느 정도 회복되어 한 달 만에 퇴원할 수 있었다. 약에 대한 내성이 전혀 없었기 때문에 값싼 약이었지만 효력이 있었던 것이다.

촌놈의 도전

병원에서 나와 나는 다시 새벽에 시장 쓰레기를 치우며 학교에 다녔다. 집안에는 약간의 변화가 일어났다. 내가 3학년 때 둘째 형이 서울대학을 졸업하고 코오롱에 입사했다. 부모님의 희망인 아들이 긴 학업을 마치고 사회에 나선 것이었다. 이태원 시장 일이 달라지지는 않았지만, 집안 분위기가 조금씩 나아지고 있었다.

세상은 급변하고 있었다. 5·16 군사 정권의 강압 정치로 내연(內燃)하고 있던 대학의 민주화 열기는 군사 정권의 굴욕적인 한일 회담에 항거하기 시작했다. 한일 회담 반대 운동은 마침내 반독재 운동으로 번졌다. 4·19 때만 하더라도 비조직적이었던 학생 운동이 이 무렵부터 조직화되었다. 저항의 주체와 대상, 그리고 저항 논리가 뚜렷해 학생들의 결집력은 단단했다.

이 응집력과 폭발력은 이듬해의 한일 회담 반대 투쟁, 이른바 6·3세대의 탄생으로 이어졌다. 6·3 사태는 4·19와 함께, 이후 30여 년 간 군사 독재 정권에 저항해 온 민주화 운동의 발원지가 되었다.

학생들의 비판 정신과 단결력이 한창 고조되고 있는 와중에 각 단과대학 학생회장 선거가 치러졌다. 나는 상대 학생회장에 출마하기로 결심했다.

나는 서클 활동도 할 수 없었으며, 친구도 사귈 수 없었다. 그 흔한 동창회도 나에게는 없었다(동지상고 야간에서 대학에 들어간 학생은 개교 이래 내가 처음이었다). 고향이 같은 친구만 몇 있을 뿐이었다. 내 존재를 아는 학생은 거의 없었다. 이런 상황에서 학생회장에 출마한 것이었다.

중·고등학교 때에도 나는 여러 사람 앞에 나가 내 의견을 펼쳐 본 적이 단 한 번도 없었다. 소극적이고 내성적인 성격 탓이었다. 이런 내가 학내 분위기가 정치적 이슈로 한껏 들떠 있는 때에 출사표를 던졌으니, 거기에 이유가 없을 수 없었다.

2학년까지 나는 하루하루의 삶과 투쟁하며 살았다. 학비와 생계를 위해 새벽부터 뛰어다녔다. 이런 생활 속에서도 대학은 조금씩 시야를 넓혀 주었다. 민족, 민주, 국가 번영. 이런 문제에 눈을 뜨기 시작했고, 내 현실의 문제에서 내 밖의 문제들로 관심을 바꾸어 갔다. 일류 대학들조차 취업률을 자랑처럼 크게 걸어 놓던 가난한 나라에 태어나 내가 무엇인가 해야 한다는 생각을 하게 된 것이다.

그런데 내가 보기에 당시 데모를 주도하는 학생들의 목표나 논리는 모호했다. 운동 주체 몇몇을 빼고 나면 부화뇌동하면서 데모를 '즐기는' 학생들이 더 많았다.

나는 학생이긴 하지만 냉엄한 사회 현실에 한 발을 들여놓고 있어서 학생 운동을 보다 객관적인 눈으로 조감할 수 있었다. 비싼 학비를 내가며 다니는 학교가 이런 식으로 돌아가도 되는 건가, 학교가 하루빨리 정상화되어야 한다. 학생 데모는 길거리의 실업자, 부랑자들의 불만을 폭발시키는 뇌관 역할에 그치는 경우도 많았다. 명분만 달랐지 연일 혼잡스럽기는 마찬가지인 학교와 사회를 바라보는 내 마음은 착잡했다. 잘못돼도 많이 잘못되고 있다는 생각이었다.

게다가 안으로만 움츠러드는 내 성격을 바꾸고 싶었다. 나 혼자만의 세계를 벗어던지고 세상 속으로 나가고 싶었다. 외향적이고 적극적인 성격으로 나를 개조하고 싶었던 것이다.

내가 어떤 승산이 있어서 출마한 것은 아니었다. 당선되든 낙선되든 나에게는 둘 다 의미가 있었다. 떨어진다 해도 많은 학생들에게 나의 생각과 존재를 알릴 수 있었다. '나는 이제 어제까지의 이명박이 아니다. 새로운 이명박이 태어난다. 이 선거는 내 삶의 중대한 전환점이다' 라는 각오를 하며 나는 전의를 불태웠다.

그러나 막상 후보 등록을 하고 나자, 나의 초라한 처지가 다시 한번 확인되었다. 단과대학 선거였지만 사회의 선거 뺨칠 정도로 선거가 지닌 모든 요소를 포함하고 있었다. 출마자의 지명도, 그동안의 리더십, 그리고 무엇보다도 조직과 자금력이 필수적이었다. 나는 이 네 가지 요소 중 어느 것도 자신이 없었다.

나는 누구에게도 의논하지 않은 채 등록부터 해놓은 뒤 고향 친구들을 만났다. 이태원의 허름한 대폿집에서 막걸리 잔을 돌리면서 내가 출마했다는 이야기를 털어놓자, 그들은 일단 자기들의 귀를 의심했다.

"뭐? 네가 학생회장에 나가? 취하지도 않았는데 웬 헛소리냐?"

내가 출마의 변을 진지하게 밝혔는데도 친구들은 설득당하지 않았다. 학교생활이 그렇게 답답하다면 다른 방법으로도 충분히 해소할 수 있다며 오히려 나에게 충고를 하고 돌아갔다.

나는 친구들의 반응에 아랑곳하지 않고 본격적인 선거 운동에 들어갔다. 후보는 둘이었다. 그동안 어떤 돌출 행동도 없었던 야간 상고 출신, 수업이 끝나자마자 사라지던 촌놈인 나를 지지하는 학생들은 없었다. 특히 동기인 3학년생들이 냉담했다. 연설에 들어가자 1, 2학년생들 사이에서 의외로 호응이 나왔다.

이 무렵 학생회장 출마자들의 선거 운동은 버스를 대절해 판문점을 견학하는 것이 큰 행사였다. 그러나 막걸리값도 없는 나로서는 꿈도 못 꿀 일이었다.

"나는 선심을 쓸 능력이 없습니다. 그러나 당선이 된다면 무엇보다 먼저 대학다운 대학, 학생다운 학생을 위해 온 힘을 쏟겠습니다. 공부하고 싶은 학생이 공부할 수 있는 대학을 위한 순수한 일에 전념할 것입니다."

나의 연설은 투박했지만, 진지하고 정직했다.

처음에는 신경도 쓰지 않던 상대방 후보 측에서 투표일 이틀을 앞두고 나에게 사람을 보내왔다. 그들은 내가 출마한다고 했을 때 충고를 했던 고향 친구들이었다. 친구들은 내가 포기할 줄 알았는데 선거 운동에 뛰어들자 난감해하고 있었다. 이때 마침 상대방 진영에서 친구들을 '밀사'로 보내온 것이었다.

"선거 비용을 청구하는 대로 모두 변상할 테니 포기해 달라는 거야. 명박이, 네가 당선될 가능성은 없어."

"나도 가능성이 있다고 생각하진 않는다."

"그런데 왜 끝까지 가려고 하는 거냐. 이만하면 너의 존재를 알린 것 아니냐. 이쯤에서 돈이나 받아 내고 끝내는 게 현명한 거야."

그러나 나는 물러서지 않았다. 나는 들어간 비용도 없었고 쓸 돈도 없었다. 그건 정말 비굴한 타협이었다. 새벽까지 설전이 계속되었다. 그 중에는 '되지도 않을 놈 밀어 줄 필요 없다'면서 먼저 일어난 친구도 있었지만, 몇몇은 끝까지 내 선거를 도왔다. 그들은 용돈을 털어 담배를 사들고 다니면서 득표 운동을 벌였다. 친구들의 담배 한 개비가 내 유일한 '선심 공세'였다.

투표를 마치고 나는 개표를 기다렸다. 후보 사퇴 요구만 없었다면 여한이 없는 선거전이었다. 나는 개표 결과보다는 상대방의 '검은 유혹'을 당당히 뿌리쳤다는 데에서 이미 도덕적 승리를 한 것이었다. 낙선해도 여한은 없을 것이었다. 이제 나는 포항 시장통 출신의 부끄럼 많이 타는 촌놈이 아니었다.

그러나 개표 결과, 나는 40표라는 근소한 차로 당선되었다. 내 생애의 대전환은 이렇게 시작되었다. 적극적이고 도전적인 학생회장으로 변화하기 시작한 것이다.

나의 스승은 가난과 어머니

상과대학 학생회장에 당선되고 나서 총학생회장에도 도전하고 싶었다. 하지만 총학생회장은 각 단과대학의 대의원들이 선출하는 간접 선거 방식이었다. 대의원 한 명 한 명을 설득하기 위해 많은 정치자금(?)이 필요했던 것이 당시의 현실이었다. 나는 이런 풍토에서 출마는 무모하다고 판단했고, 단대 학생회장의 역할에 충실하자고 마음을 먹었다.

6·3시위 주동자

1964년, 4학년이 되자 학생 운동은 정점을 향해 치달았다. 군사 정권은 혁명 공약으로 내건 경제 건설에 필요한 자금을 마련하기 위해 이승만 정권 때부터 추진돼 오던 한일 국교 정상화를 서둘렀다.

한일 국교 정상화는 공개적으로 추진되어도 반일 감정과 정면으로 부딪힐 큰 문제였다. 그런데 군사 정권은 대일 외교를 비밀 협상으로 진행하고 있어서 국민들로부터 더 큰 의혹과 반대를 불러일으켰다. 마침내 야당과 사회단체들은 '대일 굴욕 외교 반대 범국민 투쟁위원회'를 결성해 지방을 돌기 시작했다.

이 같은 반대 분위기에도 불구하고 공화당 김종필 의장이 협상 타결을 위해 일본으로 건너가자 3월 24일, 서울 시내의 대학생 5천 명이 들고 일어났다.

서울대에서 촉발된 3·24 시위는 유혈 사태로 번지면서 전국으로 확산됐다. 학생 81명이 부상당하고, 288명이 연행되기에 이르렀다. 고려대에서는 이날 오후 3시부터 학생 1천여 명이 교정에 모여 '주체성을 잃은 굴욕적 대일 외교 반대 선언문'을 채택하고 거리로 진출했다.

3·24 시위는 군사 정권의 강력한 저지에 부딪혀 일단 가라앉기는 했으나 불씨까지 꺼지지는 않았다. 이후 3개월 동안 파상적인 시위가 잇따랐고, 성격도 차츰 변했다. 대일 굴욕 외교 반대에서 '군사 정권 타도'로 발전해 갔다.

그런데 고려대에서는 총학생회장이 소극적인 자세를 보여 조직적인 행동이 어려웠다. 고민하던 각 단과대학 학생회장들이 모여 협의한 결과 나와 법대 학생회장인 이경우가 학생회장 직무 대행을 맡기로 했다.

우리 학생들이 보기에 양국 간의 민족사적인 문제가 미해결로 남아 있는데 단순한 경제 논리로 덮어 버린다는 것은 있을 수 없는 일이었다. 역사적으로 보면 한일 국교 정상화는 그렇게 서두를 일이 아니었다. 일제가 사과를 하고 들어와야 할 성격의 일이지, 우리 쪽에서 먼저, 그것도 밀실 협상을 통해 손을 벌리고 들어간다는 것은 민족적 감정이 용납할 수 없었다.

군사 정권이 한일 국교 정상화를 현실적 필요에서 파악한 데 견주어, 학생과 대다수 국민은 이 문제를 민족사의 장구한 흐름 위에서 파악하고 있었다. 군사 정권의 판단은 조급하고 졸속적이었다.

나는 우리들의 데모가 협상에 임하는 우리측 대표들에게 나쁘게만 작용하지 않는다는 현실적 생각도 했다. 경험 없는 정치군인들이 한일 회담을 추진하는 것은 못마땅했지만, 협상에 들어가 있는 마당에, 기왕이면 학생들의 격렬한 반대를 협상에 이용해서 보다 유리한 결과를 도출해 내야 했다(뒤에 내가 학생 대표의 한 사람으로 정부 고위층에 이 같은 의견을 강력하게 제시한 바 있으나 그 결과는 확인할 길이 없었다. 당국에서 6·3 사태 주동자에게 '내란 선동죄' 란 조항을 적용한 걸 보면, 그때 나의 말은 마이동풍에 불과했던 것 같다).

고려대 총학생회장 직무 대행을 맡은 나는 위와 같은 생각을 하면서 본격적인 대규모 시위를 준비하고 추진하는 데 앞장섰다. 1964년 6월 3일 정오를 기해 서울 시내 대학생들이 가두로 진출해 대규모 한일회담 반대 시위를 벌인다는 계획을 세웠다. 이 계획의 수립과 전달은 당국의 감시를 피해야 했으므로 은밀하게 추진되었고, 나는 그 중심에 있었다.

계획대로 6월 3일 정오, 서울 시내 대학생 1만 2천여 명이 거리로 몰려나와 격렬한 시위가 벌어졌다. 4·19 못지않은 열기였다. 겁을 집어먹은 당국은 이날 저녁 8시를 기하여 서울시 일원에 비상계엄령을 선포하기에 이르렀다. 계엄 당국은 서울대학교의 김중태, 현승일, 김도현, 그리고 고려대학교의 이명박, 이경우, 박정훈 등을 이날 소요의 주동자로 지목해 수배령을 내렸다. 길고 어두운 도피의 나날이 시작된 것이다.

계엄령이 내려진 그날 밤, 나는 용케 계엄군을 피해 이경우(법대 학생회장)와 함께 우리 집으로 왔다. 나는 그때 6·3 시위 계획을 세우기 위해 모였던 간부들의 명단과, 그들이 '이 회의에서 이야기된 것은 절대 비밀로 한다' 고 서약한 문서를 지니고 있었다. 이 문건을 가지고 있다가 검거되면 주동 인물 전원이 노출될 판이었다. 나는 이 문건을 집에다 숨겨 놓고 운동화를 신은 채 눈을 붙였다.

통금이 해제되기 직전, 예상했던 대로 형사들이 들이닥쳤고, 우리는 담을 넘어 각자 은신처를 찾기로 하고 헤어졌다. 나는 시내에 숨어 있다가 오전에 둘째 형 사무실로 전화를 걸었다. 형은 급한 김에 친구를 소개했다. 형과 대학 동기에다 같은 코오롱에 입사한 친구인데, 신혼이었다. 염치없게도 원효로의 신혼 단칸방에서 하룻밤 신세를 지고 나니 더 이상 얹혀 있을 수가 없었다. 계엄 사령부는 수배자들을 숨겨 주는 사람도 엄벌한다는 발표를 잊지 않았다.

형 친구의 집을 나와 나는 한강 다리를 걸어서 건넜다. 형이 부산에 가면 숨겨 줄 만한 사람이 있으니 그쪽으로 피해 보라고 해서 방향을 남쪽으로 잡은 것이었다.

부산까지 가는 길은 쉽지 않았다. 기차를 타고 가다 낌새가 이상하면 내려서 버스를 타기도 했다. 부산까지 가는 데 며칠이 걸렸다. 그러나 부산의 그 집도 오래 머물 수가 없었다. 하루는 주인이 신문을 들고 와서 이렇게 말했다.

"학생, 이것 보라고. 숨겨 준 사람도 처벌한다는 거야. 이런 말을 하고 싶진 않지만 학생은 언젠가는 잡힐 것 아닌가. 그렇게 되면 우리 집에 숨어 있던 것도 밝혀질 거고, 나는 처벌을 받을 게 아닌가. 학생이 좀 알아서 행동해 주길 바라네."

더 이상 숨을 데가 없었다. 돈도 없었고, 남에게 신세를 지는 일도 견딜 수 없었다. 그리고 무엇보다 억울했다. 내가 무슨 잘못을 했단 말인가.

주인으로부터 나가 달라는 말을 듣고 착잡한 마음으로 바람이나 쐬려고 골목을 나서는데, 지명 수배자 벽보가 눈에 띄었다. 나도 같은 처지였으므로 주위를 살피면서 벽보 사진을 훑어보았다. 아, 그런데 거기 흉악범들과 나란히 내 사진이 붙어 있는 것이었다. 내가 흉악범과 다름없다니. 다리가 휘청거렸다. 형에게 즉시 전화를 걸었다. 형은 걱정이 가득했다. 앞으로 어떻게 하겠느냐고 물어왔다.

"내 발로 찾아가겠어. 이건 자수가 아니야."

"자수하면 형을 감면받는다고 한다. 시경에 너도 잘 아는 고향 사람이 있다. 고생 그만 하고 올라와서 그 양반을 찾아가거라."

"형, 난 자수는 못해. 내가 무슨 죄를 저질렀나. 내가 당당하게 나타나는 거라고."

"그래, 생각 잘했다. 대신 올라올 때 잡히면 안 된다."

서울 가는 길은 부산으로 도피하는 길보다 더 어려웠다. 검거망을 피해야 했다. 우여곡절 끝에 시경 앞 다방에서 고향 사람을 만났고, 나는 시경에 '나타났다'. 그런데 나중에 보니 고향 출신의 그 형사가 나를 검거한 것으로 되어 있었다. 그는 포상금까지 받았다고 했다.

내가 내 발로 경찰을 찾아간 후 놀랐던 것은, 우리가 6·3 시위 계획을 모의한 장소는 물론이고 가담자 명단까지 경찰이 상세하게 파악하고 있다는 사실이었다. 역시 나중에 알았지만, 당시 학생회 간부 중에 중앙정보부의 끄나풀이 있었다. 10년 뒤에 보니 그 친구는 중앙정보부의 요원이 되어 있었다.

나를 거듭나게 한 서대문 형무소

나는 필동의 수도방위사령부에 설치된 계엄사령부에서 조사를 받았다. 계엄령 하의 심문은 고문 그 자체라고 해도 무방하다. 군 조사관은 내가 여간해서 입을 열지 않으니까 갖은 협박을 했다. 잠을 안 재우는 것은 기본이었다.

"방법은 여러 가지가 있어. 냉동실에 넣을 수도 있고, 돌에 묶어서 인천 앞바다에 버릴 수도 있어. 너 하나 저세상으로 보내는 건 일도 아니야. 사고사 처리 당하고 싶지 않으면 좋은 말로 할 때 불어, 이 새끼야."

그래도 나는 불지 않았다. 동지들과의 서약을 지켜야 했다. 조사관은 시간 낭비할 필요가 없다고 생각했는지, 시위 모의 장소와 가담자 명단을 하나하나 내 앞에 제시했다. 정보부 끄나풀이 넘겨 준 것이었다.

조사가 끝나고 재판이 진행되는 도중에 계엄령이 해제되어 결심 공판은 민간 재판소로 넘어갔다. 그렇다고 형량이 가벼워지지는 않았다. 나는 5년 징역형을 구형받았고, 다른 '주동자'들도 비슷한 형량을 받고 서대문 형무소로 옮겨졌다.

6·3 사태로 지명 수배된 여섯 명 중에서 박정훈만 도피하고, 나를 비롯한 김중태, 현승일, 김도현, 이경우는 잡범들이 그득한 일반 감방에 수용됐다. 감방 고참들은 우리에게 신고식을 받지 않았다. 죄수들은 반독재 투쟁을 하다 잡혀 온 학생들을 대접했다.

내가 들어간 감방에는 강간, 살인, 사기, 강도 등을 저지른 강력범들이 모여 있었다. 죄수들은 틈만 나면 자신의 무용담을 늘어놓는 것으로 시간을 죽이고 있었다.

학생 죄수들은 형무소를 또 하나의 투쟁 장소로 삼아 단식 투쟁을 했다. 민주화 운동의 투지는 감옥 안에서 더 단단해졌다. 법정에 나가면 야당 정치인과 종교인, 법조인, 문화인, 그리고 학생들이 나와 열렬한 지원을 보냈다. 영웅이 된 기분이었다.

반독재 투쟁을 하는 인사들은 우리를 영웅으로 만들어 얼어붙은 정치 상황을 뚫어 보려는 속마음을 숨기지 않았다. 윤보선 전 대통령을 비롯해 수많은 거물 정치인들이 형무소를 찾아와 어린 영웅들을 격려했다. 감옥에 갇혀 있는 학생들은 사회의 지원을 당연하게 받아들였고, 스스로 소영웅주의에 빠져 들어가는 것처럼 보였다.

그러나 나는, 이 감옥 안에서 숨져 간 독립투사, 애국지사들에 견주어 볼 때, 아무것도 한 일이 없음을 깨달았다. 정부의 잘못된 굴욕 외교에 반대한 것은 나 이전의 투사들에 비하면 극히 미미한 것이었다. 나라의 잘못을 비판했다고 모두 애국자가 될 수는 없었다. 그것은 나라를 사랑하는 젊은 세대의 당연한 의무였다. 그것은 영웅주의로 미화되거나 과장될 성질의 것이 아니었다.

이 같은 자각을 거치고 나자 감옥 안에서 내가 할 일은 분명해졌다. 나는 학생회장과 총학생회장의 대리를 맡으면서 미뤄 둔 공부에 매달렸다. 전공 서적 이외의 책들도 읽었고, 생각에 깊이 잠겼다. 생활이 아니라 생존에 매달려 달려왔던 지난 20여 년을 되돌아보았고, 인간과 사회를 생각했다.

감옥은 그동안 내가 가질 수 없었던 '여유'를 가져다주었다. 나에게는 적지 않은 행운이었다.

감옥에서 나는 낙관주의를 터득했다. 그때까지 나는 내 삶이야말로 그 누구보다 어려운 가장 밑바닥의 삶이라고 생각해 왔다. 내가 겪어 온 절망은 그 어떤 것과도 비교될 수 없는 절대적 절망이라고 여겨왔다.

감옥에 들어가서 보니, 비관과 낙관은 상대적인 것이었다. 위만 보고 사는 사람은 비관주의자이고, 아래를 보고 살아가는 사람은 낙관주의자였다. 감옥 밖에서 바라보면 이런 비참한 생활이 절망스럽

6·3 시위 주동자로 검거되어 수갑이 채워진 모습. 이때 나는 감옥 안에서 학생 운동을 직업으로 삼아서는 안 된다고 생각했다. 학생 운동을 정치인이 되기 위한 '경력 쌓기'로 이용하는 것을 받아들일 수 없었다.

지만, 사형장으로 걸어가는 사람에게는 이런 정도의 삶도 얼마나 절절한 소망이겠는가. 15척 담장 안에 갇혀 시간을 세고 있는 죄수들을 보며, 나는 지난날의 절망들을 소중한 재산으로 바꾸어 놓을 수 있었다.

또한 나는 인간에게 잠재되어 있는 놀라운 적응력을 내 몸으로 체험했다. 처음 얼마 동안은 아침 세면 시간에 주는 물로 손바닥도 적시기가 힘들었다. 그러나 한 달이 안 되어 그 적은 양의 물을 가지고도 얼굴과 손을 충분히 씻을 수가 있었다.

밥이라고 하는 것도 보리밥에 콩 몇 알이 섞인 것이었는데, 처음에는 그 콩을 우습게 알았다. 그런데 밥에 콩이 전혀 섞이지 않은 때가 며칠 있었다. 그때 운동을 해보니(하루 10분 정도 운동할 시간을 준다) 신체의 기능이 현저하게 떨어져 있었고, 왠지 기운도 없었다. 물 한 방울, 콩 한 알이 모두 그토록 소중한 것이었다. 사람이 생명을 유지하기 위해서는 많은 물과 많은 콩이 필요한 것은 아니라는 사실을 나는 그때 알았다.

그 후 지금까지 나는 '건강을 위해서' 라는 명목으로 보약 같은 것을 지어 먹어 본 일이 없다. 음식도 '몸에 좋다' 는 명목으로 이것저것 찾아 먹으러 다니는 호사를 누려 본 일이 없다. 그런 것은 도를 지나치면 자연의 섭리를 거스르는 죄를 저지르는 행위가 되고, 무엇보다 본래의 의도와는 달리 오히려 건강을 해치게 된다.

감옥 안에서 나는 학생 운동의 범위를 명확하게 긋고 나왔다. 학생 운동은 순수한 열정에 바탕한 문제 제기에 그쳐야지, 그것을 해결까지 하려면 문제가 생긴다. 문제를 제기할 권리는 당연히 학생에게 있지만, 문제를 해결해야 할 책임은 따로 있다.

또 학생 운동을 직업으로 삼아서는 안 된다고 나는 감옥에서 생각했다. 학생 운동을 정치인이 되기 위한 '경력 쌓기'로 이용하는 것을 나는 받아들일 수 없었다.

학생 운동과 기성 사회와의 역할 분담을 강조한 학생 운동에 대한 나의 생각은 현실과는 간격이 있는 이상론일지도 모른다. 그러나 모든 이상론이 비현실적인 것은 아니다.

부모와 자식 사이의 대화가 적절한 비유가 될 것 같다. 부모와 자식 간의 대화가 없는 가정은 불행한 가정이다. 아이들로부터 무시당하는 부모도 불행하기 그지없다. 부모로부터 억압받는 아이들도 불행하다. 그렇다고 대화를 위한 대화만 있는 가정도 행복하지 못하다. 아들딸이 아들딸답고 부모가 부모다울 때, 서로가 서로를 인정하고 신뢰할 때 대화가 가능하다. 그러나 내가 젊을 때 사회에는 '아버지'가 많지 않았다.

1964년 6월에 들어간 서대문 형무소 생활은 그해 10월에 끝났다. 대법원에서 징역 2년 집행유예 3년을 선고받고 풀려났다. 감옥에서 나와 보니 나는 졸지에 유명 인사가 되어 있었다. 검거, 구속, 재판, 석방 등 그때그때마다 신문에 났던 모양이었다.

한번은 이런 일이 있었다. 내 외가는 대구 근교 반야월에서 과수원을 하고 있었다. 우리 가족이 워낙 궁핍해서 대구 외가에는 발길이 뜸했다. 자연히 외가 쪽에서도 연락이 거의 없었다. 그 외가에서 사과 한 궤짝이 올라왔는데, 사과보다 그 사과 궤짝에 쓰인 주소가 더 오래 기억에 남아 있다.

'서울시 용산구 이명박 앞.'

뒷날 얘기를 들어 보니, 신문에 난 나의 석방 기사를 보고 측은한 생각이 들어 사과 한 궤짝을 올려 보내기로 했는데 막상 주소를 확인할 길이 없더라는 것이었다. 포항을 떠나 서울 용산 어디에 산다는 것만 알고 있었으므로 주소를 '서울시 용산구 이명박 앞'이라고 쓸 수밖에 없었다. '주소 불명'의 사과 한 궤짝이 효창동 허름한 두 칸짜리 셋방으로 배달될 만큼 나는 유명해져 있었던 것이다.

아, 어머니

복학해 보니 학교측에서는 내 '경력'을 들어 졸업 시험을 치르지 않아도 졸업이 되니까 걱정하지 말라는 것이었다. 고마운 마음도 없지 않았으나, 문제 학생은 빨리 내보내자는 학교 측의 방침이 엿보여 언짢았다. 나는 내가 '문제 학생'들과 동일하게 취급되는 것을 받아들일 수 없었다. 그리고 무엇보다도 감옥에서 전공을 마스터하고 나오지 않았는가.

나는 그냥 주는 학점은 받지 않겠다며 일일이 교수들을 찾아가 시험을 보겠다고 자청했다. 학교 측에서는 공짜로 학점을 주겠다는데 거절하는 녀석은 처음 보겠다며 고개를 갸우뚱했다. 교수들은 나 때문에 시험 문제를 한 번 더 내고, 시험 감독도 해야 했으며, 채점도 새로 해야 했고, 무엇보다도 한 시간씩을 축내야 했음에도 표정이 나빠 보이지는 않았다. 나는 교수 연구실을 돌아가며 시험을 다 치렀다. 감옥에서 시험공부를 한 셈이었으니 성적은 좋을 수밖에 없었다.

학생회장 피선과 6·3, 도피와 투옥으로 이어진 1년 동안 나는 애

벌레가 날개를 단 곤충이 되는 것 이상으로 완벽한 탈바꿈을 거쳤다.

우리 집안의 변화도 뒤따랐다. 내가 4학년이 되자마자 둘째 형이 효창동에 방 두 개짜리 집을 얻어, 이태원 단칸방 시대를 마감했다. 그러나 내가 혼자 설 수 있다는 것을 확인했기 때문이었을까, 내 삶과 생각의 뿌리인 어머니는 내 곁을 떠날 채비를 하고 있었다. 일본에서 돌아온 이래 20년이 넘도록 단 하루도 편한 잠을 자지 못한 어머니의 몸에 마침내 탈이 나기 시작한 것이다.

어머니도 나처럼 군에 입대하기 위해 훈련소에서 신체검사를 받아 보았다면 어떤 판정을 받았을까? 어머니의 몸은 전체적으로 버틸 힘을 잃고 있었고, 특히 노심초사와 과로로 시달려 심장은 그 기능을 상실하고 있었다.

어머니는 내가 감옥에 있는 동안 딱 한 번 면회를 왔다. 1964년 9월 말이었다. 막내아들의 구속 때문에 몸이 더 쇠약해진 어머니께 수의를 입고 있는 모습을 보여 드릴 수는 없었다. 나는 교도관에게 부탁해 어렵사리 사복을 입고 면회실로 들어섰다.

어머니는 하얀 소복을 입고 있었다. 다른 옷이 없지 않을 텐데 왜 하필 하얀 소복 차림일까? 옷차림만 안 그랬다면 나는 가슴이 덜 아팠을 것이다. 병색이 완연한 어머니는 애써 아프지 않은 척했다. 나는 몸 둘 바를 몰랐다. 어머니는 수염이 더부룩한 내 입 주위를 물끄러미 쳐다보다가 내 눈을 똑바로 응시했다.

"명박아, 나는 네가 별 볼일 없는 놈인 줄 알았다. 그런데 알고 보니 너야말로 대단한 놈이더구나. 나는 네 소신이 옳다고 생각한다. 네 소신대로 행동하거라, 어미는 너를 위해 기도하고 있다."

어머니가 면회 와서 한 말은 이것이 전부였다. 어머니가 나를 인정한 것도 이것이 처음이었고 마지막이었다. 어머니와 아들 사이에는 철창보다 더 단단한 침묵이 흘렀다. 그러나 그 침묵에는 아들에 대한 미안함과 신뢰가 가득했고, 어머니에 대한 송구스러움과 고마움이 뒤범벅되어 있었다. 한참을 그렇게 바라보던 어머니는 아무 말 없이 돌아섰다.

"시간 더 남았습니다."

모자 상봉치고는 너무 싱거웠는지, 아니면 어머니와 아들이 딱해 보였는지, 교도관이 어머니에게 면회 시간이 5분 더 남았다고 일러주었다.

"얼굴 봤으니 됐소."

어머니는 이런 분이었다.

어릴 때 이웃집을 도우라고 할 때도 긴 설명이 없었다. 짧고 퉁명스러운 한마디로 충분했다. 그러나 아마 면회실에서는 어머니도 감정을 다스리기가 매우 어렵지 않았나 싶다. 감옥에 갇혀 있는 아들을 더 보고 있다가는 터져 나오는 눈물을 억제할 수 없었을 것이다. 나는 감옥에 있는 동안 어머니가 전하고 간 '소신대로 살아라'라는 말을 마음속 깊이 새겼다.

감옥에서 나와 보니 어머니는 병석에서 일어나지 못하고 있었다. 병세는 갈수록 악화됐다. 7남매를 낳고, 그 가운데 두 자식을 가슴에 묻고, 막내아들을 또 한 번 가슴에 묻어야 하나 하고 애를 태우던 어머니는 그 막내아들이 석방되자 마음을 놓아 버린 것 같았다.

자식들이 다 장성하기까지 단 하루도 마음 편할 날이 없었던 어머니, 자신을 위해서는 물질뿐 아니라 시간조차도 할애하지 않았던 어머니, 그 무엇 하나도 자신의 것이 없었던 어머니는 그해 12월 15일 숨을 거두고 말았다. 둘째 형이 서울 이문동에 국민주택 하나를 계약한 직후였다.

난파한 귀국선에서 살아 나와 포항 시장통과 이태원 시장통에서 가족의 생존을 위해 모든 것을 희생했던 어머니와 아버지, 두 분의 평생 소원이었던 '우리 집'의 꿈이 막 실현되려던 순간이었다. 집 밖에서의 죽음은 얼마나 서러운가. 우리 식구들은 어머니를 하느님의 품으로 돌려주면서 울었고, 처음으로 장만한 집으로 이사한 날 또 울었다.

자식들이 생각하는 어머니와, 아버지가 생각하는 아내는 많이 다른 것이었다. 아버지는 여생을 경기도 이천에서 보냈다. 맏형이 아버지를 위해 작은 농장을 하나 장만해 드렸다. 아버지는 농장으로 가자마자 어머니를 이장했다. 그리고 거기에 직접 어머니를 위한 묘비명을 새겨 넣었다.

'고생 끝에 자식들의 성공을 누리지 못하고 죽어 묻혔는데 나만 홀로 남아서 낙을 누리니 미안하구려.'

아버지는 내가 현대건설 사장으로 있던 1981년에 돌아가셨다. 어머니가 세상을 떠나던 때와 같은 12월이었다.

일을
장악하라

칼이 날아와 얼굴을 스치고 발길질이 쏟아졌다.

그러나 끝내 금고 열쇠를 내주지 않았다.

굴복 당하기 싫은 본능 때문에 내 눈앞에서는

절대 그런 일이 일어날 수 없다고 이를 악물었다.

입사를 방해하지 마라

감옥에서 풀려나고 대학 졸업장을 받아 쥐었으나 나는 자유롭지 못했다. '내란 선동죄'라는 전과를 갖고 있던 나는 거주지인 이문동 형님 집에서 반경 2킬로미터를 벗어날 때마다 관할 파출소에 신고를 해야 했다.

서대문 형무소에 수감되었을 때, 나는 '직업으로서의 정치 운동'과 결별하고 전공인 경제학 서적에 파묻혔다. 정치보다는 경제가 더 절실한 시기라고 판단했기 때문이다.

일류 대학을 졸업해도 일자리가 없어 길거리에는 실업자가 득실거리는 나라, 국민 소득이 80달러에 불과한 후진국에서 당장 필요한 것은 '일자리'를 늘리는 일이었다. 그것은 정치가 아니라 경제의 몫이었다. 정치는 경제가 어느 정도 기반을 잡은 뒤에 해도 늦지 않다고 판단한 것이었다.

대학을 졸업하고 몇 군데 회사에 입사 시험을 치렀지만 번번이 2차 서류 전형이나 면접에서 떨어졌다. 나는 자유롭지도 못했고, 들어가 일할 데도 없었다. 학생 운동을 같이했던 동지들은 벌써 정치판에 들어가 있었다. 갑자기 세상이 사막처럼 황량하게 느껴졌다. 나의 '전력'이, 정확하게는 국가가 나의 진로를 가로막고 있는 것이었다. 보이지 않는 손, 그러나 정확하고 기민하게 내 뒷덜미를 잡고 있는 손이 나는 공포스럽기까지 했다.

입사 시험 때문에 실의에 빠져 있는 나에게 대학교에서 일자리를 주선해 주었다. 대구에 있는 작은 섬유업체였다. 오래 있을 직장은 못 되지만 잠시 내려가 있기에는 괜찮을 것이며, 지방에 있어서 기관의 간섭도 없을 것이라고 학교측은 말했다. 학교의 배려가 고마웠다.

나는 커다란 감옥인 서울을 떠났다. 이 회사는 서울의 일류 대학 출신을 처음 채용해서인지, 나에게 무슨 일을 시킬지 따로 정해 두지 않고 있었다. 마침 포항에서 올라온 친구가 있어서 그의 자취방에 당분간 얹혀 살기로 했다.

"이 군, 회사일을 하면서 내 자식 놈 공부 좀 가르쳐 주게."

출근한 지 나흘째인가 되던 날, 사장은 나를 불러 가정교사도 겸해 달라고 부탁했다. 그때에야 나는 이 회사가 왜 서울까지 올라와 공부 잘하고 똑똑한 시골 출신의 졸업생을 구해 달라고 했는지 깨달았다.

입에 풀칠하는 것이 목적이었다면 몸과 마음에 아무런 부담이 없는 일터였다. 그러나 이것은 내가 서대문 형무소에서 입술을 깨물며 다짐했던 '기업'이 아니었다. 이런 일로 어떻게 국가와 사회에 이바지할 수 있단 말인가. 정계에 진출한 학생 운동 동지들이 나의 이런 처지를 본다면? 나는 고개를 들지 못할 것이 분명했다. 막막했지만 나는 내려온 지 한 달 만에 대구를 떠났다.

서울로 돌아와서 앞날을 궁리하고 있는데 신문 한구석에 내 눈길을 끄는 작은 광고가 하나 있었다.

'해외 건설 현장에 나가 일할 역군 모집.'

현대건설이라는 회사에서 타이 현지에서 일할 사원을 구한다는 내용이었다. 당시 나는 건설 회사에 대해서는 아는 것이 거의 없었으며, 현대건설에 대해서도 자유당 시절의 건설 회사 '5인조'를 추월해 부상하고 있는 중소기업이라는 풍문을 들었을 뿐이었다.

그 광고가 눈에 들어온 까닭은 기업의 규모가 아니라 해외로 나간다는 사실 때문이었다. 당시 비행기를 타고 나라 밖으로 나가는 것은 극소수의 국비 유학생과 정부 관리 등 특수층 이외에는 극히 제한돼 있었다. 1960년대부터 이 땅을 뒤덮기 시작한 답답한 현실은 젊은 사람들로 하여금 해외로 눈을 돌리게 만들었다.

이 땅에 발 붙일 곳이 없는 나로서도 나갈 곳은 해외뿐이었다. 어떤 열악한 조건이라도 '일'을 주는 곳만 있다면, 그곳이 바로 나에게는 구원의 땅이었다. 나는 감전이라도 된 듯 '해외 파견'이라는 말에 끌려 들어갔다.

내가 현대건설에 입사 원서를 낸 것은 1965년 5월. 일류 대학을 나와도 일자리가 없었던 데다가 해외 건설 현장이라는 조건까지 덧붙여져 입사 시험 시험장은 그야말로 '인산인해'였다. 나는 거기 몰려든 '젊은 실업자'들 틈에서 현실의 쓰라림을 새삼 절감하면서 시험지를 받아들었다.

1차 필기시험은 잘 치렀다. 연락이 올 것인가, 입사가 되더라도 출국은 가능할까, 나에게 채워진 이 족쇄는 언제나 풀어질까? 불안하던 마음은 1주일을 넘기자 점차 실망과 체념으로 바뀌었다.

그러던 어느 날 '인사부장 면담 요'라는 전보가 한 장 날아들었다. 필기시험에 합격했으면 면접 장소와 시간만 통보해 주면 그만 아닌가. 인사부장 면담이라니! 보이지 않는 손이 벌써 그물을 쳐놓은 것이리라.

현대건설 인사부장은 내 서류를 꺼내더니 안타깝다는 표정이었다.

"필기시험 성적은 아주 좋은데…… 학생 운동 전력이 있구먼. 아직 높은 분들은 모르지만 곧 보고를 해야 합니다. 무슨 방법이 없겠소?"

나중에 알고 보니 인사부장은 대학 선배였다. 처음부터 애정을 갖고 있었던 것이다.

어떻게 해보겠다고 대답은 하고 물러 나왔지만 무슨 방법이 있을 리 만무했다. 어디 가서 하소연을 할 만한 사람도 없었다. 사정을 둘째 형에게 이야기했다. 당시 둘째 형은 국영 기업체 사장의 집에서 가정교사를 하고 있었는데, 그 사장의 신원 보증서를 받아 주었다. 형이 굉장한 신임을 얻고 있지 않았다면 어림도 없는 일이었을 것이다. 하지만 그 신원 보증서가 큰 힘이 될 것 같지는 않았다.

나는 한번 정면으로 부딪혀 보자고 작정했다. 집에 돌아오자마자 편지를 썼다. 수신인은 대통령 박정희였다. 나는 편지에다 먼저 내 '전력'을 밝히고 학생 운동의 순수성과 그 충정을 토로한 뒤, 사회에의 진출을 막는 당국의 처사를 강도 높게 비판했다.

며칠 뒤 청와대에서 연락이 왔다. 민정 담당 비서관 이낙선 씨였다. 그는 합리적인 사고방식의 소유자처럼 보였다. 그러나 나의 절박한 주장은 그의 마음을 움직이지 못했다. 그는 완강했다.

"국가 체제에 도전했던 자들에게 불이익을 주는 것은 당연하지 않으냐. 앞으로 운동을 하려는 학생들에게 경종을 울린다는 뜻도 있으므로 어쩔 수 없는 일이다."

한참 후에 이낙선 씨는 내가 딱했던지 색다른 제의를 해왔다.

"국영 기업체나 해외로 유학 갈 생각은 없나? 한번 밀어 보겠다. 길은 얼마든지 있는데 왜 하필 민간 기업인가?"

나는 국영 기업체나 해외 유학은 떠날 생각이 없다고 잘라 말했다. 그런 식으로, 한때 '적'이었던 정부가 내미는 당근을 덥석 받을 수는 없었다. 그건 비굴한 짓이었다. 내 도덕성이 허락하지 않았다.

대신 나는 정부가 민간 기업 입사를 왜 그토록 제지하는지 그 이유를 모르겠다고 항의했다. 헤어지기 전 그에게 나는 마지막 한마디를 던졌다.

"한 개인이 자신의 힘으로 살아가고자 하는 길을 국가가 가로막는다면 국가는 그 개인에게 영원한 빚을 지는 것입니다."

그런데 나는 그 말을 잊고 있었다. 먼 훗날 내가 현대건설 사장이 되었을 때, 그는 국세청장으로 일하고 있었다. 사석에서 그를 만났는데, 당시 내가 했던 말을 상기시키며 말했다.

"이 사장, 당신이 그때 마지막으로 한 말이 너무도 충격이 되어 청와대 수석 회의를 다시 열어 아무 짓도 안 하고 일만 하는 조건으로 현대 입사를 허락했소."

지금 생각해도 당돌한 말이었고, 그 말을 심각하게 들어 준 사람도 고마워서, 회상할 때마다 나도 모르게 입가에 웃음이 번진다.

건설은 창조라고 생각합니다

말 그대로 우여곡절 끝에 1965년 6월에 면접시험을 치를 수 있었다. 현대건설 본사는 무교동, 얼마 전까지 문화일보가 있던 자리에 있었다.

면접관은 정주영 사장을 포함해 이춘림 상무, 권기태 이사 등 모두 여섯 명이었다. 정 사장은 '현대건설'이라고 새겨진 작업복을 입고 가운데에 앉아 있었다. 기업체 사장이라기보다는 야전군 사령관처럼 거침없고 자신감이 넘치는 모습이었다.

내가 이름을 대자 정 사장은 내 이력서를 보다가 내 얼굴을 쳐다보았다.

"건설이 뭐라고 생각하나?"

예상치 못한 질문이었다. 그러나 나도 모르게 대답이 튀어나왔다.

"창조라고 생각합니다."

"왜 그런가?"

"무에서 유를 창조하기 때문입니다."

"그 사람 말은 잘하는구먼."

정 사장은 잠깐 미소를 띠었다. 그러나 잠시 뒤, 옆에 있는 임원들을 향해 던진 말은 영 딴판이었다.

"요즘은 말만 번지르르한 건달들이 많아."

신상에 관한 몇 마디 질문이 더 있었다. 면접관들은 나의 학생 운동 전력에 대해 알고 있는 눈치였다. 그러나 그 문제에 관해서는 내색조차 하지 않았다.

면접을 치르고 결과를 기다리자니, 1차 결과를 기다릴 때보다 조바심이 더했다. 내 몸과 마음은 일할 준비가 되어 있는데 세상은 그것을 거부했다. 그러니 밖으로 나가야 했다. 지금이 바로 그 기회였다.

그리고 정주영 그 사람, 거침없이 자신만만하고 '건설이 곧 창조'라는 내 대답에 미소를 띠던 그 모습이 이상한 매력을 주었으며, 그와 함께라면 뭔가를 할 수 있을 것 같다는 예감이 나를 들뜨게 만들었다. 또 하나 나를 조바심 나게 한 것은, 청와대와의 담판 결과에 대한 궁금증이었다. 입사를 방해하지 말라는 나의 항의에 권력은 바늘귀만 한 융통성이라도 보여 줄 것인가?

'7월 1일부터 출근할 것.' 1주일 뒤에야 합격 통지가 날아왔다. 내가 배치된 부서는 본사 공사관리부였다. 여기서 9월까지 3개월 동안 근무했다.

남들은 학창 시절에 공부만 하다가 사회에 나와서 처음 일과 만났지만, 나는 초등학교 때부터 일과 더불어 살았다. 아버지를 따라 장터를 떠돌며 옷감을 파는 일에서부터 시작해 미군 부대 쓰레기 장사, 국화빵·뻥튀기 장사, 성냥 장사, 리어카 과일 장사, 청소부 등 안 해본 일이 없었다. 그러니까 나는 고등학교 때부터만 계산해도 경력이 최소한 10년은 되는 신입 사원이었다. 첫 직장이라기보다는 지금까지 해온 일과는 다른 새로운 일을 한다는 마음이었다.

그런데 회사라는 곳에 와서 보니 이상한 현상이 발견되었다. 조직의 관료화였다. 그 대표적인 경우가 퇴근 시간이 지났는데도 상사 눈치를 보며 의자에 눌러앉아 있는 모습이었다. 당시 우리 사회 전반에 퍼져 있던 일반적인 풍조였으나, 나에게는 매우 낯선 풍경이었다.

참을 수가 없었다. 곧 사원들에게 앙케트를 돌렸다. 관료화가 야기하고 있는 조직의 경직성, 비효율성에 대한 사원들의 의견을 모았다. 응답은 당연히 개선되어야 한다는 의견이 압도적이었다. 나는 설문 결과를 상부에 보고했다. 그러나 나는 이 일로 요주의 인물로 낙인찍혔다. 여기에는 학생 운동 경력이 '자연스럽게' 따라붙었.

내가 현대건설에 들어가서 처음 한 일은 윗사람들에게 잘 보이기 위한 것이 아니었다. '내란 선동죄'라는 죄목, 기관의 감시를 유념한다면, 나는 누구보다 조용하게 있어야 했고, 또 누구보다 윗사람에게 잘 보여야 했다. 그러나 나는 거리낌 없이 문제 인물을 자청했다. 나는 회사와 조직의 존재 이유를 생각했다. 나의 돌출 행동이 도덕적으로 지탄받아야 할 일은 전혀 없었다. 공식적으로 나를 질책한 사람은 없었다.

면접시험장에서 정 사장을 직접 본 이후 처음으로 정 사장을 가까이에서 접한 것은 그해 여름 강릉에서 열린 신입 사원 연수회에서였다. 그 전해에는 만리포에서 행사를 가졌으나 우리가 입사한 해부터 강릉으로 옮겨, 지금까지 그 전통이 지켜져 내려오고 있다.

우리가 두 번째 공채였다. 전해에는 신입 사원이 한 자릿수였으나 우리 때에는 28명의 대졸 신입 사원을 뽑았다. 규모나 질적인 면에서나 본격적인 공채의 출발점인 셈이었다. 그래서인지 강릉 연수회를 준비하는 사장에서부터 사원 전부가 상기돼 있었다.

신입 사원 연수회는 기업주 정 사장이 새 식구들과 처음으로 얼굴을 맞대고 격의 없는 대화를 나누고 술도 마시고 노래도 부르고 씨름도 하는 '통과 의례'였다. 현대라는 정체성과 단결력을 함께 확인하고 이를 보다 공고히 하는 의식이었다.

도착한 날부터 우리 신입 사원들은 강릉 바다와 백사장이 마치 우리들의 것인 양 주체할 수 없는 젊음을 발산했다. 정 사장은 배구와 씨름을 함께 하며 신입 사원들과 어울렸다. 마지막 날 밤, 캠프파이어에도 사장은 우리와 함께 어울렸다.

"자, 우리 이 밤이 새도록 술을 마시자. 남자는 풍류가 있어야 해. 저 달이 질 때까지 마시는 거야."

정 사장은 소주잔을 높이 들었다. 장작불을 중심으로 빙 둘러앉은 사원들에게 술잔이 계속 돌려졌다. 술잔이 몇 순배 돌자 술에 약한 친구들은 헛소리를 지껄이거나 모래에 머리를 처박았다.

"취한 놈들은 뒤로 빠져라. 계속 술을 돌리며 마시는 거다."

원은 쪼그라들었지만 정 사장은 끄떡없었다. 남은 사람은 다섯으로 줄었다. 술잔을 돌리는 속도도 빨라졌다. 나중에는 정 사장과 나, 뒷날 곰에 가서 공사를 하다 그곳에 눌러앉은 이 모, 그리고 토목 기술자 하나, 이렇게 네 사람만 남았다.

"사나이 가슴은 저 바다보다 넓어야 한다."

정 사장의 큰소리는 여전했다. 마침내 토목 기술자가 나가떨어지고 셋만 남았다. 나는 그때까지 말짱했다. 술을 즐기는 편은 아니었지만, 취해서 정신을 잃어 본 일은 없었다. 나는 긴장하고 있었다. 정 사장과의 만남은 처음부터 긴장의 연속이었다. 달은 어느덧 기울고 새벽이 가까워지고 있었다. 그제야 정 사장이 일어섰다.

"음, 내가 먼저 들어가야겠다. 자네들끼리 계속 마셔."

이 모와 나 둘만 남았으나 이 모는 더 이상 마시지 않았다. 달이 지도록 마시자는 '약속'을 지키기 위해 나 혼자 잔을 들고 있었다. 그때 총무과 직원이 헐레벌떡 달려오며 소리쳤다.

"사장님이 다치셨다."

숙소로 달려갔더니, 총무과 직원들이 크게 다친 것은 아니니 염려 말라며 눈이나 좀 붙이라고 했다.

다음날 아침 모두 모였을 때 보니 정 사장은 두 손으로 얼굴을 가리고 있었다. 지난 새벽 우리와 헤어져 숙소로 향하다가 철조망에 걸려 넘어지면서 코밑이 찢어진 것이었다. 정 사장은 상처를 보이지 않으려고 코밑을 손으로 가린 채 말했다.

"내가 어젯밤 넘어져서 조금 다쳤는데, 여기서는 치료하기가 어려워 먼저 서울로 올라간다. 끝까지 함께 놀다 가지 못해 섭섭하다.

대신 여러분에게 하루를 더 줄 테니 신나게 놀다 오기 바란다."

지금도 정 회장의 얼굴을 자세히 보면 그때 상처의 흔적이 남아 있다.

고참 소장과 신출내기 사원의 한판

10월 초에 나는 처음으로 현장 경리를 맡아 나갔다. 진해 제4비료 공장 건설 현장이었다. 건설 공사란 하나의 거대한 오케스트라와 같다. 오케스트라를 지휘하는 사람은 바로 현장소장이다. 진해 제4비료 건설 현장의 소장은 현대건설에서 가장 고참인 기술자였다. 이 무렵의 고참 기술자들 대부분이 그렇듯이, 그도 대학에서 체계적인 공부를 할 기회를 갖지 못한 대신 일제강점기부터의 풍부한 경험을 재산으로 가진, 그야말로 '현장형' 인물이었다.

소장은 새벽 4시에 일어나 다른 기술자들과 인부들을 깨웠다.

"요즘 놈들은 돼먹지 않았어. 남 잘 때 다 자면서 이문 남기는 공사가 어딨어?"

매사에 그런 식이었다. 특히 그는 대학 나온 '젖비린내 나는 책상물림'들을 싫어했다. 그 속에는 물론 나도 끼여 있었다.

사원들에게 가불을 해주는 것은 경리인 나의 중요한 업무 중 하나였다. 가불은 주로 저녁 5시 이후에 이루어졌다. 하루 종일 일하고 외출 시간인 저녁에야 문득 생각이 나서 가불을 하러 오면 나는 형편이 닿는 한 최대한으로 그들의 편의를 봐줬다. 이것이 현장소장의 눈에 거슬린 모양이었다.

"야, 임마, 경리. 5시 이후에 왜 가불을 해주는 거야. 은행이 5시 이후에 돈 내주는 것 봤어?"

억지였다. 은행은 은행이고 현장은 현장이다. 그러면 종일 일을 하느라 시간이 없는 기술자들이 대낮에 가불하기 위해 일손을 놓고 줄을 서란 말인가? 그러나 나는 항변을 할 수 없었다. 소장의 말이 원칙에는 맞았기 때문이다.

그 일이 있은 지 얼마 후, 현장소장이 가불을 하러 왔다. 저녁 5시가 넘은 시간이었다.

"안 됩니다."

"뭐야?"

소장은 자신의 귀를 의심한 듯 반문했다. 현장의 제왕인 소장의 말을 거역하다니, 그것도 입사한 지 반년도 안 된 새파란 신참이. 믿을 수 없다는 표정이었다.

"농담하지 말고 빨리 내놔, 임마. 급한 일이야."

"5시 넘으면 현금 지출이 금지되어 있습니다."

"알아. 그러나 나는 소장이야."

"소장님 자신이 세운 규칙을 소장님 스스로 깨버리면 누구도 그 규칙을 지키지 않을 것입니다. 가불은 절대로 안 됩니다."

"이거 돌아 버린 놈 아니야? 너 제정신으로 하는 소리야? 임마, 회사일로 쓰려는 거야. 아주 중대한 일이란 말이야."

"회사의 규칙을 지키는 일도 중대한 일입니다."

"그래? 허, 이것 정말."

소장은 하는 수 없다는 듯이 물러갔다. 나는 소장의 보복을 감수할 각오가 되어 있었다. 그러나 소장은 그 후 내가 은행에 갈 일이 있어 나서면 자신의 차에 태워 먼저 데려다 주고 자신의 볼일을 보는 등, 오히려 나를 소중하게 다루었다. 어느 날 그는 나를 은행으로 태워다 주면서 이런 말을 했다.

"이 군, 자네는 언젠가 회사에서 큰 인물이 될 거야."

이 양반이 가불 잘 해달라고 입에 발린 소리를 하는구나, 속으로 생각했다. 그러나 그 후 소장은 5시 이후 가불을 한 번도 요구하지 않았다.

타이 금고 사건

"이 군은 타이 현장으로 간다. 즉시 본사로 올라와야겠어."

진해 현장에서 근무하던 12월 초, 본사에서 정 사장이 전화를 걸어 왔다. 진해 현장은 나에게 커다란 학교였다. 당시까지만 해도 국내의 건설업체들이 플랜트 건설 공사를 제대로 해본 경험이 거의 없던 터라, 나뿐 아니라 현장 팀 전체가 시행착오를 거듭하면서 건설 현장에서 일어날 수 있는 모든 상황을 몸으로 터득하고 있었다. 그런데 해외 현장 발령이 떨어진 것이었다. 신입 사원인 나로서는 커다란 행운이었고, 또 애초에 그것을 목적으로 입사하기는 했지만 뜻밖일 정도로 일찍 다가왔다.

한국 건설 사상 최초의 해외 공사인 파타니 나라티왓 고속도로 건설공사는 타이 남쪽, 말레이시아와의 국경 디애에 있는 두 도시 파타니와 나라티왓을 연결하는 총연장 98킬로미터의 2차선 도로를 닦는 공사였다. 타이 정부가 IBRD 차관 사업으로 계획한 공사로,

1965년 9월 30일 국제 경쟁 입찰에 부쳐졌다. 현대건설은 서독, 일본, 프랑스, 이탈리아, 네덜란드 등 16개국 29개사와 경합을 벌인 끝에 최저 낙찰가로 공사를 따냈다.

낙찰가는 522만 달러였는데, 이 액수는 당시 현대건설의 한 해 매출액보다 많은 액수였다. 따라서 현대건설은 총력을 기울였다.

타이 현장은 서울 본사보다 비대한 조직이었다. 이연술 토목 담당 부사장과 권기태 이사가 현장 지휘자로 상주하고, 현대건설의 핵심 관리자와 기술진이 투입됐다. 나는 현장의 말단 경리 사원이었다. 내 위에 경리과장, 그 위에 관리부장이 있었다. 이 공사에 참여했던 직원들은 뒤에 현대건설을 이끄는 견인차로 성장하였다.

이 공사는 한국 최초의 해외 공사일 뿐 아니라 장보고 이래 한반도 최초의 해외 진출이라는 의의가 담겨 있다. 당시 일개 중소기업이었던 현대가 대기업들도 하지 못하던 일을 처음으로 해낸 것이다. 이러한 개척 정신이 있었기에 오늘의 현대가 가능했을 것이다.

우리가 처음 나라티왓에 도착했을 때 그곳의 군수가 환영회에서 했던 연설을 지금도 잊을 수 없다.

"일본은 2차 대전 때 사람을 죽이는 무기를 들고 이 땅에 처음 진출했습니다. 대한민국은 이 땅에 도로를 건설하기 위하여 중장비를 이끌고 진출했습니다. 한국 전쟁이 벌어졌을 때는 우리가 한국을 도왔는데, 이제는 대한민국이 우리를 돕고자 왔습니다. 진심으로 환영합니다."

공사가 끝난 뒤 이 연설문을 새긴 기념비를 세웠다. 지금도 그 자리에서 역사적인 공사를 기념하며 꿋꿋하게 서 있을 것이다.

1966년 1월 7일 착공에 들어갔지만, 한국 건설업의 제1호 해외 공

한국 건설 사상 최초의 해외 공사인 파타니 나라티왓 고속도로 건설 공사를 위해 타이에서 근무하던 시절.

사는 계획대로 진척되지 않았다. 아무런 경험 축적도 없이 의욕만 갖고 달려든 공사였기 때문이다. 파타니 나라티왓 고속도로는 국제 규격화된 공사였다. 당시 한국에서는 고속도로라는 말조차 생소할 때였다. 고속도로 공사를 위한 장비는 물론, 기술자도 없었다.

우리가 국내에서 실어 온 장비가 얼마나 구식이었는지, 우리 장비를 본 미국 기술자들이 "이 공사를 5년 안에 끝내면 손에 장을 지지겠다"는 투의 말을 할 정도였다. 우리 장비는 굴러갈 때보다 고장나 있는 시간이 더 많았다. 공사 관리도 마찬가지였다. 현장을 종합적이고 체계적으로 관리할 수 없기는 말단 경리나 지휘부나 차이가 없었다.

인건비를 줄이기 위해 현장 인부를 타이 인들로 썼으나 언어가 안 통하고 관리가 제대로 되지 않아 갈등과 마찰이 잦았다. 첫 1년 동안 예정된 공사비의 70%를 쏟아 붓고도 공사는 겨우 30%밖에 진척되지 않았다. 국제적 망신은 둘째 문제였다. 회사가 존폐의 위기를 맞는 판이었다.

이 무렵 내가 겪은 '금고 사건'은 그 위기의 상징이면서, 내가 현대건설에 뿌리를 내리는 계기가 되었다.

현장 내부에서 갈등이 고조되던 어느 날 저녁이었다. 나는 사무실에 앉아 밀린 장부를 정리하고 있었다. 그때까지 타이에서 고용한 경리직원 둘이 사무실에 남아 있었다.

갑자기 밖에서 웅성거리는 소리가 났다. 밖을 내다보던 타이 인 경리가 나를 향해 다급하게 말하는 것이었다.

"미스터 리, 빨리 도망가."

타이 인 인부들이 들고 일어났나 싶었는데, 밖을 내다보니 한국에서 온 인부들이었다. 그들은 군용 단도를 들고 회사 집기들을 다 뒤집어엎었다. 폭도들의 난동이었다. 낌새를 눈치 챈 현장의 간부들이 자동차를 타고 달아나는 게 보였다. 한국인은 나를 빼면 모두 '폭도' 들뿐이었다. 오히려 타이 인이 더 많이 남아 있었다.

폭동이 일어날 요인은 한국을 떠나올 때 이미 잠재돼 있었다. 서울에서 장비 기능공을 모집했는데, 나중에 알고 보니 인천 지역의 폭력배들이 대거 뽑힌 것이었다. 해외 공사 현장이므로 특혜가 많았다. 이를 독차지하기 위해, 요즘 표현을 빌리면 폭력배들이 '위장취업'한 셈이었다. 현장의 타이 인들도 불만이 많았지만, 타이 인부보다 한국에서 온 기능공들이 먼저 폭발한 것이었다.

폭도들은 내가 있는 사무실을 최종 목표로 삼고 있는 듯했다. 그러나 피할 수가 없었다. 그들은 내 사무실을 포위하고 있었다. 사무실 밖으로 나가 봤자 그들에게 붙잡힐 것이 뻔했다. 내가 자리를 피해 버린다면 금고와 경리장부는 어떻게 될 것인가? 나는 사무실에 남기로 했다.

폭도들은 닥치는 대로 부수고 소리를 질러 대면서 내 사무실 쪽으로 걸어왔다. 마지막으로 남아 있던 타이 인 두 사람도 그들이 근접하자 피할 수밖에 없었고, 사무실에는 나만 남게 되었다.

사무실 문이 쾅 하고 열렸다. 사무실로 들어선 폭도들은 15명 정도였다. 술 냄새가 확 풍겼다. 술에 만취한 폭도들은 칼과 각목을 든 채 거친 숨을 내쉬고 있었다. 술에 취한 데다가 잔뜩 흥분해 있으므로 어떤 일을 저지를지 도무지 짐작할 수 없었다.

그들은 내가 혼자 있는 것을 보고 잠시 숨을 돌리는 것 같았다. 그 중 한 명이 들고 있던 단도를 갑자기 내 책상 위, 금고 옆에다 내리꽂았다.

"야, 좋은 말로 할 때 금고 열쇠 내놔."

"못 내놓겠다."

"어? 너 죽고 싶냐?"

그들은 칼로 내 얼굴을 그을 듯한 기세였다. 나는 뒤로 몇 걸음 물러서서 등을 벽에 딱 갖다 댔다. 그들은 히죽히죽 웃음을 흘렸다.

"그래? 금고 열쇠를 못 내놓겠다고? 어디 한번 보자."

단도가 내 목의 왼쪽에 꽂혔다. 나는 오른쪽으로 고개를 돌렸다. 앞이 캄캄했다. 이번에는 오른쪽 목 옆으로 칼이 지나갔다. 나도 모르게 고개가 왼쪽으로 돌아갔다.

'이러다가 죽는구나.'

나는 눈을 감아 버렸다. 피하지 않았다. 순간적으로 돌아가신 어머니가 보였고, 고향의 형제들이 떠올랐다.

죽음에 한 발을 들여놓게 되자 금고 열쇠를 주어 버릴까 하는 생각이 퍼뜩 들었다. 사실 금고 안에는 잔돈 몇 푼밖에 없었다. 이런 상황에서 금고를 내준다고 해서 누가 뭐라고 할 것도 아니었다. 그러나 나는 끝내 금고 열쇠를 내주지 않았다. 회사 때문이 아니었다. 사명감 같은 것도 생각할 겨를이 없었다. 단지 굴복당하기 싫은 본능 때문이었다. 내 눈앞에서 그런 일은 일어날 수 없다고 생각하며 나는 이를 악물었다.

"하아, 이 자식이 눈을 감아 버렸어. 눈을 감으면 재미가 없지. 야, 임마, 눈 떠."

나는 눈을 떴다.

"네가 열어 줘야겠다."

그들은 단도 위협이 별 효과가 없자, 나에게 금고를 가리키며 직접 열라는 것이었다. 금고 쪽에 있던 두 사람이 길을 터주었다. 나는 서너 걸음 걸어 금고로 다가갔다. 그러고는 순식간에 그 금고를 가슴에 끌어안았다.

"야, 뭉개 버려."

몇 개의 손이 내 뒷덜미를 잡아챘다. 나는 사무실 바닥으로 쓰러졌다. 나는 책상에서 떨어져 금고를 안고 엎드렸다. 발길질이 들어오기 시작했다. 내가 안고 있는 것은 금고가 아니라 나의 자존심이었다. 옆구리와 등, 엉덩이, 온몸에서 불이 났다. 그럴수록 나는 있는 힘을 다해 금고를 끌어안았다.

그때 경찰차의 사이렌 소리가 들렸다. 급하게 브레이크를 밟는 소리가 들리는 순간, 폭도들은 튀어나갔다. 경찰과 함께 들이닥친 직원들은 금고를 안고 넋이 나가 있는 나를 보자 사태를 알아챈 듯 한동안 말이 없었다.

이 사건은 방콕 지사와 서울 본사에까지 알려지게 되었다.

"경리 사원 이명박이 목숨을 걸고 혼자서 금고를 지켜냈다."

"그 친구 혼자서 폭도들과 대결하여 물리쳤대잖아. 눈이 조그맣게 간이 커보이더니, 정말 대단한 친구야."

말단 사원의 무용담은 이내 신화로 증폭되었고, 나는 영웅이 되어 갔다. 그러나 나는 이 일을 지금도 대단치 않게 여긴다. 사명감이나 이성적 판단에 의한 결과라기보다는, 나의 본능적인 자존심에서 우러나온 것이기 때문이다.

그럼, 자네 혼자 해먹었나?

타이 고속도로 공사가 차질을 빚자 정주영 사장은 타이 현장에 자주 머물렀다. 현장 숙소에서 아침을 두 번째로 맞는 사람은 정 사장이었다. 정 사장은 현장을 한 바퀴 둘러본 뒤 사무실에 혼자 앉아 생각에 잠기곤 했다. 일은 아침 6시에 시작되는데, 정 사장은 늦어도 5시에는 잠자리에서 일어났다. 가장 먼저 깨어나는 사람은 나였다.

나는 어린 시절부터 어머니의 새벽 기도 덕분에 일찍 일어났다. 중고등학교, 대학 시절에도 기상 시간은 늘 일정했고 타이 현장에서도 나는 4시 이전에 일어났다. 내 수면 시간은 오래전부터 하루 네 시간이었는데 지금도 1시에 자서 5시에 일어나는 습관을 유지하고 있다.

타이 현장에서의 새벽 두 시간은, 내가 마련할 수 있는 유일한 나만의 시간이었다. 독서, 영어 공부도 새벽에 했다. 짧지만 깊은 여유였다.

5시에 일어나 현장을 한 바퀴 돌아보던 정 사장이 어느 날 새벽에 사무실로 내려오더니 옆에 와 앉았다.

"이 군은 매일 새벽같이 무슨 일을 그리 열심히 하는가?"

"회사일이 아닙니다. 제 자신의 일입니다."

"자네 일이라니, 그게 뭔가?"

"보고 싶은 책을 좀 보고 있습니다. 낮에는 틈이 없거든요."

"그으래?"

그로부터 반년이 지난 뒤, 정 사장이 다시 현장에 와 며칠을 묵고 있을 때였다. 착공한 지 1년 반이 흐르고 있었다. 그날 새벽 4시에 나는 책을 보는 대신 정 사장이 내려오기를 기다리고 있었다. 5시경 이윽고 정 사장이 사무실을 둘러보러 내려왔다. 나는 오래 담아 두었던 말을 꺼냈다.

"사장님, 이 공사, 이익이 많이 남습니까?"

"그런 걸 자네가 왜 묻나?"

"일개 말단 경리 사원으로 공사 윤곽이나 진행 과정을 종합적으로 볼 수가 없고 전체 원가를 계산해 볼 기회가 없어 단정 지을 순 없지만, 제가 어림짐작해 볼 때 이 공사는 밑지고 있는 게 분명합니다. 손해는 앞으로도 크게 늘어날 것 같아 걱정입니다. 혹시 알고 계시는지요?"

"아니야, 이 군이 뭔가 잘못 알고 있는 거야. 이익이 남아. 내가

다 보고를 받고 있어."

정 사장은 곧 귀국했다. 나는 내 예측이 틀림없는 것 같아 내가 입수할 수 있는 자료를 총동원했다. 집계를 내고 문제점 분석까지 덧붙여 경리과장과 관리부장에게 보고했다. 틀림없이 손해가 나는 공사였다. 그것도 모르고, 현장에서는 해외에 나왔다는 들뜬 기분으로 하루하루를 때우고 있다. 이러다가는 더 큰 손해가 난다. 나는 그동안의 생각을 다 털어놓았다. 그러나 상관들의 반응은 냉담했다. 말단이면 말단답게 자기 일에나 충실하라는 것이었다.

그래도 나는 주장을 굽히지 않았다. 과장, 부장과 함께 있는 자리면 기회가 있을 때마다 공사의 손해 액수를 거론했다.

나의 진지한 문제 제기를 지나가는 소리로 흘려 넘기곤 하던 부장이 한번은 나를 조용히 불렀다. 그는 자료 출처부터 물어보았다.

"공사라는 것은 뻔한 것 아닙니까. 공사 금액은 한정되어 있는 것이고 지출만 알면 되는 것 아닙니까. 본국에서 들여오는 자재량을 알 수가 없어 방콕 지점에 문의했습니다. 이 정도만 가지고도 적자가 분명한데, 제가 모르는 비용이 더 있다면 적자 폭은 더 크겠죠."

"그 서류를 이리 주게. 적자가 난다는 사실이 알려지면 사기에 문제가 생기니까 당분간 비밀로 해주게."

뒤에 밝혀졌지만, 부장은 내 보고서를 마치 자신이 작성한 것처럼 정 사장에게 급히 알린 모양이었다. 정 사장은 지난번 폭동 때보다 더 신속하게 현장으로 날아왔다. 본사 감사 팀까지 대동했으니, 현장은 발칵 뒤집혔다. 정 사장은 누군가가 공사 대금을 빼돌린 사고로 짐작하고 있었던 것 같다. 당연히 자금을 담당하는 관리부 세 직원이 먼저 조사를 받았다.

장부와 서류가 트럭 몇 대에 실려 방콕으로 갔고, 부장과 과장, 그리고 나 세 사람도 방콕의 한 호텔 방으로 '연행' 되었다. 서울서 온 감사 팀이 10일 동안이나 조사를 벌였지만 돈이 흘러나간 흔적은 발견되지 않았다. 정 사장은 정신을 놓고 있었다. 대충 파악된 적자가 회사의 1년 매출액과 맞먹는 규모였기 때문이다.

서류 감사가 끝나자 정 사장이 직접 관리부장과 경리과장, 그리고 나를 차례로 불러 조사하기 시작했다. 먼저 불려 갔다 온 부장은 과장과 나를 향해, 그 다음에 들어갔다 나온 과장은 부장과 나를 향해 면죄부라도 받은 것처럼 의기양양한 기색을 보였다. 내 차례였다. 나는 까닭 모를 불안에 휩싸였다.

방문을 열고 들어가자 정 사장은 부드럽게 말문을 열었다.

"이 군, 나는 안 해본 공사, 안 당해 본 일이 없어. 그런데 이 공사가 적자가 나다니, 이해할 수가 없네. 누군가가 분명히 돈을 빼돌렸어. 나는 이 군은 절대로 믿어. 부장하고 과장, 두 사람 중에 누군지 말해 보게. 다른 사람이 또 있나?"

"저는 현장의 출납 책임입니다. 현장에서 나가는 돈은 모두 제 사인을 받고 나갑니다. 제가 아는 범위 내에서는 어떤 사람도 회사 돈을 해먹은 사람은 없다고 생각합니다. 또 제가 모르게 해먹을 방법은 없을 것입니다. 제가 보기엔 어떤 한 개인의 착복이 아니라 기술과 경험이 부족해서 입찰가를 너무 낮게 책정한 데다가 공사 시행 원가에 대한 파악이 제대로 되어 있지 않아서 비용이 방만하게 지출되었고, 그것이 오랫동안 누적된 결과입니다."

정 사장은 나를 빤히 쳐다보았다.

"그럼 이 군이 혼자 해먹었나?"

"저는 그런 일을 할 수 있는 위치가 아닙니다. 기억하실지 모르겠습니다. 몇 달 전 사장님께 이 공사가 이익이 남느냐고 여쭌 적이 있습니다. 그때 사장님께서 분명히 남는다고 하셨습니다. 사장님께서 보고를 수시로 받고 있다니까 안심은 했지만, 그래도 걱정이 돼 보고서를 만들어 부장님께 몇 번이나 말씀드린 적이 있습니다."

"그래? 자네가 부장한테 보고했어?"

"네. 나름대로 자료를 입수해 계수를 뽑은 것입니다."

"이놈의 자식, 아랫사람이 보고한 것을 가지고 제가 발견해 낸 것처럼 하다니. 나쁜 자식!"

정 사장은 혼잣말처럼 내뱉더니 다시 물었다.

"그럼 자네 생각으로는 과장이나 부장이 해먹지 않았다는 말이지?"

"그렇습니다."

"그래? 그거 이상하구먼. 부장은 과장하고 이 군일 것이라 하고, 과장은 부장과 이 군일 거라는 투로 얘기를 하던데, 자네는 어째서 두 사람 다 해먹은 일이 없다고 단정을 짓지?"

"……"

조금 전에 방문을 나설 때 나를 향해 웃던 두 상사의 얼굴이 떠올랐다. 나는 할 말이 없었다.

"좋아. 돌아가서 기다려."

호텔 방으로 돌아오자 부장과 과장이 동시에 물었다.

"이 군, 뭐라고 했어?"

"별다른 얘기 없었습니다. 적자는 원가 관리 잘못 때문이지, 돈을 부정하게 해먹은 사람은 아무도 없다고 했습니다."

"그래? 잘했구먼."

그날 밤 감사 팀은 결론을 내리고 있었다. 우리 세 사람은 죄수처럼 결과를 기다리다가 잠이 들었다.

아침 7시에 전화가 걸려 왔다. 방콕 지점의 간부였는데, 나 혼자 식당으로 내려오라는 것이었다. 방에 남게 된 두 사람은 조사가 계속되는 줄 알고 의아해하는 눈치였다.

호텔 식당으로 내려가니 뜻밖에도 정주영 사장 혼자 앉아 있었다. 그는 나에게 자리를 권하고는 고향이며 부모님에 관해 묻더니 아침 메뉴를 고르라고 했다.

"방에 들어가서 부장님과 함께 먹겠습니다."

"놔둬. 그 사람들 방에서 먹을 거야."

하는 수 없이 정 사장과 마주앉아 아침을 들게 되었다. 영어를 잘 하지 못하면서도 자연스럽게 식사를 주문하는 그의 모습이 인상적이었다. 조사 결과가 어떻게 됐는지 물어볼 수도 없고, 긴장된 식사였다. 식사가 끝날 즈음 정 사장이 뜻밖의 제안을 해왔다.

"이 군, 자네가 이 현장을 책임지면 어떻겠어?"

"네? 무슨 말씀이십니까?"

"부장, 과장은 오늘부로 본국으로 가. 자네가 그들 일을 맡으라 그 말이야."

"그렇다면 새 부장, 과장님이 오셔야죠."

"그럴 필요 없어. 이 군 혼자 할 수 있다. 나쁜 놈들 말이야, 사원만도 못해. 이 군이 귀국해서 밑에서 일할 사람을 직접 데리고 와."

난 끝까지 사양했다. 파격이라고 해도 지나친 파격이었다. 내 경험과 능력에 대한 불안감도 불안감이지만, 조직의 질서가 깨지는 일

일을 장악하라

이었다.

이런 파격은 뒷날 내가 부장, 이사, 사장으로 발령 날 때도 그랬다. 밖에서 보기에는 파격이었지만 정 사장에게는 지극히 합리적인 인사였다. 능력 우선주의, 경력이나 나이를 뛰어넘어 일을 해낼 수 있는 능력을 보고 자리를 마련해 주는 진취적인 생각은 기업인 정주영 사장의 가장 큰 장점 가운데 하나였다.

고속도로 공사는 엄청난 적자를 안은 채 마무리 단계로 들어가고 있었다. 공사 막바지는 노련한 중역이라도 관리가 어렵다. 그런데 그런 일을 신입 사원이나 마찬가지인 말단에게 맡긴 것이었다. 정 사장은 결단이 빨랐고, 추진력은 그보다 더 빨랐다.

그날 아침 호텔로 인사 명령이 떨어졌다. '부장, 과장은 즉시 귀국하고, 이명박 사원은 며칠 뒤 귀국해서 일할 사람을 뽑아 놓고 다시 현장으로 복귀할 것.' 부장과 과장이 귀국한 지 보름 만에 서울에 와보니, 그들은 이미 사표를 내고 회사를 떠난 뒤였다.

서울 본사에서 신입 사원 세 명을 뽑아 현장에 복귀한 나는 관리부장과 경리과장의 역할을 혼자 떠맡았다. 사원이 사원을 지휘하기에는 무리가 있다는 이유로 나는 즉시 대리로 승진됐다. 입사해서 2년이 채 안 된 시기였다.

밤에 화장하라

공사는 끝났지만 적자는 예상보다 더 컸다. 한국의 베트남 참전이 곧 뒤따르지 않았다면 현대건설은 한동안 재기가 불가능했을지도 모른다. 하지만 현대건설은 타이에서 입은 손해를 베트남의 건설 현장에서 만회했고, 타이에서도 새로운 공사를 수주해 재도약 기틀을 마련했다. 국내에서도 경부고속도로를 통해 타이 참패의 일대 역전극을 보여 주었다.

'단군 이래 최대의 역사'라며 흥분과 기대를 감추지 않았던 경부고속도로 공사는 사실상 '국가의 대동맥을 뚫어야 경제의 피가 돈다'는 박정희 대통령의 신념과 '우리가 할 수 있다'는 정주영 사장의 장담이 맞장구를 치면서 이루어진 무모한(?) 계획이었다.

처음에 정부는 고속도로 건설을 위해 IBRD 차관을 요청했다. IBRD에서는 조사단을 파견했다. 그들은 서울과 부산의 중간 지점에서 1주일간 머물며 버스, 트럭, 지프가 각각 몇 대나 지나가는지를 조사했다. IBRD가 내린 결론은, '대한민국에는 앞으로 수년간 고속도로가 필요 없다. 기존의 도로를 보수해서 사용해도 충분하다'는 것이었다.

하지만 정부는 여기에 굴하지 않고 4백억 원에 불과한 재정 규모로 고속도로를 건설한다는 야심 찬 계획을 세웠고, 여기에 현대가 가능하다고 맞장구를 쳐서 공사가 시작된 것이다. 오로지 자주정신과 의지만으로 시작된 대역사가 경부고속도로 건설 공사였다.

당시에 야당과 여당, 정부 내 고위 간부들 대부분이 극심하게 반대했다. 일부에서는 '대원군이 경복궁을 짓다가 망했듯이 박정희도 경부고속도로를 만들다가 망할 것'이라는 저주 어린 반대도 있었다.

한국에서는 고속도로를 구경한 사람조차 드물었다. 처음으로 고속도로를 만들어 본 현대의 경험이 크게 기여한 것은 두말할 필요도 없다. 이렇게 해서 만들어진 고속도로는 물류에 결정적인 영향을 미쳤다. 산업화를 촉진시켰고 수출 드라이브 정책을 안정적으로 뒷바침하여 경제 개발 계획의 성공에 기여한 공은 누구도 부인할 수 없을 것이다.

오늘날 그러한 투자가 계속적으로 이루어지지 못해 많은 문제점을 야기시키고 있는 것을 볼 때, 당시 지도자의 선견지명과 의지는 높이 평가할 만하다.

1968년은 새해 벽두부터 무장 공비들이 청와대 문턱까지 쳐들어온 1·21 사태로 비상시국이었지만 경부고속도로 공사는 계획대로 진행되었다. 현대건설은 시범 구간인 서울~수원 구간을 비롯해 전체 공사의 3분의 1을 맡았다.

1968년 3월 타이 고속도로 공사를 마치고 귀국했더니, 정 사장은 나를 서빙고에 있는 현대건설 중기사업소의 관리과장으로 발령을 냈다.

나는 뒤통수를 한 대 얻어맞은 기분이었다. 적자를 낸 해외 공사였지만 끝마무리가 어려웠던 공사였고, 해외에서 3년 가까이 근무했으므로 본사 관리부나 경리부에 배치될 것으로 알았다. 내가 노른자위에 앉게 될 것이라고 예측했던 사원들도 의아해했다.

"이명박 그 친구, 잘나가더니 끝난 거 아냐?"라는 소리까지 들렸다.

중기사업소는 정규 대학을 나온 직원이 가 있을 만한 자리가 아니었다. 임시직으로 들어온 사람, 현장에서 막 올라와 갈 곳이 마땅치 않은 사람들이 우글거리는 유배지 같은 곳이었다.

밤잠을 못 이루며 고민을 하다가 나는 생각을 바꾸었다. 타이 고속도로 현장이 떠오른 것이었다. 한창 건설 중인 경부고속도로 공사의 성공 여부는 장비다. 현대적인 장비가 차관으로 속속 수입돼 고속도로 공사 현장으로 투입되고 있었다. 중기사업소는 이제 미 8군이 쓰다 버린 고물이나 수리하는 곳이 아니었다. 경부고속도로 건설의 '젖줄'이 바로 중기사업소였다.

'건설 회사에서 뼈가 굵어지려면 중장비를 반드시 알아야 한다. 대졸 관리 사원이 장비를 접할 기회는 거의 없다. 나를 그쪽으로 발령 낸 무슨 까닭이 있을 것이다. 가서 배우자.'

나는 갖은 걱정과 동정, 연민의 눈초리를 등 뒤로 하고 말없이 서빙고 공장으로 출근했다. 부장급인 사업소장 바로 아래 관리과장이 내 새 직책이었다. 자칭 '기름밥'인 중기 운전사와 정비사들 중에는 그때 벌써 경력 20년이 넘는 노장들이 수두룩했다. 정주영 사장은 현대건설을 창업하기 전, 자동차 수리공장인 '아도 서비스 공장'을 운영했었는데, 그 시절부터 함께 기름밥을 먹어 온 고참들이었다. 이들은 '왕 상무'라고 불리던 중기사업소 담당 김영주 상무 밑에 포진해 있어 '왕당파'라고 불렸다.

중기사업소에서의 업무를 나는 이들 '왕당파'의 구태의연한 사고방식을 뜯어고치는 일로 시작했다. 중기 분야에서 일하는 사람들은 부품 용어를 모두 일본식으로 쓰고 있었다. 대학을 갓 나와 영어로 된 매뉴얼에 의존하는 관리직 사원과는 의사소통이 불가능할 정도였다. '왕당파'가 '대우를 달라'고 하면 신입 사원은 당연히 못 알아들었다. 고참들은 이를 한심해했다. 대우는 영어로 '디프렌셜 기어'였다.

나는 기능직과 사무직원을 한자리에 불러 놓고 교육을 시켰다.

"지금은 미 8군에서 나온 고물이 아니라 외국에서 직접 수입해 온 최신 장비를 씁니다. 미국 회사에 부품 주문할 일이 갈수록 많아지는데, 디프렌셜 기어를 '대우'라고 말하면 누가 알아듣겠습니까? 부품명만 제대로 알아서도 안 됩니다. 부품마다 붙어 있는 고유번호를 함께 알아야 합니다. 이름만으로는 규격과 생산업체를 구별할 수 없기 때문에 앞으로 필요한 부품이 있으면 반드시 매뉴얼을 보고 고유 번호를 찾아 신청해 주시기 바랍니다. 예전처럼 '대우를 달라'고 하면 공급하지 않겠습니다."

기능공들은 부품의 원래 이름과 고유 번호를 알기 위해 젊은 사원들에게 고분고분해졌다. 나는 왕당파의 질서가 잡히는 것을 보고 한 걸음 더 나갔다. 경부고속도로 공사를 지원하던 중기사업소는 전쟁 때 무기를 만드는 병기창 이상으로 숨 가쁘게 돌아가야만 했다. 보다 강한 규율과 긴장감이 필요했다.

출근 시간을 7시에서 6시로 앞당겼다. 요즘의 근로자들, 특히 노조 간부들이 들으면 대경실색할 일이었다. 남녀노소를 불문하고 아침 6시에 운동장에 집합시켜 맨손 체조를 10분간 하고 20분 동안 서빙고 공장 둘레를 돌아오는 구보를 하게 했다. 정신이 번쩍 든 뒤에 작업에 들어가게 하기 위해서였다.

쉬는 시간에 끼리끼리 모여 화투짝을 만지는 것도 일절 금지했다. 처음에 가보니, '기름밥'의 당연한 권리라는 듯 시간만 나면 삼삼오오 둘러앉아 화투, 바둑, 장기판이 벌어지고 있었다. 나는 토요일 오후라 할지라도 작업장 안에서 기강이 풀어지는 것을 허용치 않았다.

왕고참들은 '더러운 세상 만나 젊은 놈 밑에서 고생한다'며 투덜거리면서도 잘 따라 주었다. 그러나 여직원들의 저항은 만만치 않았다.

"우리 여직원들은 6시 출근이 너무 힘듭니다. 남자들은 세수만 하고 나오면 되지만, 우리들은 화장을 하는 데만 최소한 30분이 걸립니다. 남자들보다 30분 늦게 출근하게 해주십시오."

나는 흔들릴 수가 없었다.

"남자들 퇴근이 보통 저녁 9~10시인데 여러분은 보통 저녁 7~8시에 퇴근하니까 저녁에 시간이 많이 남을 것입니다. 그러니 여유가 있는 저녁 시간에 기초화장을 해놓고 자면 되잖아요. 아침에 일어나 이만 닦고 나오면 예쁜 얼굴도 유지하면서 남자들과 함께 일과를 시작할 수 있습니다."

여직원들은 기가 막혔는지 더 이상 말을 잇지 못하고 돌아가 버렸다. 지금이라면 말도 안 되는 이야기일 터이지만, 우리 세대는 이런 노력으로 가난을 이겨 왔다.

불도저로 밀어 버린 청와대 지시

경부고속도로는 정상적인 공사가 아니었다. 전투였다. 대통령이 사령관이었다면, 정주영 사장은 민간 출신 야전 사령관이었다. 서빙고 공장에서 내가 출근 시간을 한 시간 앞당겨 원성을 자자하게 샀지만, 사실 우리가 맨손 체조를 하고 있던 그 시간에 장장 4백 킬로미터가 넘는 경부고속도로 공사의 전 구간에서는 이미 불도저가 가쁜 숨을 토해 내며 작업을 하고 있었고, 정주영 사장의 지프는 수원을 지나 대전 남쪽의 당제 터널을 향하고 있었다.

완공되자 '세계에서 가장 짧은 기간에, 가장 값싸게 건설한 고속도로'로 기록되었고, 1980년대 초반까지 경부고속도로가 우리 경제에 미친 영향은 실로 컸다.

 물론 뒷날 보수 공사에다 확장 공사까지 해야 하는 등 속전속결주의의 대가를 톡톡히 치렀지만, 공사 당시 현장에 쏟아 부은 정주영 사장의 열의는 대단했다. 그는 야전 침대에서 담요 한 장을 덮고 노숙하면서 십장처럼 일에 집중했다.

 지금은 일본과 독일의 고속도로와 경부고속도로를 비교하며 현대를 비난하는 사람도 있다. 하지만 국내 기술로 독일 수준의 도로를 만들려고 했으면 10년 이상의 세월이 지난 후에야 건설이 가능했을 것이다. 당시 우리나라의 기술과 자금으로는 최선의 작품이었다.

 경부고속도로 공사는 우리 건설업의 전환점이기도 했다. 이때부터 장비가 일하는 시대로 돌입했다. 중기사업소의 역할은 갈수록 막중해졌다. 장비를 신속하게 지원하지 않으면 전투는 불가능했기 때문이다.

 정 사장은 수리를 독촉하는 전화를 하루에도 몇 번씩 걸어 왔다. 소장도 있고 기술 분야 과장들도 있는데 반드시 나를 찾았다. 정 사장은 장비 이름과 성능, 부품을 꿰고 있었으나 관리과장인 나는 중기에 관해 모르는 게 태반이었다. 전화 통화가 오래갈 리 없었다.

 "왜? 어디가 고장인데 그렇게 오래 걸리나?"

 나는 대답할 수가 없었다.

 "병신 같은 놈 말이야, 제대로 알지도 못하니 일이 늦어지는 거 아니야."

 전화만이 아니었다. 어떤 때는 정 사장이 작업복 차림으로 불쑥 나타나 욕을 하고 한바탕 난리를 피우고 돌아가곤 했다. 현장에선 장비가 없어 일을 못하는데 중기사업소에선 무엇을 하고 있느냐는 불호령이었다.

그날도 호통을 맞았다. 그날 저녁 나는 제때에 수리를 못해 혼쭐이 난 D8형 불도저와 기종이 비슷한 HD16형 한 대를 몽땅 해체해 버렸다. 그냥 세워 둔 장비가 아니라 당장 수리해 현장에 내려 보내야 할 장비를 뜯어 놓았으니 모두들 야단이었다.

나는 매뉴얼 북을 펴놓고 부품 하나하나의 이름과 기능을 숙지해 나갔다. 그런 다음 다시 조립했다. 그러자 가장 중요한 토목 장비인 불도저에 관한 구조와 성능, 부품을 훤히 꿰게 되었고, 다른 장비에 대해서도 자신이 생겼다.

다음날 다시 불벼락이 떨어졌다. 충분히 예상된 일이었다.

"몇 시간 늦어지겠습니다."

"왜 그렇게 늦는 거야?"

"몽땅 해체했다가 재조립했기 때문에 오늘 아침에야 수리에 들어갔습니다."

"뭐야, 멀쩡한 것까지 다 뜯어냈단 말이야? 담당이 어떤 놈이기에 그런 일이 벌어졌어?"

"제가 그랬습니다."

정 사장은 기가 막혔는지, 아니면 뭔가 짚이는 게 있었는지 더 이상 추궁하지 않고 "빨리 내려보내." 하는 말로 전화를 끊었다.

내가 불도저를 해체한 것은 사장에게 더 이상 앉아서 당할 수 없다는 것이 첫째 이유였겠지만, 나는 더 멀리 내다보았다. 장비를 훤히 알아 놓아야 정비공들을 장악할 수 있었다. 그러나 무엇보다 근본적인 이유는, 나는 일을 장악해야만 직성이 풀렸기 때문이다. 일에 질질 끌려 다니는 것, 일이 나를 구속하고 짓누르는 것을 참을 수가 없었다. 나는 내 일을 내 손으로 틀어쥐기 위해 불도저를 해체해 버렸던 것이다.

그렇게 불도저를 손아귀에 넣고 나서, 불도저를 손수 운전해 본 적이 한 번 있다.

서빙고 공장 옆에는 당시 국내 최대의 골재 생산업체인 공영사 공장이 있었다. 공영사는 당연히 국내 최대 골재 수요자인 현대건설과 공급 계약이 맺어져 있었다. 서로 가까운 연관 업체였다.

그런데 이 공영사에서 발생하는 분진이 말썽이었다. 기계는 분진과 상극이었다. 그래서 서빙고 공장의 중장비들은 언제나 분진과 싸워야 했다. 공영사가 이런 사정을 모를 리 없었다. 언제까지 분진 방지 시설을 하겠다고 약속을 해놓고도 지키지 않았다.

나는 공영사 책임자에게 전화를 걸었다. 언제까지 약속을 지켜 달라는 최후 통보였다. 그러나 그날 저녁까지 분진 방지 시설을 갖췄다는 연락은 오지 않았다. 오히려 야간 작업까지 하는 것이었다. 나는 전화를 걸어 강력하게 따졌다.

"약속을 지키지 못하면 공장 가동을 중지하겠다고 한 사람들이 24시간 공장을 돌려 우리 야간 정비까지 못하도록 하는 이유가 도대체 뭡니까?"

공영사 측에서는 당당하게 나왔다.

"청와대에서 레미콘을 공급해 달라는 부탁을 받아서 24시간 작업을 하지 않을 수 없습니다."

"그 일은 청와대와 당신네 사이의 일이고, 우리와의 약속은 지켜야 하는 것 아닙니까?"

"청와대에서 시키면 그만이지, 현대와의 약속이 무슨 소용이오?"

나는 마지막으로 경고했다.

"앞으로 두 시간 뒤까지 조치를 취해 주지 않으면 물리적인 방법을 쓰겠소."

"청와대 지시로 하는 일이니 한번 마음대로 해보시오."

두 시간이 지난 저녁 8시, 아무런 움직임이 없었다. 나는 공영사를 찾아갔다.

"오늘 밤 12시까지 기다리겠소. 그래도 우리와의 약속을 지키지 않으면 내일 아침 당신네 공장은 가동을 못하게 될 것이오."

다음날 아침까지도 공영사에서는 전화 한 통 없었다. 나는 불도저에 올라타 시동을 걸었다. 불도저를 끌고 공영사로 향했다. 트럭이 드나드는 공영사 진입로를 불도저로 깊숙하게 파버렸다. 꼼짝할 수 없게 된 공영사는 즉각 청와대에 사태를 알리는 한편, 우리 공장장을 찾고 법석이었다. 길을 원상대로 복구하라는 것이었다. 나는 승복할 수 없다고 했다. 그러나 청와대에서 나에게 직접 전화가 걸려 왔다.

"길을 복구하는 것은 공영사의 태도에 달려 있으니 그쪽으로 연락하십시오. 공영사가 우리와 약속을 지키지 않았기 때문에 길을 막은 것이므로 청와대가 간여할 일이 아닙니다. 공영사의 골재 납품이 얼마나 긴요한지 모르겠으나, 우리 중장비도 제대로 가동하지 않으면 고속도로 공사에 막대한 차질이 생깁니다."

청와대 비서실에서는 더 이상 나를 윽박지르지 못하고 전화를 끊었다. 곧이어 경찰이 달려와 으름장을 놓았지만 물러설 내가 아니었다. 그렇게 낮이 지났다. 마침내 저녁이 되자 공영사에서 무릎을 꿇었다.

"우선 급한 대로 몇 가지 방진 시설을 하고 그런 뒤에 완벽한 시설을 갖추겠습니다."

공영사 진입로를 원상회복시키고 났는데, 이번에는 현대 본사에서 힐책하는 전화가 걸려 왔다.

"본사의 지시도 받지 않고 어떻게 그런 일을 저질렀느냐?"

"이런 일은 현장에서 내 책임 하에 처리하는 것이 당연하고, 또 그래야 쉽게 풀립니다. 본사에서 알았다면, 본사가 청와대와 어떻게 맞서겠습니까?"

본사에서는 더 이상 말이 없었다. 청와대 사람이 이 일을 현대 본사에 연락하지 않고 중기사업소로 직접 전화해 준 것은 그중 다행스러운 일이었다. 사태가 잘 해결된 뒤에 청와대 비서실의 실력자가 현대 본사의 높은 사람에게 전화를 했다고 한다.

"도대체 당신네 공장 관리과장이라는 자가 누군데 하는 일이 그 모양이오?"

우리 측에서는 그저 둘러댈 수밖에 없었다고 한다.

"원리 원칙만 아는 젊은 과장입니다. 아직 세상 물정을 몰라서 그랬던 모양이니 양해해 주십시오."

청운동 사모님

정 사장에게는 많은 부하 직원들이 있었으나 그 중에서 '이명박'이라는 이름은 어느새 그가 가장 많이 입에 올리는 이름 중 하나가 되었다. 본사에서나 현장에서나 무슨 일이 잘못되면 으레 "이명백

이한테 전화 걸어" 하고 무조건 나를 찾고 보는 것이 습관이 되어 버렸다.

정 사장은 가끔 현장 소장이나 다른 간부들에게 전화를 한다는 것이 습관적으로 내 전화번호를 돌릴 때가 있었다. 받아 보면 밑도 끝도 없이 알아들을 수 없는 내용을 혼자 속사포처럼 쏟아 놓았다.

"사장님, 저 이명박입니다."

"뭐? 누구라고?"

"중기사업소 관리과장입니다."

"자네가 왜 거기 있어?"

"여긴 중기사업소입니다. 사장님께서 전화를 걸어 오셨습니다."

"응, 그래? 끊어."

그러나 또 얼마 안 있으면 비슷한 전화가 걸려 오는 것이었다. 이처럼 밤낮없이 나에게 전화를 거는 형편이었으니, 부인 변중석 여사도 내 이름을 알게 되었던 모양이다.

어느 날 변 여사가 중기 공장을 찾아왔다.

"이 과장이지요? 고생 많이 하신다고 들었수."

사무실에 들어오지 않고 마당에 자동차를 세워 둔 채 기다리고 있던 부인은 겸연쩍은 얼굴로 누런 봉투 하나를 내밀었다.

"이게 뭡니까?"

"이력섭니다. 이 과장, 부탁 좀 합시다. 어려운 일인 줄은 알지만 옛 고향 마을의 아는 사람 자제분이라 거절할 방도가 없어요. 부득이한 일이니 내 사정을 좀 봐줘요."

"사장님 승인은 받으셨습니까?"

"사장 승인을 받았으면 내가 뭐하러 이런 걸 들고 와요. 그 양반

한테는 이런 얘기 말도 붙이지 못하는 줄 이 과장도 알 것 아니우."

"저는 제 개인의 일을 하러 여기 와 있는 것이 아니고 회사일을 하고 있기 때문에 사장님의 승인 없이는 어떤 일도 집행할 수가 없습니다. 사모님께서 사장님께 말씀을 하시든가, 아니면 제가 그 사정을 사장님께 말씀 올려 보도록 하겠습니다.

"그래서는 안 되지. 그 양반 모르게 넣어야 해요."

"그건 안 됩니다."

"정 안 된다면 할 수 없지."

청운동 사모님은 기운 없이 발길을 돌렸다.

이 무렵 우리 사회는 직장을 구하기가 워낙 어려웠던 때라 사장의 부인쯤 되면 사방에서 취직 부탁이 홍수를 이루던 시절이었다. 그중에는 도저히 거절할 수 없는 사연도 있었을 것이다. 하물며 중기 공장의 기능공으로 좀 넣자는데 사장 사모님의 백으로 되지 않는다면 도대체 이 세상 누구의 백으로 들어간단 말인가, 부인은 이 정도로 생각하고 간절하게 부탁했을 것이다.

그러나 내 생각은 분명했다. 나는 우리의 기준에 맞는 사람을 우리가 필요로 할 때에 뽑아서 쓴다는 원칙에서 한 걸음도 물러나지 않았다. 사장 부인뿐만이 아니라 내 고향 사람들, 친척들의 부탁도 모두 물리쳤다.

나의 이런 태도나 마음가짐이 아무래도 중뿔나기는 했던 모양이어서 본사에서도 중기 공장의 관리과장을 두고 건방지다느니 융통성이 없다느니 이러쿵저러쿵 말들이 오고 있었다.

현대건설 내부에서 나돌던 소문은 연기처럼 밖으로 퍼져 나가 코오롱에 있는 둘째형의 귀에까지 들어갔다. 어느 날 저녁 형이 나를 불렀다.

"직장 생활을 그렇게 원리 원칙대로 하는 것도 나쁘지는 않다. 사원일 때는 그런 자세로 일을 해도 되겠지만, 간부가 되어서도 그런 식으로 하면 곤란하다. 간부가 되어서도 곧이곧대로 했다간 중역이 되지 못한다. 너는 어릴 때부터 우리 형제들 중에서 고생을 제일 많이 하고 자라서 좀 편하게 살길 바랐는데……."

형의 충고에는 동생을 걱정하는 마음이 넘쳐 있었다. 그러나 나는 이렇게 대답했다.

"나는 지금 사원 신분으로 일하고 있습니다. 사원은 원리원칙대로 일을 해야 합니다. 사원의 신분으로 지나친 재량권을 행사하면 회사 전체가 흔들리고 맙니다. 만약 중역이 되면 그때 가서 그 위치에 맞는 융통성을 갖도록 하지요. 그러나 나는 중역이 되겠다는 생각을 해본 적이 없습니다."

직장인의 꿈은 중역이다. 그러나 나는 그런 소망마저도 지니고 있지 않았다. 하루하루, 매 순간순간 나에게 몰아닥치는 일에 최선을 다했을 뿐이다.

우리같이 큰 회사가 어떻게 집 장사를 하나?

나의 진급은 빨랐다. 정규 인사 때는 당연히 진급이 됐고, 정규 인사가 아닌 때에도 나도 모르는 사이에 특진 명령이 내려왔다. 그리하여 1년여 만에 과장에서 차장을 거쳐 부장이 되어 있었다. 내가 진급 사실을 사전에 알았던 것은 오직 한 번, 사장이 될 때뿐이었다.

정 사장은 나와 아무런 상의(?)도 없이 특진을 시켜 놓고 새로운 직책을 맡기는 것이 관례였다.

젊고 경륜이 짧은 나를 절차와 규정을 몽땅 무시하고 빠른 진급을 시킨 이유는 딱 한 가지였다. 이명박에게 이런 일을 시키면 충분히 잘 해내겠다. 그런데 과장의 직위에는 그 일을 시킬 수가 없다. 그러니 차장으로 올려야겠다. 그 다음 부장으로 올릴 때도, 이사로 끌어올릴 때 역시 같은 이유에서였다.

정 사장은 나를 중기 공장에 보낼 때 이미 나에게 이 공장의 경영 책임을 맡기려는 복안을 가졌던 것 같다. 그것은 타이 건설 현장의 관리 책임을 풋내기 사원이던 나에게 몽땅 맡겼던 것과 같은 차원의 결단이자 믿음이었다. 그 때문에 기회 있을 때마다 진급을 시켰고, 기회가 없으면 일부러 기회를 만들어 또 진급을 시켰다.

그렇게 해서 이사가 되기까지 겨우 5년이라는 짧은 세월이 소요되었을 뿐이다. 아마도 이 기록은 경영주의 아들이나 친인척을 제외한, 순전히 고용된 월급쟁이의 진급 기록으로서는 전례를 찾아볼 수 없는 희귀한 기록일 것이다.

중기 공장의 관리부장직에 있을 때의 일이다.

현대건설의 중기 공장과 공영사의 골재 공장이 있는 서빙고는 이들 두 공장 때문에 먼지가 풀풀 나고 살벌한 풍경이었다. 그러나 서빙고 일대야말로 장차 제대로 개발만 하면 한강을 낀 쾌적한 주거 공간으로 만들 수 있는 노른자위 땅이었다.

주거 사업에 뛰어든 것은 당시 이미 국내 굴지의 건설 회사로 성장한 현대건설과 같은 대건설업체가 아니라 중소기업들이었다. 우리 공장 가까운 곳에는 이미 공무원 아파트와 한강 맨션이 들어서서 한강 주변 아파트 촌을 이루어 가고 있었는데, 여기에 ㈜한양이 본격적인 민간 아파트를 짓기 위하여 모델 하우스를 열어 놓고 있었다.

나는 그 모델 하우스로 가보았다. 찾아오는 부인들의 관심이 의외로 뜨거웠다. 서울의 미래 주거 패턴이 여기서 결정되고 있다는 생각에 두려움과 조바심이 났다. 그러잖아도 기존의 공무원 아파트 입주자들이 분진과 소음 때문에 공영사와 우리 중기 공장의 이전을 요구하는 목소리가 높아져 가고 있는 실정이었다. 권력의 간섭에는 맞받아 싸워 보겠는데, 주민들의 이유 있는 항의에는 속수무책이었다.

그렇다면 아파트 주민들 때문에 공장이 쫓겨날 것이 아니라 거꾸로 여기다 아파트를 지으면 될 것 아닌가. 나는 정 사장을 만난 자리에서 제안했다.

"장차 아파트 사업이 유망할 것 같습니다. 현대건설도 아파트 사업으로 업종을 넓혀 가야 하지 않을까요?"

정 사장은 이 무슨 쩨쩨한 소리냐는 표정이었다.

"뭐, 아파트? 우리가 아파트를 짓는다고? 에이, 아파트는 무슨 놈의 아파트."

"이 공장 주변은 이미 주거 지역으로 변해 가고 있습니다. 공무원 아파트 주민들의 항의 때문에 어차피 이곳에서 계속 공장을 돌릴 수는 없습니다. 공장을 관악으로 옮기시고……."

"그래도 이 자리에 아파트는 지을 수 없어. 우리가 아파트 사업을 하면 사람들이 웃지 않겠나?"

적어도 현대건설이라면 경부고속도로니 비료공장이니 소양 댐이니 하는 대역사는 물론이고, 건물을 지어도 대형 빌딩을 지어야지

성냥갑 같은 콘크리트 집이나 짓고 있을 수는 없다는 자부심이 정 사장의 아파트에 대한 부정적인 생각을 굳혀 놓고 있었다.

"그러시면 공장 부지 4만 평 가운데 반을 떼어 2만 평만 공장으로 유지하고 나머지 반으로 아파트를 지으면, 인근 아파트 주민들의 항의도 그만큼 줄어들고, 새 사업에 대한 탐색도 해볼 수 있으니 일석이조가 아니겠습니까?"

"그래도 현대건설이 어떻게……."

"회사의 이미지가 문제라면 아파트 건설을 위한 별도의 회사를 차리면 그만입니다."

이렇게 하여 한국도시개발주식회사가 탄생하게 된다. 한국도시개발은 뒷날 매출액 1조 5천억 원이 넘는, 그룹의 효자 기업으로 성장하였다.

부장으로 진급한 지 6개월이 되었을 때였다. 나는 그때 만 28세, 현대건설에 입사한 지 5년째 되던 해였다. 어느 날 본사 총무부에서 코티나 승용차 한 대를 공장으로 보내왔다. 현대에서 만든 자동차였다.

"누구 타라고 승용차를 보내왔어?"

"아니, 이사님으로 발령 난 것 모르십니까?"

"누가 이사로 발령이 났단 말이야?"

"부장님, 아니 이사님이지 누군 누굽니까? 정말 모르고 계셨습니까?"

"언제 발령이 났어?"

"사흘 전입니다."

나는 이 공장을 떠날 때가 가까웠다는 것을 직감했다. 정주영 사장은 내가 사원이었을 때 부장이 할 일을 시켰고, 부장으로 진급시켜 놓고는 이사나 전무가 할 일을 시켰다. 이제 이사를 만들어 놓았으니 필시 전무나 그 이상의 직책을 가진 사람이 해야 할 일을 시킬 것이다. 그러나 중기 공장의 최고 책임자는 이사로 족하다. 그러니 나를 다른 곳으로 보내게 될 것이다. 이사 발령과 코티나 승용차가 지닌 의미는 그것이었다.

  주위 사람들의 연민과 동정 속에 부임한 중기사업소는 월급쟁이로서의 나의 무덤이 아니라 승리의 발판이었던 것이다.

서른다섯 살짜리 사장

"이명박이란 사람, 정 회장의 친척 아닐까?"

"아니야, 박 대통령이 뒤에서 강력하게 밀고 있다던데."

이런 루머에 대해 정 회장은 그저 웃어 넘길 뿐이었다.

"내가 언제 승진시켰어? 당신은 당신 스스로 진급한 거야."

그래, 실컷 울어라

1970년대 초, 현대 그룹은 꿈틀거렸다. 밖으로는 기업 환경이 급변했고, 안으로는 조직이 눈덩이처럼 커졌다. 변신하지 않으면 안 될 단계였다. 종래의 건설 회사 중심의 경영과 조직으로는 현대자동차와 울산 조선소, 단양 시멘트 등 속속 신설되는 계열사를 지휘할 수가 없게 되었다.

기업의 변신은 사람에서 시작해 사람에서 끝난다. 중소기업에서 대기업으로의 변신은 특히 그러하다. 현대 그룹 역시 1970년대에 도약한 많은 한국 기업들처럼 창업 멤버를 현역에서 퇴진시키고 의욕에 넘치는 젊은 인력을 경영진에 포진시켰다. 탈바꿈의 아픔, 즉 '성장통'이 뒤따랐다. 건설 회사에서 그룹으로의 대변신의 신호탄이 나를 이사로 승진시킨 뒤 차례로 상무, 전무를 거쳐 부사장에까지 끌어올린 사건이었다.

1972년 나는 관리 담당 상무가 되었다. 이사가 되어 본사로 들어온 지 2년 만의 일이었다. 모 기업인 현대건설의 쾌속 항진을 위해 관리 체제를 정비하고 기업 자체의 역량을 강화해 신규 사업을 추진하는 것이 나에게 주어진 과제였다.

나는 상무로서 먼저 경영 합리화에 치중했다. 외형의 확대보다는 수익성을 추구해 경영의 내실을 이룩하고, 내부 조직을 정비해 효율성을 제고하는 것을 2대 목표로 정했다. 예산 관리 제도의 실시, 인력의 소수 정예화, 중기 관리 규정 마련 등 전반적인 제도 개혁과 운영의 합리화 방안이 뒤따랐다.

내가 경영 합리화 정책을 강력히 추진해 나가자 불만의 소리들이 튀어나왔다. 예산 집행과 관련된 부서들은 물론, 현장에서도 달갑게 받아들이지 않았다.

"이 상무, 그 친구 젊은 사람이 높은 자리에 오르더니 눈에 뵈는 게 없나?"

"회사 돈을 자기 것으로 착각하고 있는 것 아냐?"

첫번째는 사실과 달랐지만, 두 번째는 제대로 본 것이었다. 나는 회사 돈을 내 돈으로 생각했지 한 번도 남의 돈, 정주영의 돈으로 여긴 적이 없었다. 일과 회사의 주인이 바로 나라고 생각했기 때문이다.

1974년 1월 정기 인사에서 나는 전무로 승진했고, 이듬해에는 부사장에 올랐다. 1965년 '건설은 창조'라며 입사한 지 꼭 10년 만이었다. 나이와 연공서열이 지배하는 원로 사회에서 나의 고속 승진은 파격이었다. 의혹이 제기되는 것은 어쩌면 당연한 일이었다.

"이명박이란 사람, 정 회장의 친척 아닐까? 친척이 아니라면, 정 회장의 약점을 단단히 쥐고 있을 거야."

"아니야, 그 친구 박 대통령이 뒤에서 강력하게 밀고 있다던데."

회사 내부에서만 그런 것이 아니었다. 각종 매스컴이 나의 승진을 단골 메뉴로 선정하면서 샐러리맨 사회 전체의 '술안줏감'으로 올랐다. 이런 루머에 대하여 정 회장은, "이 이사를 내가 언제 승진시켰어? 당신은 당신 스스로 진급한 거야. 세상이 그걸 모르고 찧고 까부는 거야"라며 웃어넘길 뿐이었다.

어떻게 초고속 승진을 했느냐는 신문 인터뷰에 나는 이렇게 대답했다.

"위험을 무릅쓰고 능력을 살펴 인재를 쓸 줄 아는 정 회장의 용기와 용병술에 존경을 보낸다."

승진이 주는 기쁨도 처음 한두 번이지, 매년 한 번꼴로, 그것도 자신도 모르는 사이에 승진이 거듭되면 승진에 대한 감정이 없어진다. 하지만 1974년 1월 부사장 발령을 받았을 때, 나는 가슴에서 치밀어 오르는 감정의 덩어리를 어찌할 수 없었다. 사령장을 받은 그날 밤, 나는 술 한 병을 사 들고 옛 친구의 집을 찾았다. 고등학교를 졸업한 뒤 미래 없는 젊음에 절망을 느끼며 서울 거리를 헤매던 시절, 대학 중퇴자라도 되기로 결심하고 자취방을 찾아들었던 고향 친구 창대의 집이었다. 그를 만난 것이 얼마 만이던가. 창대는 한양 공대를 졸업하고 다른 직장에서 근무하고 있었다.

"신문에서 봤다. 부사장 됐다면서?"

"응, 오늘 발령 났어."

"축하한다. 축배를 들어야지."

우리는 밤이 새도록 술을 마셨다. 술은 그동안 꽁꽁 동여매 두었던 가슴속 응어리를 한 겹씩 풀어냈다. 마침내 그것은 울음으로 터져 나왔다. 성년이 된 이후 다른 사람 앞에서 눈물을 보인 것은 이때가 처음이었다. 포항의 어린 시절과 돌아가신 어머니가 떠올랐다. 어머니! 어머니가 생각날 때마다 눈물은 더욱 걷잡을 수가 없었다.

"명박아, 실컷 울어라. 맨주먹뿐인 네가 새파란 나이에 부사장이 되다니. 그동안 가슴에 맺힌 게 얼마나 많았겠니. 나는 네가 누구보다도 정이 많은 사람이란 걸 잘 알아. 그런 네가 적자생존의 경쟁판에서 누구도 이루지 못한 일을 해낸 거다. 그래, 실컷 울거라. 오늘 내 앞에서라도 가슴에 맺힌 응어리를 다 풀어 버려라. 울어라, 명박아, 울어!"

1974년 1월 초순의 그날 밤, 나는 많이도 울었다.

당신이 사장을 맡지

한국 건설업의 중동행은 1974년부터 시작되었다. 현대건설의 타이 고속도로 공사를 기점으로 한국 건설업은 곧 불어 닥친 '베트남 특수'를 타고 해외 지향 체질을 육화시켰다. 베트남 전쟁이 막바지에 이르던 1970년대 초반, 베트남에서 철수한 건설업체들은 새로운 해외 시장으로 중동을 선택했다. 1973년 오일 쇼크를 일으킨 그 진원지로 상륙한 것이었다.

단순히 오일 쇼크라고 하면 지금 세대들은 실감할 수 없을 것이다. 자원 민족주의의 열풍이 1갤런에 20센트 하던 석유값을 하루아침에 28달러로 올려놓았다. 무려 23배가 넘는 폭등이었다. 기름 한 방울 나지 않는 우리나라가 큰 타격을 받은 것은 당연하다. 외화가 바닥나 외환 부도가 나기 일보 직전이었다.

혼란 직전의 한국 경제를 살려낸 것이 현대건설을 비롯한 중동 진출 건설업체들이었다. 건설업체들이 역류시킨 오일 달러가 경제를 기사회생시킨 영약이었다. 40도가 넘는 사막에서 밤낮을 가리지 않고 일하던 한국의 기술자와 기능공들은 진정 산업 애국자들이었다. 또한 건설업체들의 해외 개척 정신이 한국의 발전에 기여한 바는 결코 잊혀질 수 없을 것이다.

그러나 초기부터 한국 기업들 전부가 중동 시장을 희망봉으로 판단한 것은 아니었다. 대부분의 건설 회사들은 부정적이었고, 진취적인 기업 내부에서도 중동 진출에 대한 찬반 양론이 팽팽하게 맞서고 있었다.

현대건설도 마찬가지였다. 중동 진출을 적극적으로 모색하고 있던 사람은 정주영 회장과 나였다. 중동의 첫 공사로 이란의 반다르 아바스 조선소의 훈련원 공사(8백만 달러)를 수주했을 때만 해도 큰 반대는 없었다. 그러나 이듬해인 1975년, 1억 5천만 달러짜리인 바스라의 아랍 수리 조선소 공사 입찰을 추진하자 사내 반대 의견은 갈등으로까지 번졌다.

현대건설 해외 담당 사장 정인영 씨가 반대하고 나섰다. 현대의 능력에 견주어 지나치게 규모가 크다는 것이었다. 공사가 실패로 돌아갈 위험 요소가 적지 않았고, 당시 이미 중동에 진출해 있는 기업들이 사전 지식과 경험 부족으로 적자투성이 공사를 울며 겨자 먹기로 하고 있다는 소식도 자주 들려왔다. 입찰이 가까워질수록 찬반 양론은 첨예하게 대립했다. 입찰 견적서가 만들어지자 정 회장은 즉시 출국하라고 재촉하고, 정인영 사장은 출국을 막는 진풍경이 벌어지기도 했다.

바스라 아랍 수리 조선소 공사는 세계 유수 건설 회사들을 물리치고 결국 현대건설에 돌아왔다. 1975년 10월에 착공, 예정 공기를 앞당기며 1977년 10월에 공사를 마무리 지었다. 시공에 대한 평가는 '대만족'이었다.

바스라 아랍 수리 조선소를 짓고 있을 때가 중동 건설의 정점이었다. 이 무렵 한국 건설업체들의 연간 수주 총액은 1백억 달러를 넘어섰다.

이 정점의 상징적 공사가 주바일 산업항 건설 공사였다. 주바일

사우디아라비아에서 공사 계약을 체결하는 장면.

산업항 공사는 현대건설뿐만 아니라 한국 경제사에 남을 만한 대역사였다. 항만 시설의 일부인 철 구조물을 울산의 조선소(후에 현대중공업으로 명칭이 바뀌었다)에서 블록으로 제작해 바지선에 싣고 아라비아 반도까지 운송해 시공한 아이디어는 세계 건설업계를 깜짝 놀라게 했다.

중동에서의 모험이 성공을 거듭하자 현대건설은 자신감과 긍지로 넘쳤다. 정치라는 괴물이 나타나기 전까지, 현대건설 앞에는 거칠 것이 없었다. 쾌속 순항이었다. 그런데 정인영 사장이 퇴진하면서 경영층에 지각 변동이 일어났다.

아랍 수리 조선소 건설 공사를 놓고 맞섰던 두 형제의 갈등은 결별로 끝이 나고 말았다. 정인영 사장이 현대양행을 맡아 분가한 것이었다. 정 사장의 퇴진은 여운이 길었다. 정 사장을 좇아 현대양행

쪽으로 옮기려는 사람도 적지 않았다. 여기에다 국내 담당 조성근 사장이 사표를 낼 것이라는 소문도 돌았다.

어느 날, 정 회장은 광화문 사옥 회장실로 나를 불렀다. 퇴근 시간이 지난 저녁 무렵이었다. 정 회장은 중대한 결심을 한 듯 표정이 굳어 있었다.

"중역진을 교체해야 하는데, 어떻게 생각해?"

어차피 단행해야 할 인사였다. 나는 그의 복안을 기다렸다.

"전갑원이하고 김주신이를 상무로 올리고, 김주신이는 현장소장으로 발령을 냈으면 하는데, 당신 생각은 어때?"

의논이 아니라 통고였다.

"그리고 말이야, 조 사장에 대해서 뭐 들은 얘기 없어?"

나는 시치미를 뗐다. 아직 당사자로부터 아무런 공식적인 입장을 듣지 못했기 때문이다.

"이 부사장."

"네?"

"아니요. 됐어. 나가 보시오"

정 회장은 무슨 말을 꺼내려다가 다시 주워담았다. 이날 정 회장이 나를 불러 하려던 말은 다음해인 1977년 정초 정기 이사회가 있기 며칠 전에 밝혀졌다. 그날도 정 회장은 회장실로 나를 불렀다. 나를 뚫어져라 바라보던 그는 한참 만에야 입을 열었다.

"정 사장, 조 사장이 다 나갔으니 누가 사장을 맡지?"

딴전을 피우고 있었다. 그는 중요한 얘기를 하기 전에는 딴 얘기부터 꺼내는 습관이 있었다.

"당신이 사장을 맡지."

나는 놀라지 않을 수 없었다.

"회장님, 저는 아직 사장을 맡을 만한 연륜이 되지 못합니다."

"사람이 없어. 권기태(해외 담당 부사장)는 엔지니어라서 관리는 모르고, 세영이는 자동차를 하고 있고, 순영이는 시멘트에 매달려 있으니……."

"그리고 전 아직 이릅니다. 제 위에 선배들도 많이 있습니다."

"그러면 대안을 내놔 봐. 젊은 사람이 어째 그리 야망이 없어."

정 회장은 막무가내였다. 이미 결정을 내린 것 같았다. 하루아침에 내린 결정도 아니었을 터였다. 그런 결정을 변경하기란 쉽지 않았다. 하지만 나는 진심으로 사양했다. 세상일이 능력과 신뢰만으로 다 되는 것은 아니다. 나는 국내 최대 기업이자 세계적인 건설 회사인 현대건설의 사장이 되기에는 젊어도 너무 젊었다.

"건설 회사가 뭐냐? 건설 회사는 종합적 사업이야. 건설에 성공한 사람은 무엇이든 성공할 수 있어. 하지만 특히 사람 관리가 생명이야. 나는 지금까지 그 생각을 까맣게 잊고 있었네. 공사를 해서 거기서 이익을 남기면 된다고 생각했는데, 그게 아니야. 요즘 들어 사람 관리가 중요하다는 사실을 새삼스럽게 깨달았어."

당시 울산 현대중공업에서 일어난 근로자 분규와 중동 공사 현장의 폭동들은 그로 하여금 사람 관리의 중요성을 절감하게 했다.

"이 부사장, 당신은 사람을 다룰 줄 아는 것 같아. 나를 위해서, 아니 현대건설을 위해 사장을 맡아 주게."

나의 승진 문제를 놓고 당사자인 나에게 의논을 해온 것은 이때가 처음이었다. 지금까지 내가 맡았던 일과는 전혀 다른 차원의 직책이었고, 현대건설은 물론 그룹의 미래와 직결된 중대한 선택이었던 것이다. 정 회장의 고민하는 모습이 눈에 역력했다.

며칠 후 이사회에서 나는 현대건설 국내 담당 사장으로 선임됐다. 그러나 나는 회사에 나갈 수가 없었다. 고개를 들 수 없을 만큼 쑥스러웠다. 부사장 발령이 났을 때도 그랬는데, 이번에는 또 얼마나 말들이 많을 것인가.

"서른다섯 살짜리 새파란 사장님을 모시게 되었으니, 우리 같은 늙은이들은 과장 자리에 앉아 있을 수도 없잖아."

"아니, 이놈의 회사는 이명박이 출세시켜 주기 위해 있는 거야 뭐야."

"정 회장이 이명박이한테 약점을 단단히 잡혔나?"

"아니지, 박 대통령이 자꾸 뒤에서 민다잖아."

이 같은 입방아들이 회사를 벗어나 경제계와 일반 시민들의 입에까지 올랐다.

어쨌든 수많은 회사 선배니 동료들을 대하려니 실로 난감했다. 출근을 못하고 집에 있으려니 축하 전화가 쇄도했다. 신문, 방송, 잡지 기자들이 인터뷰를 요청해 왔다. 어떤 기자들은 아예 집으로 들이닥쳤다. 세상은 나에게 닥쳐온 문제를 조용히 생각할 겨를조차 주지 않았다.

나는 아내와 함께 고향 포항을 찾았다. 고등학교 졸업식에도 참석하지 못하고 떠나온 그 궁핍의 고장을 15년 만에 밟아 보았다. 영일만의 짙푸른 바다, 가없는 수평선을 바라보며 나는 아내와 함께 우리 앞에 닥쳐온 운명을 피하지 않기로 마음을 다졌다. 있으나마나한 그런 월급쟁이 사장은 되지 않겠다고 결심했다. 그러나 사장 자리에 오른 뒤 내가 헤치고 나가야 할 난관이 얼마나 크고 고통스러울 것인지 나는 상상도 하지 못했다.

경쟁

"정주영 회장이 너무 성급한 판단을 내린 것 같아. 중소기업도 아니고 한국의 내로라 하는 기업인 현대건설이 30대 사장을 들어앉히다니. 기업이 갑자기 커지니까 겁나는 것이 없는 모양이야. 정 회장, 일 년만 지나면 이번 인사로 큰 화를 입게 될걸."

나의 사장 발령에 대한 부정적 발언은 엉뚱한 데서 먼저 튀어나왔다. 재계 일각에서 나의 파격적인 승진에 대해 염려하는 말들이 나온 것이었다.

그런데 바로 그해, 현대 그룹은 처음으로 국내 정상의 기업으로 올라섰다. 당시 삼성 그룹은 한국 재계의 움직일 수 없는 정상이었다. 국내 다른 기업이 삼성을 앞지른다는 것은 상상도 할 수 없는 일이었다. 그런데 중동 경기가 판도를 바꿔 놓은 것이다. 현대는 건설을 앞세워 중동 경기를 리드해 나갔으나, 삼성은 중동 경기에 편승하지 못했다. 현대의 삼성 추월은, 단지 두 기업 간의 순위 바뀜은 아니었다. 1973년 이후 몰아친 연속적인 석유 파동으로 우리나라의 외환 보유고는 3천만 달러 이하로 떨어져 부도 직전이었고, 이 국가적 위기를 극복하게 한 것이 해외에 진출한 한국 건설업이었으며, 바로 그 해외 건설의 선봉장이 현대건설이었던 것이다. 울산 조선소도 외화 벌이가 솔찬하였다.

이렇듯 단지 외형이 아니라 국가 경제 기여도 차원에서 현대가 삼성을 앞지르자 '제일주의'를 표방해 온 삼성과 현대의 경쟁 의식은 한층 강해졌다.

그해 말, 나는 전국 인사관리위원회에서 주최하는 세미나의 연사로 초청받았다. 나는 흔쾌히 수락했다. 수유리 아카데미 하우스에는 기업체 인사 담당 중역과 간부들이 모여 있었다. 참석자들은 현대건설이 기용한 젊은 사장에 대하여 적지 않은 호기심과 궁금증을 품고 있는 듯했다.

"저는 여러분이 잘 아시는 바와 같이 아직 삼십 대의 젊은 나이입니다. 경륜도 부족해 많은 것을 배우고 있는 사람입니다. 재계의 어느 분께서는 제가 사장으로 임명되자 '현대그룹이 어려워질 것'이라고 염려하시기도 했습니다."

국가 경제에 대한 기여도, 기업의 신장률을 실례로 들면서 망할지도 모른다는 회사가 재계 1위로 올라섰다는 말도 덧붙였다.

"저를 기용한 정주영 회장의 결단은 즉흥적이거나 우연이 아니었습니다. 시대적 흐름에 부응한 판단이었다고 저는 생각합니다. 원조 경제 시대, 개발 경제 시대를 거쳐 온 우리 경제는 바야흐로 고도 성장의 시대, 국제화 시대를 맞아 체질 개선을 하지 않으면 안 될 시점입니다. 체질 개선은 전문 경영인의 기용으로부터 시작된다고 저는 생각합니다. 창업주 혼자만의 결단과 활약에서 벗어나 고도의 전문성과 조직력이 기업 발전을 주도하는 시대가 열리고 있는 것입니다. 정 회장이 저에게 사장 역할을 부여한 이유가 여기에 있다고 봅니다. 저는 우리 회사를 향해 일부에서 제기한 기우를 문자 그대로 기우로 돌려 버릴 자신이 있습니다."

큰 박수가 터져 나왔다. 변화를 갈망하고 있던 기업체 중역과 간부들이 크게 공감한 것이었다.

특히 삼성 그룹과의 갈등은 중앙일보와 현대건설의 극한 대결로까지 치달았었다. 1979년 3월, 중앙일보는 1면 톱으로 '현대건설, 김포공항 지하도 공사 부실 시공'을 올려놓았다. 이어 이 신문은 '현대중공업, 온산 단지 석유 저장 탱크 부실 시공'이라는 제하의 기사도 게재해, 마치 현대 그룹 전체가 부실의 온상이라는 인상을 주려는 것으로 보였다.

우리는 정식으로 항의했으나 실마리는 풀리지 않았다. 신문 광고를 통해 대항하기로 했다. 주로 중앙일보 홍진기 회장에 대한 인신 공격을 담은 5단 통 광고를 중앙일보를 제외한 모든 일간지에 접수시켰다.

삼성 측에서는 전면전으로 나왔다. 그룹 계열사들은 직원 조회에서 '현대와 싸우는 이유'라는 제목의 유인물을 돌렸다. 그러나 우리는 정 회장과 나, 그리고 그룹 경영기획실장이었던 송윤재 전무가 이 일을 전담했을 뿐, 나머지 임원들은 관여하지 못하도록 했다.

5단 광고를 각 일간지에 접수시켜 놓은 채 우리는 사태 수습 조건으로 이병철 회장의 직접 사과를 요구했다. 그러나 이 회장이 쉽게 백기를 들고 나올 인물은 아니었다. 자존심 대결이었다.

싸움은 국보위로까지 번졌다. 권정달 보안사 처장이 나를 불렀다. 나는 송 전무와 둘이 아침 10시에 불려갔다. 권 처장이 말했다.

"이제 그만 하고 양쪽 모두 화해했으면 좋겠습니다. 삼성도 앞으로는 현대에 대한 공격을 하지 않을 것입니다."

"현대를 공격하지 않겠다는 이야기를 왜 보안사에서 합니까? 우리는 이병철 회장으로부터 그 말을 듣자는 것입니다."

"아무나 책임을 지고 하면 되지 왜 꼭 이병철 회장이 해야 합니까?"

"다른 사람들이 아무리 안 하겠다고 해도 그분이 마음만 먹으면 언제든지 뒤집을 수 있기 때문에 그럽니다. 이 회장 외에 책임질 수 있는 사람이 삼성에는 없어요."

권정달 처장은 역정을 내며 언성을 높였다.

"그만했으면 됐지 않소. 시끄럽게 싸워서 이로울 것이 뭐가 있소."

"한국 경제와 언론의 앞날을 생각해서도 이번 일은 시비를 가리고 확실한 약속을 받아야만 합니다. 재벌이 언론을 자신의 도구로 활용하여 경쟁사를 마구 깔아뭉개면 그 피해가 말할 수 없이 커집니다. 이렇게 사소한 공사의 부실이 일간지의 1면 톱으로 나갈 수가 있어요? 이건 한국 언론의 장래를 위해서도 반드시 바로잡아야 해요."

내가 서슬이 퍼런 보안사의 처장에게 계속하여 항의를 하자 송 전무가 경고의 뜻으로 내 발을 밟았다. 너무 세게 눌러 몹시 아팠다. 나는 송 전무에게 역정을 냈다.

"송 전무, 왜 자꾸 남의 발은 밟고 그래. 할 말은 해야지. 다시 말씀드리지만, 그분이 우리 회장님을 만나 사과하지 않으면 준비해 둔 광고를 내겠습니다."

"이병철 회장이 지금 국내에 없는데 어떻게 사과를 해요."

"무슨 말을 그렇게 합니까? 국내에 있는 줄 다 알고 있어요."

"오늘 12시 비행기로 일본 갔어요."

내 손목의 시계를 들여다보니 12시 조금 전이었다.

"아직 12시가 되지도 않았는데 그 양반 일본 갔다는 것은 무슨 얘깁니까?"

"하여튼 일본에 가고 없어요. 그러니 사태가 더 이상 발전하지 않도록 신중하게 행동하고 합의점을 찾으시오."

"그건 그쪽이 할 일입니다."

회사로 돌아와 있으니 이건희 부회장이 전화를 걸어 왔다.

"동양방송의 김덕보 씨가 찾아갈 테니 그 사람과 잘 얘기를 해주시면 고맙겠습니다."

"나는 김덕보 씨가 누군지도 잘 모르겠고, 그런 사람과 만나 할 이야기가 아닙니다."

"김덕보 씨는 우리 회사를 대표하는 분입니다. 책임 있게 일을 할 수 있는 위치에 있습니다."

우리로서도 더 이상 이병철 회장의 직접 사과를 고집할 수 없게 되어 있었다. 일본으로 가버린 사람을 나오라고 고집하는 것도 무리였다. 결국 삼성 측의 요청을 받아들여 그쪽에서 홍진기 중앙일보 회장과 김덕보 동양방송 사장, 그리고 우리 쪽에서 정주영 회장과 나, 이렇게 네 사람이 다음날 새벽 5시 조선호텔에서 극비리에 만났다.

"공사라는 것은 말이오, 콘크리트를 치면 크랙이 생기게 되어 있어요. 크랙이 생기면 이걸 보완하는 방법도 있다 그 말입니다. 세상 어느 공사장에 가보더라도 그만한 크랙이 발생하지 않는 공사가 없어요. 그걸 다 일일이 신문에 낼 것 같으면 따로 신문을 하나 더 맹글어도 모자랄 거요. 그리고 또 온산 문제만 해도 그렇습니다……"

만나자마자 성질이 급한 정 회장이 말문을 열며 신문 기자들이 공사가 뭔지도 모르고 함부로 부실이니 뭐니 쓰면 되느냐고 따지자 홍진기 회장이 말문을 막았다.

"정 회장, 나는 기술적인 상황에 대해서는 들어도 잘 모르겠고, 우리가 지금 그런 얘기나 하자고 와 있는 것도 아니지 않습니까?"

분위기가 어색해졌다. 내가 끼어들었다.

"저는 이 자리에 정 회장님을 모시고 나왔기 때문에 나서서 의견을 말할 만한 위치에 있지 못합니다. 그러나 정 회장님과 홍 회장님께서도 좋으시다면 한 말씀 드리고 싶습니다."

정 회장은 가만히 있었다. 허락의 표시였다.

"많은 사람들이 재벌의 언론 소유를 비판하지만, 저는 오히려 바람직한 일이라고 보고 있습니다. 삼성이 언론을 가지면 그만큼 기업을 이해하는 언론이 되지 않겠는가 하는 기대 때문이었습니다. 그런데 삼성 소유의 언론이 다른 매체보다 더 기업 이미지를 나쁘게 만들고 있습니다. 신문이 언론의 정도를 버리고 삼성의 도구로 전락했기 때문입니다. 방금 전 정 회장님께서도 말씀하셨지만, 부실 공사로 크게 보도된 그 공사에 대해 건설업자로서 얼마든지 설명을 할 수가 있습니다. 그런 사실을 알면서도 그 기사를 1면 톱으로 올리는 신문을 독자들이 어떻게 평가할지 궁금합니다. 홍 회장님께서 언론의 정도를 걷고 싶으시면 사과를 하셔야 합니다."

내 말을 듣고 난 홍 회장은 갑자기 자세를 바로 하더니 정중하게 목례를 했다.

"이 사장에 대해 지금까지 이야기만 듣고 있다가 오늘 처음 뵈었습니다. 이 사장 이야기는 참으로 옳고 일리가 있는 말씀입니다. 명색이 언론사를 대표하는 내가 배울 점이 많습니다."

나는 정 회장이 먼저 기술적 측면에서 잘못된 보도라는 점을 지적했기 때문에 언론의 근본 자세에 대해 말한 것뿐이라는 사실을 밝혔다. 나에 대한 칭찬은 자칫 정 회장을 깎아내리는 것일 수도 있었기 때문이다.

홍진기 회장은 지금까지 진행된 사태에 잘못이 있다면서 다시 목례를 했다.

그때까지 가만히 있던 김덕보 사장이 입을 열었다.

"나라가 어려울 때입니다. 두 회사가 서로 도와 나라 밖에서 힘을 발휘해야지요. 정부나 국민들 모두 두 회사가 싸우는 걸 좋지 않게 보고 있습니다. 서로 양보하고 조용하게 해결되었으면 좋겠습니다."

이렇게 화해가 이루어졌다.

이 사건이 있은 뒤로 한국 최대의 두 재벌은 소모적인 갈등에서 벗어났다. 정 회장과 이 회장은 재계의 리더로서, 같은 길을 가는 사업가로서 가끔 만나 대화하는 사이로 돌아갔다.

그러나 두 기업 사이의 선의의 경쟁은 사라지지 않았다. 해마다 발표되는 매출액, 자산, 그리고 순이익 순위에 양 그룹 구성원 및 가족들은 큰 관심을 보였다.

그 후 현대는 전자와 반도체 산업에 뛰어들었고, 삼성은 건설과 조선 사업에 발을 들여놓았다. 최근 삼성이 자동차 산업에 뛰어든 것을 보면 두 재벌의 선의의 경쟁은 앞으로도 계속될 것 같다.

두 그룹의 경쟁이 때로는 국민의 눈살을 찌푸리게 했지만, 이런 선의의 경쟁은 1990년대 무한경쟁 시대에 들어와서는 기업과 국가의 경쟁력을 키우는 원동력이 되었다는 긍정적인 평가를 내릴 수 있다.

월급쟁이 사장과 회장 아들

1980년대 초, 런던 지사를 맡고 있던 정 회장의 장남 정몽필 씨가 현대건설 해외 담당 전무 직위로 본사로 돌아왔다.

대재벌 후계자와, 정씨 가문과는 한 방울의 피도 섞이지 않은 월급쟁이 사장과의 관계는 미묘한 것이었다. 회장의 장남은 나보다 나이가 많았고, 나이가 어린 나는 그의 상사인 사장이었다.

그룹 안에 많은 계열사들이 있어 회장의 장남과 전문 경영인과의 마찰은 피하려면 얼마든지 피할 수 있었다. 정 회장이 무슨 의도가 있었던 것이 분명했다.

아버지인 정 회장의 뜻이 얼마나 컸는지는 몰라도 당사자인 정 전무로서는 마음고생이 적지 않았을 것이다. 동생들은 벌써부터 작은 기업체 하나씩을 맡고 있을 때였다.

나중에야 알았는데, 나와 정 전무 사이에서 중간 간부들이 일하기에 여간 어려운 것이 아니었다. 어느 날 중역이 찾아와 아주 조심스럽게 얘기를 꺼냈다.

"말씀드리기 곤란한 내용이어서 그동안 모두 입을 다물고 있었는데, 회사를 위해 이렇게 용기를 냈습니다. 정몽필 전무가 부임한 이후 사장님이 결재할 모든 서류에 정 전무가 제동을 많이 겁니다. 또 사장님이 안 된다고 결정한 일도 왜 안 되느냐며 중역이나 간부들을 불러 그대로 시행하라고 지시를 내리는 바람에 아랫사람들 일하기가 매우 곤란합니다."

"그런 이야기를 왜 이제야 하는 겁니까?"

"우리는 사장님 성격을 압니다. 정 전무는 회장님 장남인데, 이 일로 인해 혹시 서로 불편한 일이 생기면 어떻게 합니까?"

"걱정할 것 없습니다. 내가 이 이야기를 당신한테서 들었다고 어디 가서 말할 것도 아니고. 이야기해 줘서 고맙습니다."

이튿날 나는 정 전무를 내 방으로 올라오라고 했다. 고용 사장으로서 회장의 장남에게 오라 가라 한 것이 언짢았는지 정 전무는 한참 뜸을 들인 후에 올라왔다. 나는 단도직입적으로 본론으로 들어갔다.

"정몽필 전무, 나는 지금 사적인 얘기를 하려는 게 아닙니다. 현대건설 이명박 사장과 현대건설 정몽필 전무 간의 공적인 이야기입니다. 내가 알기로는 사장이 하는 일에 정몽필 전무가 여러 가지로 문제 제기를 하기 때문에 회사 업무가 혼선을 일으키고 있습니다. 확실히는 모르지만 아랫사람들이 내 눈치 보랴, 정 전무 눈치 보랴, 일하기가 매우 어려울 것입니다. 이래서는 회사가 제대로 운영되지 않습니다. 나는 앞으로 정 전무가 독립된 회사의 대표로 나갈 것이며, 장차 그룹 총수가 되리라는 걸 잘 알고 있습니다. 그 과정의 하나로 지금 나와 함께 잠시 일하고 있는 것으로 나는 이해하고 있어요. 그러나 계열사의 대표로 나가든지 그룹 총수로 전체를 떠맡든지 그건 그때의 일이고, 지금은 현대건설 전무인 이상 사장인 내 명령에 따라 주시오. 만일 내 명령을 따르기가 싫다면 정 회장께 말씀드려서 다른 회사로 옮기시오."

정몽필 전무는 의외로 사장인 내 말을 경청했다.

"나는 정 전무보다 나이가 적습니다. 그러나 나이는 적지만 일해 온 연륜으로 보면 나는 정 전무 세대가 아닌, 정 전무 아버지 세대에 속하는 사람입니다. 정 전무가 이 그룹을 책임지게 될 때는 나도 정 전무 아버지 세대와 함께 이 회사에서 손을 떼게 됩니다. 내가 나이는 적지만 아버지 세대라는 점을 이해하고 명심해 주기 바랍니다. 이제 앞으로 어떻게 할 것인지는 정 전무의 선택에 달려 있습니다."

"잘 알겠습니다."

정 전무는 내 말을 받아들였다. 방을 나서는 그의 표정은 처음 내 방에 들어올 때와는 전혀 달랐다.

시간이 좀 흐른 뒤에, 이 문제를 나에게 알려 줬던 그 중역을 불러 요즘은 일하기가 어떠냐고 물었다.

"이상합니다. 정 전무님이 사장님께 굉장히 협조적입니다. 예전에는 '사장 결재 필요 없어. 내가 결재했으니 그대로 진행해.' 하더니, 지금은 반드시 사장님께 보고해서 결재를 맡으라고 합니다. 어떻게 해서 이런 변화가 일어났는지 알 수가 없네요. 혹시 두 분 사이에 무슨 일이 있었습니까?"

"정 전무를 만난 일이 없어요. 아마 정 전무가 온 지 얼마 되지 않아서 업무 파악을 제대로 못한 탓이었을 겁니다. 내가 알기로 정 전무는 그런 사람이 아니에요. 정 전무를 많이 도와주세요."

그 후 정몽필 전무는 현대건설에서의 경영 수업을 짧게 마치고 인천제철 사장으로 부임했다.

왕성한 의욕과 사업 수완을 보이며 일을 시작한 그는, 울산에서 업무를 마치고 서울로 오던 어느 날 불의의 사고를 당해 타계하고 말았다. 울산에서 자고 다음날 와도 되는데, 일에 대한 의욕이 넘쳐 밤길을 달리다가 변을 당한 것이었다. 그의 경영 능력이 막 꽃피던 때였다.

정 회장은 미국에서 장남의 비보를 전해 들었으나 귀국하지 않았다. 장남을 떠나보내는 자리를 차마 지켜볼 수가 없었던 것이다. 그 장례식은 내가 호상이 되어 치렀는데, 여간 착잡하지가 않았다.

내 방에서 정 전무와 벌인 그날의 담판은 지금까지 아무도 모르고 있다. 이 글을 통해 처음 밝히는 것이다.

압구정동 현대 아파트 바람

커다란 나무가 그늘도 크다고 했던가. 국내 매출액 1위의 기업이 되자 시련도 만만치 않았다.

박정희 대통령이 유신 3기의 대통령에 당선되던 1978년 7월 6일, 신문의 1면 톱을 장식한 기사가 있었다. '현대 아파트 특혜 분양 사건'이었다.

이날의 신문은 1면 전체가 현대 아파트 사건으로 도배되고, 2면과 3면도 온통 흥분한 활자들로 가득 찼다. 반면, 대통령 당선 기사는 1면의 한쪽 모퉁이에 아주 조그맣게 실렸다. 일개 기업이 한 나라의 대통령 당선 소식을 신문의 한구석으로 밀어 버린 무례(?)한 사건이었다. 온 세상이 현대를 향해 손가락질했고, 나는 돌멩이를 높이 쳐들고 내리치려는 사람들에게 둘러싸인 성경 속의 여인과 같은 참담한 기분이었다.

이 사건은 재벌의 정경 유착에 혐오감을 갖고 있던 국민 정서에 불을 질렀다. 동시에 영구 집권을 향해 가고 있는 군사 정권에 대한 저항 의식으로 연결됐다. 당황한 정부는 민첩하게 대응했다. 폭발

직전의 민심을 재벌 쪽으로 틀어 버린 것이다. 때맞춰 터져 준 '현대사건'은 유신 3기 대통령의 당선에 대한 국민적 절망감과 분노를 엉뚱한 방향으로 돌리기에 최적의 재료였으리라.

즉시 수사가 이루어졌다. 그 결과 많은 공무원, 은행 인사들이 구속 또는 입건됐고, 언론인 몇 명도 언론의 도마 위에 올라 직장을 떠났으며, 원로 예술인 몇 사람은 명예에 큰 상처를 입었다. 현대 측에서는 정 회장의 둘째 아들인 한국도시개발주식회사 정몽구 사장과 김상진 상무가 감옥에 들어갔다. 그리고 곧이어 한국도시개발 해체 명령이 떨어졌다.

도대체 어떤 사건이었기에 이런 돌팔매를 맞게 되었을까?

현대건설이 압구정동의 버려진 땅을 매립해 대규모 아파트 단지를 세운 것은 내가 부사장이던 1975년부터였다. 나는 그 전 서빙고동 시절부터 현대의 아파트 사업을 주도해 왔고, 압구정동 현대 아파트에 큰 기대를 걸고 있었다.

그때까지만 해도 서민 아파트가 대부분이어서 서울 시민들의 아파트에 대한 인식은 그저 '집 없는 사람들을 수용하는 집단 가옥'이라는 정도에서 크게 벗어나지 않았다. 그러나 질이 높은 아파트를 지어 주거 문화에 대한 고정관념을 깨고 새로운 바람을 불어넣는다면 충분히 가능성이 있는 기획이었다. 이 사업을 구체적으로 추진하기 위해 한국도시개발주식회사라는 자회사를 만들고, 현대건설은 시공을 담당했다.

과연 구매력이 따라 줄 것인가? 한 가닥 불안감은 현실로 나타났다. 분양 공고를 냈으나 신청 창구는 한산하기만 했다. 지금처럼 무슨 자격 요건이나 까다로운 절차가 있던 시절도 아니었다. 영동의 개발이 아직 걸음마 단계였기 때문에 시뻘건 황토가 드러나 있고 모래 먼지가 풀풀 날리는 한강변에 을씨년스럽게 높이 올라간 고층 아파트를 무슨 괴물 보듯이 하는 게 일반적인 시각이었던 것이다.

분양이 지지부진하자 가만히 앉아 있을 수가 없었다. 분양금을 연불 분할 지급으로 바꾸었다. 그래도 안 되자 대금 지급 방법을 대폭 완화했다. 그래도 일반 수요자는 움직이지 않았다. 대신 우리 사회의 상층부 인사들이 분양을 요청하기 시작했다. 분양금 지불 방법을 더 유리하게 요구하면서 여러 경로를 통해 접근해 왔다.

정 회장과 나는 처음에는 이 요구를 묵살하다가, 사회 저명인사들이 입주하면 주거 문화의 새 표본을 널리 알리는 데 효과적일 것이라는 판단에 이르렀다. 그리고 한 걸음 더 나갔다. 공무원, 언론인 등 기왕이면 기업 활동을 하면서 친분이 생긴 사람들도 입주시키자는 의견도 나왔고, 정 회장과 가깝게 지내던 예술가, 학계 인사에게도 권유했다. 그들은 모두 고마워했다. 여기까지는 아무런 문제가 없었다.

문제는 그 다음에 터졌다. 갑자기 아파트 붐이 일어나 불과 1~2년 사이에 맨션 아파트 분양가에 엄청난 프리미엄이 붙어 팔리기 시작했다. 이때 미처 분양을 받지 못한 수요자들이, 아파트 붐이 일기 전에 분양된 압구정동 현대 아파트의 '유리한 분양'을 문제 삼기 시작했다. 입주자가 없어 판촉을 한 것이 '특혜'로 돌변한 것이었다.

그리고 정부는 이 사건을 될 수 있는 대로 크게 부풀려 민심의 분출구로 삼았다.

'한국도시개발을 해체하라'는 정부의 내부 방침이 정해진 뒤 신형식 당시 건설부 장관은 정 회장을 불렀다. 그러나 이때 신 장관은 작은 '실수' 하나를 저질렀다. 바로 정 회장에게 당사자도 아닌 '이명박 사장을 대동하라'고 한 것이었다.

상처와 역전

"이명박 사장을 쫓아내든지, 아니면 다른 계열사로 보내시오. 내가 건설부 장관 하는 동안에는 그 친구 사장 자리에 앉히지 마시오. 안 그러면 현대가 큰 손해를 보게 될 거요."

1976년, 현대가 국내의 율산건설을 제치고 사우디아라비아 주바일의 주택 공사 입찰을 따냈을 때, 당시 신형식 건설부 장관은 정 회장을 불러 이렇게 협박했다. 내가 신 장관에게 이렇듯 눈엣가시로 낙인찍힌 데는 사연이 있다.

중동 진출 초기, 당시 김재규 건설부 장관은 중동에 나가 수주 활동을 벌일 수 있는 국내 업체 수를 10여 곳으로 제한했다. 무리한 진출에 따른 부작용을 사전에 예방하기 위해서였다. 그런데 김 장관이 중앙정보부로 옮겨 가고 공화당 거물 정치인 신형식 씨가 장관으로 오면서 중동 진출 업체를 갑자기 30여 개로 늘렸다.

능력만 있다면야 3백여 개 업체가 나가 달러를 벌어 올 수도 있지만, 늘어난 업체 가운데는 국내 공사도 맡기기 어려운, 급조된 업체도 들어 있었다. 율산건설 같은 데가 그 대표적인 경우였다.

나는 건설부에서 열린 해외 진출업자 회의에서 문제를 지적했다.

"중동에 일찍부터 진출해 많은 공사를 해온 회사의 대표로서 장관에게 충고하지 않을 수 없습니다. 다른 업자들의 중동 진출을 반대하는 것이 아닙니다. 새로 진출권을 얻은 회사 중에는 국내 공사도 시공할 수 없는 이름뿐인 회사도 있습니다. 이들을 내보냈다가 장차 국내 경제에 끼칠 손해와 나라 망신을 어떻게 감당하려고 하는 것입니까?"

신 장관은 노기 서린 음성으로 답했다.

"중동은 지금 최대의 호경기예요. 이런 경기를 타고 많은 업체를 내보내 외화를 벌어 들이려는 것이 정부 방침입니다. 이 사장은 그런 독선적인 발언을 함부로 하지 마시오."

나는 다른 업체의 진출을 막으려는 의도가 결코 아님을 다시 강조했다. 회의에서 나오는 해외국장에게도 같은 말을 하면서 이렇게 덧붙였다.

"내가 반대했다는 사실을 반드시 기록해 두시오. 훗날 많은 업체들이 국가 경제에 깊은 주름을 남기고 해외 건설이 두통거리가 될 때 내가 지금 한 말을 기억해 주시오."

나의 염려는 당장 현실로 나타났다. 현대건설이 주바일의 큰 주택 공사 입찰을 추진하고 있는데 '맨주먹' 의 율산건설이 경쟁자로 나선 것이었다. 턴키 방식 발주였는데, 입찰 결과 현대가 1위, 율산이 2위였다.

그런데 우리 건설부가 현대의 낙찰가가 너무 낮아 덤핑 혐의가 있다고 제재를 가하려고 했다. 나는 덤핑이 아니라는 것을 입증하기 위해 동분서주했다. 우리를 덤핑 처리하면 공사는 자연히 율산에게 넘어가게 되어 있었다. 그때 만난 신 장관은 율산이란 회사에 애정을 갖고 있는 듯했다.

우연히 율산의 입찰 자격 서류를 보고 나는 소스라치지 않을 수 없었다. 놀랍게도 거기에는 고리 원자력 발전소, 소양강 댐 공사 등 현대건설이 시공한 큰 공사들이 율산이 건설한 것으로 올라 있었다. 나는 이 '있을 수 없는 사실'을 신 장관에게 따졌다.

"이미 그렇게 된 것이니 지금 문제 삼으면 오히려 한국 업체 전체를 욕먹이는 일이 됩니다. 문제 삼지 마세요."

건설부가 시간을 끌고 있는 사이 사우디아라비아에서는 자체 경험이 부족하다는 이유로 IBRD 기술자를 불러 서류 심사를 일임해 놓고 있었다. IBRD 기술자들은 서류 심사를 하다가 현대와 율산의 공사 실적이 비슷하고 많은 공사가 서로 겹친다는 기이한 사실을 발견했다. IBRD는 동남아에서 현대와 많은 사업을 함께했기 때문에 현대를 누구보다 잘 알고 있었다. 결국 율산이 제출한 자료가 허위임이 입증됐고, 율산은 실격 처리됐다.

일이 이렇게 돌아가자 신 장관은 오히려 현대가 사우디아라비아에 그 사실을 고자질한 것으로 몰아붙이는 것이었다. 이때부터 신 장관은 나를 못마땅하게 여기기 시작했다.

신 장관으로부터 나를 당장 사장 자리에서 쫓아내라는 말을 들었을 때, 정 회장은 그 사실을 나에게 전하면서 웃기만 했다. 협박이 아무런 효력을 발휘하지 못한 것이다.

그날 아침 한국도시개발 해체 건으로 정 회장과 내가 장관실로 들어가자, 신 장관은 서슬이 시퍼런 표정이었다. 한국도시개발의 범법 행위를 낱낱이 나열한 뒤 결론을 내렸다.

"현대 그룹에서 이 회사를 자진 해체하시오. 그 뜻을 오늘 오후 5시 기자 회견을 열어 발표하시오."

그러고는 담당 국장을 불러 준비해 둔 기자 회견 문안을 정 회장

서른다섯 살짜리 사장

에게 건넸다. 정 회장은 기자 회견문을 받아 들며 물었다.

"이것이 장관님의 방침입니까, 아니면 각하의 방침입니까?"

"각하의 지시입니다. 어김이 없어야 합니다."

우리가 일어서려는데 신 장관이 무슨 생각에서인지 나를 보며 물었다.

"어이, 이 사장, 이 사장은 이 문제에 대해 어떻게 생각해?"

굳이 나를 불러 놓고 회사 해체를 통고하는 장관의 속마음을 읽고 난 나는 심사가 적이 불편하던 참이었다.

"이미 방침을 정하시고 회장님께서 수락한 마당에 제 견해가 무슨 소용이 있겠습니까. 더욱이 저는 한국도시개발의 대표도 아닙니다."

"그러니까 당신 견해를 묻는 거요. 당신이 뭐란다고 달라질 것도 아니잖아."

장관은 반말을 섞는 등 득의양양했다.

"굳이 말씀하라니 제 의견을 말씀드리지요. 저는 회사 해체를 반대합니다. 회사는 법인체입니다. 법인체 자체는 잘못이 없습니다. 잘못이 있다면 잘못한 사람을 처벌하면 됩니다. 무슨 잘못이 있을 때마다 회사를 없애 버린다면 이 땅에 살아남을 회사가 몇이나 되겠습니까? 선진국의 1백 년, 2백 년 된 역사를 가진 기업들을 보십시오. 자본주의 아래서 정부가 이렇게 나온다면 어느 기업이 10년 역사인들 가질 수 있겠습니까?"

내 말이 끝나기도 전에 신 장관은 버럭 소리를 질렀다.

"허, 이 젊은 사장, 이거 소탐대실할 사람이구먼!"

"저는 말씀드리지 않으려 했는데, 장관님께서 굳이 의견을 물으시기에 드린 말씀입니다. 장관님과 회장님 사이에 다 결정난 일인데 지금 소탐하고 또 대실할 것이 무엇 있겠습니까?"

신 장관은 자리에서 벌떡 일어났다.

"5시에 건설부에 들어와 기자 회견을 하시오."

건설부에서 나와 자동차에 오르면서 나는 정 회장에게 말했다.

"대통령의 지시라고 하지만 제 생각에는 아무래도 이상합니다. 논리에 맞질 않아요. 사정보좌관실에 한번 가봐야겠습니다."

"대통령의 방침이 그렇다면 가보나마나지. 이 사장이 그 사람 알아?"

사정보좌관은 뒤에 감사원장을 역임한 바 있는 김영준 씨였다.

"공식적으로 이야기할 수 있는 사이입니다."

"밑져야 본전이니 한번 가보자."

청와대 면접실에서 전화를 걸어 겨우 면담이 이루어졌다. 나는 조금 전 건설부 장관에게 했던 말을 그대로 옮겼다.

"제 개인의 생각으로는 이번 처사가 아무래도 자본주의 경제 논리에 맞지 않습니다. 승복할 수가 없어요. 이를 각하께 말씀드려 주시기 바랍니다."

김영준 씨는 처음에는 다 끝난 일 같다고 했다가, 차츰 내 말에 고개를 끄덕였다.

"이 사장 논리는 충분히 알겠습니다. 그러나 나로서는 지금 뭐라고 말할 수가 없으니 일단 돌아가세요. 변동 사항이 있으면 연락드리지요."

회사에 돌아와 기자 회견 준비를 하고 있는데 사정보좌관실에서 전화가 걸려 왔다.

"각하께 말씀드렸더니 기업을 해체할 필요는 없다고 방침을 바꾸셨습니다. 곧 건설부에도 통고가 갈 것입니다. 이 사장, 당신의 그 논리가 통한 것입니다."

기뻐할 틈도 없었다. 곧이어 건설부 장관의 호출이 있었다. 이번에는 나 혼자 들어오라고 했다.

장관은 얼굴이 말이 아니었다. 안절부절못한 채 경위를 물었고, 나는 사실대로 말했다.

"당신, 그러면 곤란해."

신 장관은 그렇게 말했다. 그러나 사태는 이미 결말이 난 뒤였다.

'소탐대실' 할 뻔한 일이 끝나고 난 얼마 뒤 정몽구 사장도 재판에서 무죄가 확정돼 풀려났다. 분양 신청자가 없어 연불 조건으로 분양가에 판매한 것이 어떻게 죄일 수 있단 말인가. 죄라면 분양 직후에 일어난 아파트 붐이 죄였다. 억지도 이만저만한 억지가 아니었다. 그러나 이 사건은 정 사장의 무죄 석방과 관련 없이 한국도시개발에 아픈 상처로 남았다.

박정희 대통령과의 마지막 만남

나와 박 대통령의 '관계'는 사실 이상으로 증폭되어 왔다. 내 승진이 당시 사회에서는 수용되기 힘들 만큼 파격적이었던 데 견주어 나의 '배경'을 아무리 살펴보아도 짚이는 것이 없자, 그 이유를 대통령에게 떠넘기지 않았나 싶다. 대통령이 밀어 준다고 떠벌린다 해서 누가 확인하려 들 것인가.

내 이미지가 박 대통령과 닮았다는 사실도 그와 나에 대한 소문을 만드는 데 한몫했다. 실제로 20대 초반, 나의 별명은 '리틀 박'이었다. 친구들이 그렇게 부를 때마다 나는 "내가 더 큰데 왜 내가 리틀 박이냐?"며 웃어넘겼다. 인상이 그러한 데다가 일을 많이 한다는 공통점이 가세해 내 뒤에 박 대통령이 있다는 소문이 끊이지 않았던 것이다.

나를 감옥에 들어가게 하고, 사회 진출을 막았던 장본인. 그 장본인이 밀어 줘 출세가도를 달리고 있다는 오해를 받고 있던 내가 박 대통령을 마지막으로 만난 것은 그가 10·26으로 세상을 떠나기 직전인 10월 20일경으로 기억된다.

그날 아침 갑자기 청와대에서 들어오라는 연락이 왔다. 예방 시간은 오후 4시인데, 아침 10시부터 세종문화회관 홀에 예방객들을 집합시켰다. 한 스무 명쯤 될까. 신문사 사장도 눈에 띄고, 새마을 지도자도 섞여 있었다. 경영인은 나 혼자였다. 각계를 망라한 '국민의 대표'들이 대통령과 대화를 갖게 된 것이었다.

이날 모임을 주선한 사람은 차지철 경호실장이었다. 청와대에서 나온 사람들이 모인 사람들 중 몇몇에게만 봉투를 하나씩 줬다. 그 속에는 대통령에게 진언할 내용이 들어 있었다. 나에게도 봉투가 주어졌는데, 들여다보니 '저는 과거에 6·3 데모를 주동한 운동권 출신으로서 오늘의 학생들 사태를 보건대, 그들의 생각이 아주 잘못되었다고 봅니다. 부마 사태는 학생들의 시국에 대한 안이한 발상, 철없는 생각에서 일어난 일시적인 현상입니다. 그러니 걱정하지 않으셔도 조만간…….' 대충 이런 내용이었다.

신문사 사장들, 새마을 지도자 등도 과제를 받아 들고 외우느라 애를 먹고 있었다. 나는 걱정이 태산 같았다. 적어 준 대로 말하자니 마음에 없는 소리라 도저히 양심이 허락하지 않았다. 그렇다고 거역하자니 회사가 크게 다칠 것이었다. 진퇴양난이었다.

모인 사람들이 단체로 점심을 먹는 사이, 판사로 있는 선배에게 공중전화를 걸었다. 조언을 구해 보려는 심사였다.

"발언을 안 할 수 있다면 안 하는 것이 상책이다. 그러나 그들의 비위를 건드리면 자네 회사나 자네에게 큰 보복이 돌아올 것이다. 그 사람들 지금 제정신이 아니야."

아무런 도움이 되지 않는 말이었다. 점심시간이 지나자 발언자들은 자신이 해야 할 말을 달달 외우고 있었다. 발언 순서도 정했다. 신문사 사장 둘이 먼저 발언하고, 그 다음이 새마을 지도자, 그리고 그 다음이 나였다. 이렇게 준비를 갖춘 뒤에 청와대로 향했다.

대통령은 몹시 여위었고, 얼굴에는 수심이 가득했다. 우리는 접견실에서 대통령을 만났다. 대통령의 등 뒤에서 차지철 경호실장이 눈짓으로 우리 일행의 발언 순서를 지시하고 있었다.

신문사 사장 두 사람은 각본대로, 듣기에 좋은 말을 했다.

나는 진땀을 흘리고 있었다. 죽어도 각본대로 할 수는 없다는 생각이 굳어 있었다. 비굴해지지 말자고 몇 번이나 다짐했다. 그러면서도 나는 '회사에 누를 안 끼치면서 저 양반에게 도움될 만한 말을 할 수 없을까?' 하는 조바심으로 침이 바짝바짝 말라 갔다. 대통령 뒤에 서 있는 차지철 실장이 더욱 커보였다.

새마을 지도자의 순서였다. 그는 할아버지였는데, 너무 긴장한 나머지 이야기하듯이 말을 꺼내지 못하고 초등학교 1학년생이 책을 읽듯이 외운 내용을 쥐어 짜냈다.

"전국의 새마을 지도자들을 대표하여 한 말씀 드리겠습니다. 우리 각하의 말씀을 받들어……."

그만 거기서 말문이 막혀 버리고 말았다. 1분이 흐르고 3분이 흘러도 할아버지는 말을 잇지 못했다. 할아버지는 완전히 얼어 버려 임기응변도 불가능한 상태였다. 차지철 실장의 얼굴이 노랗게 변했다. 마침내 대통령이 나섰다.

"외우셨다가 잊어버리셨군요?"

어색함을 어찌하지 못하던 좌중에서는 역시 어색한 웃음이 잠깐 흘러나왔다.

"이제 그만 하시지요."

대통령은 더 이상 외워 온 진언을 듣지 않겠다고 말한 것이었다. 접견실을 나서는 대통령의 뒷모습이 더없이 왜소해 보였다.

나는 십년감수한 것 같았다. 새마을 지도자가 그렇게 고마울 수가 없었다.

그리고 며칠 뒤 10·26이 터졌다. 나는 진땀 속에 진행되던 '국민과의 대화'를 새삼 떠올리면서 보좌역이 얼마나 중요한 것인가를 생각했다. 만일 보좌관들이 대통령을 올바로 보좌했다면 10·26 사태까지는 가지 않았을 것이다.

강한 자는 우회하지 않는다

거울을 들여다보니 정말 눈에 붉은 액체가 고여 있었다.

손수건에 검붉은 액체가 묻어 나왔다. 피눈물이었다.

그저 문학적인 수사로만 존재하는 줄 알았던 피눈물을 실제로 본 것은 이번이 처음이었다.

하, 이거 곤란한 사람이네

1977년 35세에 현대건설 사장이 된 이후 나에게 닥쳐온 정치 상황은 문자 그대로 광풍이었다. 2년 뒤 10·26이 일어났고, 이어 1980년, 신 군부의 어두운 터널을 빠져나와 5공·6공을 통과해 오는 동안 나는 한 기업의 대표로서 권력의 돌풍 앞에 그대로 노출되곤 했다.

10·26 이후, 이른바 '서울의 봄'이 찾아왔다. 그러나 봄 같지 않은 봄이었다. 그 이상한 봄날이 계속되던 어느 날 오전 11시 30분쯤이었다. 낯선 남자 둘이 광화문 사옥 내 사무실에 불쑥 들어섰다.

"좀 갑시다."

그들은 설명도 일절 없이 다짜고짜 가자고 하는 것이었다.

"가보면 압니다. 사무실 밖에서 얘기 좀 하자는 겁니다."

그들을 따라 1층으로 내려오자, 두 사람은 나의 두 팔을 양쪽에서 끼고 끌고 나갔다. 내가 차를 부르겠다고 하자 그들은 즉시 제지했다.

"당신 차 필요 없어요. 우리가 차를 가져왔으니까."

검은 승용차였다. 그들은 뒷자리 가운데에 나를 앉혔다. 행선지를 물었으나 그들은 대답하지 않았다. 나는 거듭 물었다.

"일단 종로서로 갑니다."

종로서에 도착하자마자 그들은 나를 거칠게 다루기 시작했다. 한마디 설명도 없이 나를 독방에 집어넣었다. 영문도 모르는 나는 범죄인 취급을 받고 있었다. 회사에 연락도 할 수가 없었다.

두세 시간을 그렇게 가두어 놓더니 설렁탕 한 그릇을 넣어 주었다. 허기를 겨우 채우고 났을 때, 종로서 소속 경찰관 한 사람이 와서 은밀하게 알려 줬다. 다른 곳에 가서 조사를 받게 될 것이니 빨리 회사에 연락해 모든 서류를 치우도록 하라는 것이었다. 그가 망을 보는 사이 나는 문 밖에 있는 전화로 회사에 연락했다.

"어느 기관인지는 모르겠으나 잠깐 조사를 받기 위해 와 있으니 그렇게 알아."

나는 그때까지 잠깐이면 될 줄로 알고 있었다. 내가 아무런 죄가 없는데 저들이 설마 나를 어떻게 하랴 싶었던 것이다.

얼마 후 나는 다시 검은 승용차에 실려 남산 쪽으로 올라가다가 길가에서 미리 대기하고 있던 다른 승용차로 옮겨졌다. 나를 이곳까지 연행해 온 사람들과 새로 인수받는 사람들이 인수 인계 절차를 밟듯 서류에 사인을 하고 있었다. 이 사람들 하는 일이 그리 효율적이지 못하구나 하는 생각이 스쳤다.

나는 남산 중앙정보부 지하실로 끌려갔다. 거기 가서야 내가 연행되어 온 이유를 알 수 있었다. 현대 그룹 정주영 회장이 3김씨에게 정치 자금을 주고 있다는 정보가 있으니 그 사실을 털어놓으라는 것이었다. 나는 이들이 3김씨를 잡으려고 한다는 것을 직감했다. 그것이 '서울의 봄'의 실체였다.

"난 3김씨를 만나 본 적도 없습니다. 그런데 왜 나를 불러 이런 식으로 조사하는 겁니까?"

"우리도 조사해 보니까 당신이 정치 자금을 준 일은 없는 것 같소. 그러나 정 회장이 정치 자금을 대고 있다는 정보가 있어요. 그렇다고 노인네를 불러다가 조사할 수도 없고, 당신이라면 정 회장이 누구에게 얼마를 줬는지 자세히 알고 있을 것 아니오. 그걸 말하시오. 당신이 여기에 와 있는 걸 아는 사람은 아무도 없소. 그리고 그 얘기를 하기 전에는 여기서 나갈 수 없다는 사실을 명심하시오."

"정 회장님이 3김씨에게 정치 자금을 줬다는 소리는 들은 적이 없어요. 그분이 그런 일을 할 분도 아닙니다. 뭔가 잘못된 정보를 입수한 것 같습니다."

나는 침착하게 말했다.

"이 사람 이거, 여기가 어딘 줄 알고 얕은수를 쓰려는 거야. 말을 하기 전에는 이 지하실에서 나갈 수 없다는 것을 알고 말하는 거야?"

나는 거듭 완강하게 부인했다. 그들은 잠깐 머뭇거렸다.

"좋소. 그러면 타협을 합시다. 당신은 정 회장이 그 사람들에게 정치 자금을 주는 것을 본 일도 없고 들은 일도 없소. 그걸 믿기로 합시다. 그 대신 정 회장이 그 사람들에게 정치 자금을 주었을 가능성은 있다, 그것만 인정하시오. 실제로 가능성은 있는 것 아니냐 이 말이오. 과거에도 그랬으니까 지금도 그럴 것이라는 것은 어린애들도 알아요. 그렇지 않다면 3김씨가 무슨 돈으로 저렇게 뛰어다니겠소. 그러니 그것만 인정하시오. 그것마저 못한다면 우리는 다른 방법을 쓰는 수밖에 없소."

수사관은 고문을 암시했다. 협박이었다. 사실이 아니라 가능성을 인정하라는 기묘한 수사였다. 그런 가능성이야 이 세상 누구에게나 있을 수 있는 것 아닌가. 그 가능성만으로 대기업 회장을 옭아매고, 나아가 '서울의 봄'을 구가하고 있는 세 정치인을 잡자는 것이었다. 신군부의 계획은 섬뜩했다.

그러나 나의 대답은 한 가지뿐이었다.

"나는 정치 자금이 무엇인지도 모릅니다. 정 회장님도 박정희 대통령에게는 어땠는지 모르겠지만 요즘 3김씨에게 정치 자금을 준 일은 절대로 없습니다. 또 현대 그룹 회사들이 정치 자금을 낸 일도 없습니다."

그들은 나의 답변을 받아들이지 않았다. 그러나 나는 기왕 남산 지하실까지 끌려온 이상 모든 일을 내 선에서 봉쇄해 버리기로 작정했다. "일개 사장이 무얼 알겠는가. 정 회장이나 각 계열사에서 정치 자금을 댈 수 있을지 모르겠다. 그러나 나는 직접 알지 못하는 일이다"라고 말하면 그 선에서 매듭이 지어질 수도 있을 것 같았다. 그러나 그렇게 일이 처리되고 나면 또 다른 현대 사람이 끌려와 조사를 받게 될 터이고, 그 과정에서 없었던 일이 사실로 왜곡될 가능성은 얼마든지 예상할 수 있었다. 시간이 지날수록 그들의 언행은 거칠어졌다.

"이 새끼가 갈수록 더 건방지게 나오네. 너의 위치에서 아는 것은 안다고 하고 모르는 것은 가능성만 얘기하면 되지, 딱 잡아떼? 우리를 무슨 바지저고리로 알고 하는 소리 아냐? 당신 고생 좀 해봐야겠어."

"나도 그런 일 정도는 알 만한 위치에 있소. 그러나 내가 아는 한 정 회장이나 계열사들에 그런 일은 절대 없소."

오후 3시경에 시작된 조사는 밤늦은 시간까지 계속되었으나 아무런 결론도 나지 않고 있었다. 수사관들은 잠시 밖으로 나갔다가 들어왔는데, 태도가 완전히 바뀌어 있었다. 험악한 얼굴과 협박조의 말투를 버리고 만면에 웃음을 지었다.

"이거 봐요, 이 사장. 사실 정 회장이야 뭐 노인네라 무슨 잘못이 있어도 당하지 않아요. 그러나 당신은 달라. 여기서 무슨 일을 당해도 아무도 모르게 되어 있단 말이오. 그리고 털어서 먼지 안 나는 사람 있나? 여기 들어온 이상 협조를 안 하면 잘못되게 되어 있어요.

지금 우리가 정 회장의 없는 죄를 만들어 기업을 다치게 하자는 게 아니잖아요. 정치인들의 자금줄을 알아보려는 것뿐이라니까 그러네. 당신보고 누굴 고자질하거나 배신하라는 것도 아니지 않소. 그저 그럴 수 있다는 가능성만 시인하면 그뿐 아니오. 왜 그렇게 고집을 부리면서 고생을 자초하는 거요."

협박이 먹혀 들어가지 않을 것 같자 일단 회유책을 써보자는 그들의 작전이 보였다. 나는 물러서지 않았다.

"다시 대답하지요. 현대 그룹에서 3김씨에게 정치 자금을 댄 일도 없거니와, 그럴 가능성 또한 절대로 없습니다."

"하, 이 사람 이거 곤란한 사람이네."

조사는 새벽까지 이어졌다. 수사관들은 다시 밖으로 나갔다가 한참 만에 돌아오더니 나에게 넥타이도 바로 매고 옷도 고쳐 입으라고 했다. 밖으로 나왔다. 그들은 나를 승용차에 태우고 새벽길을 달려 퍼시픽 호텔에서 내렸다. 내가 들어간 곳은 응접실이 딸려 있는 큰 방이었다. 지위가 꽤 높아 보이는 사람이 기다리고 있었다.

"어젯밤에는 고생이 많으셨지요. 아랫사람들이 결례를 범하지나 않았는지 모르겠습니다."

틀에 박힌 표정에 감정이 없는 목소리였다. 나는 여기가 마지막 고비일 것이라는 예감이 들었다.

"다른 기업주들도 이 방에 오셔서 잘 협력해 주고 그냥 돌아갔습니다. 이 사장께서도 잘 협조해 주시고 잘 돌아가시게 되길 빕니다. 하지만 협조를 안 해주시면 곤란한 일이 생깁니다. 현대 그룹 정 회장이 정치인들에게 정치 자금을 대고 있다는 것은 공공연한 비밀입니다. 다른 기업주들은 다 털어놓았습니다. 약간의 확인 절차를 밟기 위해 수고를 끼치는 것입니다. 이제 말씀해 주시지요."

"그런 일 없습니다. 그룹 차원에서 정치 자금을 내는 일은 상상도 할 수 없는 일이고, 정 회장 개인으로서도 여당이라면 모를까 야당에 정치 자금을 댈 분이 아닙니다."

"당신이 그걸 어떻게 알아?"

"그 정도는 알 만한 위치에 있습니다."

"이봐, 당신은 모르는 일은 모른다고만 하면 그만이지, 왜 우리가 조사할 수 있는 명분마저 부정하려고 드는 거야?"

"당신들의 명분이 무엇인지 모르겠으나 나는 알고 있는 사실을 확실하게 말한 것뿐입니다."

"이 사람, 아무래도 안 되겠구먼."

지위가 높은 사람도 어쩔 도리가 없었는지 체념하는 기색이 역력했다.

"당신이 정 그렇게 나온다면 할 수 없지. 하고 싶은 얘기 다 했으면 여기 지장이나 찍으시오."

내가 한 말을 그대로 받아 적은 진술서였다. 나는 엄지에 인주를 묻혀 지장을 찍었다. 조사가 끝나서인지 그는 나에게 호감을 표시하며 공손하게 말했다.

"고생하셨습니다."

그들은 나를 승용차에 태워 회사 근처의 길가에 내려 줬다. 회사는 발칵 뒤집어져 있었다. 만 하루 동안 사장의 행방이 묘연했으니 당연했다. 그러나 나는 누구에게도 그 하루 동안의 일을 발설하지 않았다. 남산과의 약속 때문만은 아니었다. 이런 사실이 알려질 경우 회사 분위기에 해가 되면 되었지 아무런 도움이 되지 않을 것이 분명했다. 정 회장에게는 간단하게, 지나가는 말처럼 보고한 것이 전부였다.

"정치 자금 문제로 오해가 좀 있었던 것 같습니다. 기관에 불려가 조사를 받았는데, 회장님이나 계열사의 누구도 정치 자금을 댄 일이 없다고 말하고 돌아왔습니다."

정 회장도 더 이상 묻지 않았다.

5공 초기의 현대와 신군부와의 관계는 아주 나빴다. 단순히 길들이기의 차원을 넘어 재계 개편 시나리오에 의한 타도 작전을 방불케 하는 공격이었다. 그러다가 5공 중반에는 밀월 관계가 이루어진다. 그러고는 말기에 가면 다시 관계가 악화되면서 정주영 회장에게 정치에 대한 환멸과 권력에 대한 동경이라는 모순된 정서를 심어 주게 된다.

피눈물을 흘리다

현대 그룹의 운명을 뒤흔들 만한 중대한 위기는 '중화학공업 투자 조정'이라는 신군부의 경제 정책으로 닥쳐오고 있었다. 무소불위의 '국보위' 시절이었다.

이 무렵 해외에서 공부하고 돌아온 경제학자들과 국내의 일부 학자들이 신군부의 경제 정책 수립에 참여하면서 중화학공업의 중복 투자를 한국 경제의 큰 장애물로 규정하고 과감한 정책 변화를 주장하고 나섰다. 이 같은 주장은 경제계를 재편, 국가 분위기를 쇄신해야 한다는 포부를 지니고 있던 신군부 지도자들에게 곧바로 먹혀

들었다.

요즘 자동차 생산 회사가 여럿 있다는 것을 두고 중복 투자니 국력의 낭비니 하고 비판하는 사람은 없다. 경제는 경쟁의 원리에서 살아나며, 경쟁은 공정한 룰에 바탕을 두어야 한다. 경쟁의 원리와 공정한 룰이 얼마나 보장되느냐에 따라 선진국과 후진국이 구분된다.

그러나 불과 10여 년 전, 일부 학자와 경제 관료, 권력 핵심부에서는 자동차 공장도 하나, 발전 설비 공장도 하나로 합쳐야만 국가 경제가 발전한다는 궤변에 빠져 있었다.

중화학공업 투자 조정 정책은 제법 복잡한 것이었지만, 그 중에서 골자는 자동차와 발전 설비를 어떻게, 어디로 통합시키느냐는 것이었다. 구체적으로는 현대자동차와 대우자동차, 아세아자동차를 하나로 묶고, 발전 설비도 대우 옥포조선소와 현대의 현대중공업, 그리고 창원의 현대양행(지금의 한국중공업)을 하나로 통합한다는 구상이었다.

1970년대 이후 줄곧 중공업 쪽에 심혈을 기울여 온 현대 그룹으로서는 자동차와 발전 설비 그 어느 것도 포기할 수 없었다. 진퇴양난의 벼랑이었다. 자동차 산업에 거는 현대의 기대와 열정은 실로 커다란 것이었다. 현대자동차가 막 세계로 진출하려는 시점이기도 했다. 통폐합은 있을 수 없었다.

발전 설비도 마찬가지였다. 현대는 이미 원자력 발전소의 설비까지 제작할 수 있는 능력을 갖고 있었다. 이 분야를 포기한다면 국내의 거대한 화력 및 원자력 발전소 시장을 놓치는 것이었다. 자동차와 발전 설비 두 분야는 현대가 피와 땀으로 쌓아 올린 '공든 탑'이었다. 신군부의 중화학공업 투자 조정은 마치 현대 그룹을 포획하기 위한 그물처럼 느껴질 정도였다. 그러나 신군부의 정책은 이미 공개되었고, 우리에게는 선택만이 남았다.

현대에서는 참모진들이 회의를 거듭한 끝에 정주영 회장이 최종적으로 자동차를 선택하기로 결정했다. 앞으로의 발전 가능성이 무한한 미래 산업이기 때문이었다. 발전 설비는 매력적이긴 하지만 생산 자체가 부정기적이며, 만일 발전 설비를 생산하지 못하더라도 원자력 발전소나 화력 발전소 건설 공사에는 참여할 수 있을 것이라는 진단이었다. 지금 와서 생각해도 정 회장의 그 판단은 정확했다.

내부 의견을 수렴한 뒤 나는 혼자 국보위에 출두했다. 면담 상대는 육사 17기, 18기인 두 장교였다. 두 장교는 현대가 선택하기만 하면 된다면서 자동차와 발전 설비 중 어느 것을 택하겠느냐고 물었다.

"선택을 하기 전에, 왜 선택을 해야 하는지 그 이유를 모르겠습니다. 중화학공업이 지금 보기에는 과잉 투자 같지만 머지않아 오히려 부족한 시대가 올 것입니다. 경쟁이 되는 기업들을 모두 통합해 버리면 시장 경제 제일의 원칙인 경쟁이 사라져 경제가 허약해질 우려가 큽니다. 현대가 자동차와 발전 설비 둘 다를 안 내놓고 싶어서가 아닙니다. 우리 경제의 미래를 생각해 볼 때 우리는 투자 조정 발상 자체가 잘못되었다고 생각합니다."

"원칙 문제에 대해서는 이미 충분한 논의와 검토가 끝났습니다. 이제 와서 이론을 달 필요가 없습니다. 현대가 어느 쪽을 택할 것인가 그것만 밝혀 주면 됩니다."

첫날 대화는 아무런 접점이 없는 평행선이었다. 다음날 또 면담을 했으나 진전은 없었다. 그러나 한 가지는 느낌으로 알아낼 수 있었다. 국보위 측은 벌써부터 우리와 선택의 상대가 되는 기업측과 상당한 수준의 사전 교감이 있었고, 그 사이 우리만 소외되어 있었다는 사실이었다. 국보위와 그 상대 기업은 우리가 발전 설비를 택하기를 내심 바라고 있었다. 아니, 이미 현대는 발전 설비를 맡는다고 내부 결정을 내린 뒤 우리로 하여금 그쪽으로 가도록 유도하기 위한 과정이 이 면담이었다고 나는 판단했다.

국보위에 세 번째 들어갔을 때, 면담 장교는 마침내 속마음을 드러냈다.

"현대 그룹은 그동안 중공업에 많은 투자를 해왔고 그룹 성격도 그쪽으로 치중돼 있을 뿐만 아니라 건설이 주력 업종이니 당연히 발전 설비를 가져야 앞으로의 발전에 유익하리라고 생각합니다."

"현대는 자동차 산업을 택하겠습니다."

나는 단도직입적으로 말했다. 그들은 당황했다. 그리고 곧 발전 설비를 가져가라는 강요에 들어갔다. 나는, 통합 자체를 승복하지 않지만, 그래도 통합이 불가피하다면 자동차를 포기할 수 없다는 것이 현대의 확고한 방침이라고 밝혔다.

국보위 장교들은 현대가 발전 설비를 택해야 하는 이유를 장황하게 늘어놓았다. 나는 흔들리지 않았다. 예상했던 대로 협박과 위협이 날아들었다. 그래도 내가 물러서지 않자, 이번에는 내 개인 신상을 물고 늘어지기 시작했다.

"당신 지금 어디서 살고 있어요?"

"강남에 삽니다."

"아파트요?"

"아파트가 아니라 제법 큰 단독 주택에서 살고 있습니다."

"하, 그렇습니까? 난 수돗물도 잘 안 나오는 산꼭대기 열세 평짜리 아파트에 삽니다. 당신들이 좋은 집에서 호의호식하고 살 때 우리는 국가의 앞날을 걱정하고 있습니다. 정부가 결단을 내려 하는 일에 협조를 안 하고 이렇게 나와도 되는 겁니까?"

나는 가만히 듣고 앉아 있을 수가 없었다.

"두 분이 국비로 사관학교를 다니는 동안, 나는 고학으로 대학에 들어가 이태원에서 새벽 쓰레기를 치우는 리어카를 끌면서 대학을 다녔습니다. 두 분 부모님들이 두 분을 중고등학교에 보내 줄 때, 나는 학비는 물론 끼니도 혼자 해결해야 했습니다. 대학을 졸업한 후에 회사와 함께 해외로 나가 외화를 벌어들이느라 밤낮을 잊고 일했습니다. 두 분께서 아는지 모르지만 1974년 우리나라는 외환 보유고가 바닥나서 국가 경제가 부도 직전이었습니다. 그 위기를 해외 건설 근로자들이 벌어들인 달러로 넘겼습니다. 두 분이 육사를 졸업하고 근무하는 동안 전쟁이 있었습니까? 나는 그야말로 전쟁판 같은 해외시장에 뛰어들어 외화를 벌기 위해 하루 18시간씩 일하면서 너덧 시간 이상은 자본 적이 없습니다."

그때 한 장교가 말을 막았다.

"우리도 전쟁에 참여했습니다. 베트남 전쟁 말이오."

나는 쓴웃음을 참고 다시 말을 이었다.

"군인이라는 이유만으로 여러분이 애국자이고 내가 기업인이라는 이유만으로 비애국자라는 식의 논리는 받아들일 수 없습니다. 기업이 비판의 대상이 될 수는 있어요. 하지만 기업의 긍정적인 역할까지 무시하는 태도는 올바르지 않습니다. 당신이 산꼭대기 아파트에 산다고 했는데, 나는 그보다 더 험한 달동네에서도 살아 본 사람이오. 그리고 현대건설이라는 큰 기업체의 사장인 내가 큰 집에 사는 게 뭐가 잘못됐습니까? 그 집은 회사에서 외국 손님들이 오면 접대하라고 지어 준 집입니다. 그것이 잘못되었다면, 내가 지금 당신네들이 사는 아파트 수준으로 낮추어 가야 한다는 것입니까? 그것이 당신네들이 나라를 다스리려는 목표입니까? 빠른 시일 안에 당신 같은 군인, 공무원들을 나와 같은 부의 수준으로 끌어올리는 것을 정치의 목표로 삼아야지, 성실하게 일해서 잘사는 사람들을 밑으로 끌어내리려는 마음으로 어떻게 새로운 정치를 하겠다는 것입니까?"

"그런 뜻으로 한 얘기는 아니었습니다. 기업인들이 자기 기업 이익만 생각하고 대국적 견지에서 나라 전체의 이익을 돌보지 않는 것 같아 해본 말입니다."

이 날도 논쟁은 끝나지 않았다. 나는 회사로 돌아와 정 회장과 의논하고 다시 국보위로 가서 합의를 이루려는 시도를 반복했다. 그러나 시간이 지날수록 나는 벼랑에 몰리고 있었다. 칼자루는 내가 아니라 그들이 쥐고 있었던 것이다.

그러던 어느 날 밤, 정부 부처의 아는 사람으로부터 만나자는 전갈이 왔다. 비밀리에 이루어진 만남이었다. 그는 군인들의 '개혁' 작업을 돕고 있었는데, 나를 보자 걱정스러운 표정을 지었다.

"이 사장, 당신이 뭘 몰라서 그러는 것 같은데, 지금은 비상시국이란 말이오. 고집 부려서 해결될 일이 아니오. 입 다물고 동의하세요. 시간은 이 사장 편이 아닙니다. 내일 당장에라도 나가서 동의하세요. 현대 그룹의 운명이 걸린 일입니다."

그와 헤어진 후 밤새 그 사람의 속마음을 헤아려 보았으나 명쾌한 결론이 나지 않았다. 현대 그룹과 나를 진심으로 걱정하는 것 같기도 했지만, 거꾸로 저쪽 편에 서서 나를 회유하는 것이 아닌가 싶기도 했다. 부드러운 협박일 수도 있었다.

다음날 정 회장에게 그 관리의 말을 전했다.

"마지막 단계인 것 같습니다. 어떻게 하면 좋겠습니까?"

정 회장은 피곤해 보였다. 10·26 이후 현대가 받은 시달림은 그룹 총수의 결연한 의지와 투지만으로 헤쳐 나가기에는 너무 강력하고 또 파상적이었다.

"가서 노력해 보고 최종적으로 안 되면 합의해 줄 수밖에 없어. 대세가 그리로 가고 있다면."

정 회장은 나에게 도장을 내밀었다.

"회장님, 이 도장을 어떻게 하라는 것입니까?"

"대세가 그런 걸 이 사장이 부담 가질 것 없어."

"도장을 찍을 거라면 회장님께서 직접 가십시오. 그렇지 않더라도 회사를 대표해 보낼 사람이 얼마든지 있지 않습니까?"

"이 사장이 지금까지 다녔으니 이 사장이 매듭을 짓게."

나는 정 회장의 도장을 넣고 국보위로 향했다. 여느 때와 마찬가지로 격론이 오갔다. 내가 기댈 데는 나의 원칙론인 통합불가론밖에 없었다.

"특히 자동차 산업은 기계 산업의 꽃입니다. 이걸 하나로 묶어 놓으면 경쟁력이 떨어져 수출 산업으로도 크지 못하고 국민들의 짐만 될 것입니다. 인도의 경우를 보세요. 그 나라는 자동차 회사가 국영 하나밖에 없는데, 기술 개발은 안 되고 경영은 방만해서 적자입니다. 자동차 모델은 케케묵은 구형에다 성능도 형편없습니다. 그런데 가격은 비싸고 생산량도 적어 한 대 사려면 몇 달을 기다려야 합니다. 경쟁을 없애고 단일 회사만 존재하게 했을 때의 폐해는 직접 보지 못한 사람은 실감하기 어렵습니다. 우리는 현재 중복 투자인 것처럼 보이지만, 경기가 불황이고 산업화가 본궤도에 진입하지 않아서 그렇지, 조금만 지나면 모두 수출 산업의 효자 노릇을 하게 됩니다. 자동차 산업의 통합은 재고해야만 합니다."

"이 사장, 외국에서 공부하고 돌아온 석학들이 내놓은 보고서를 근거로 결정한 일인데, 당신이 뭘 잘 안다고 계속 쓸데없는 이론을 펴는 거요."

"그 사람들이 무엇을 근거로 통합을 주장했는지 모르지만, 산업 사회의 현실과 미래는 기업에 있는 사람들이 더 잘 알 수 있어요. 시장 경제의 원리이자 원동력인 경쟁 구조를 배제하고 독점 기업을 육성해야 자본주의가 성공한다는 이론은 어떤 경제학 교과서에도 없습니다. 독점 기업은 출발 당시에는 잘되는 것 같지만 이내 한계에 부딪힙니다. 하지만 경쟁 사회 속의 기업은 무한하게 발전합니다. 그런 국가의 경제가 보다 건강합니다. 무리하게 통합을 성사시키면 눈앞의 문제는 해결할 수 있을지 몰라도 앞으로 세계 시장 진출은 불가능해집니다. 아마 그때 가면 지금의 결정이 얼마나 어리석은 일이었는지 확연하게 드러날 것입니다."

"우리가 당신 강의를 듣자고 여기 있는 줄 알아. 더 이상 시간이 없으니 합의를 하든지, 아니면 당신네 마음대로 하시오."

오전부터 시작된 격렬한 면담은 저녁이 지나고 늦은 밤이 될 때까지 계속됐다. 하룻밤을 더 넘기며 시간을 번다고 해도 달라질 것 같지 않았다. 분위기는 갈수록 살벌해졌다.

나는 정 회장의 도장을 꺼내 책상 위에 올려놓았다.

"정 그렇다면 정부 시책대로 도장을 찍으시오. 여러분의 처분에 따르겠소."

그러나 내 손으로 도장을 찍어 줄 수는 없었다. 장교 중에 부하가 다가와 정 회장의 도장을 들어 찍으려는 순간, 내 의중을 간파한 책임자급 장교가 발길로 책상을 차며 일어났다.

"야, 찍지 마!"

그 상관은 후에 내가 도장을 찍지 않고 자기들이 도장을 찍었다는 사실이 문제가 될 수 있음을 알고 있었던 것이다. 그리고 부하에게 명령했다.

"이봐, 끝내. 이 사람, 아직 정신 못 차린 것 같다."

화가 치밀어 오른 그는 나를 노려보았다.

"이만 돌아가도 좋습니까?"

"빌어먹을……. 돌아가!"

"이 도장은 당신들이 쓰겠습니까?"

"쓸모도 없는 그깟 도장, 가지고 가."

국보위에서 나오니 한밤중이었다. 광화문 사옥은 정 회장 방 말고는 모두 불이 꺼져 있었다. 회장 방으로 들어서면서 인사를 하는데 정 회장은 내 얼굴을 한참 바라보고 있었다.

"찍어 줬어?"

"안 찍었습니다. 도장 여기 있습니다."

"아, 그래? 어떻게 된 건가?"

"내일 천천히 말씀드리겠습니다."

정 회장은 다시 내 얼굴을 보고 있었다.

"어이, 당신 눈에서 피가 나고 있어."

"그럴 리가요. 눈에는 이상이 없습니다."

"아니야, 피가 나고 있어. 거울을 보라고."

회장실 입구에 있는 거울을 들여다보니 정말 눈에 붉은 액체가 고여 있었다. 손수건에 검붉은 액체가 묻어 나왔다. 피눈물이었다. 그저 문학적인 수사로만 존재하는 줄 알았던 피눈물을 실제로 본 것은 이번이 처음이었다.

싸움에 승산이 있어서 대결했던 것은 아니었다. 국보위를 상대로 대든 나의 논리는 당시 정황으로 보면 웃음거리가 되기에 충분했다. 그러나 중공업 정책이 잘못되었으며 공정한 룰에 의한 경쟁만이 살아남는다는 나의 경제적 논리가 그때 내가 버틸 수 있는 유일한 소신이었다.

나의 정면 대결은 국보위로 하여금 자동차 산업 통합을 끝내 일단락 짓지 못하게 했고, 문제를 상공부로 이관케 하는 계기를 만들었다.

이 문제가 상공부로 넘어오면서 통합 문제는 공개적인 논쟁으로 옮아 갔다. 상공부가 주최한 회의에서 정주영 회장은 강하게 산업 통합의 부당성을 주장했고, 결국 자동차 산업은 통합되지 않았다. 만일 그때 자동차 산업이 통합되었다면, 지금 한국 자동차 산업과 기계 산업 수준은 인도의 경우와 크게 다를 바 없으리라.

그때 통합된 발전 설비는 두고두고 후유증을 남겼다.

신 군부와 전경련 회장

국보위 시절이 지나고 5공 정권이 출범한 직후, 전두환 대통령은 경제인 단체인 전경련 체제를 뒤흔드는 일을 경제계 재정비의 신호탄으로 삼았다. 전경련은 당시 상공부 산하 단체여서 상공부 장관의 지시 감독을 받았다.

서석준 상공부 장관이 전 대통령의 지시라며 급히 나를 찾았다. 보통 일이 아닐 것 같다는 예감이 엄습했다. 국보위 시절은 지나갔지만, 나를 만나자고 했던 그 관리의 귀띔대로 '비상시국'이었던 것이다. 나는 곧장 장관실로 갔다.

"이 사장, 정주영 회장이 전경련 회장직에서 물러났으면 합니다. 아주 자연스러운 방법으로 말입니다. 그걸 의논하자고 이렇게 불렀습니다."

"도대체 사유가 무엇입니까?"

"사유를 댈 사안이 아닙니다. 대통령 특명입니다. 사흘 안에 사표를 자연스럽게 제출하는 것이 좋겠습니다. 그렇지 않으면……."

"나는 정 회장을 그룹 회장으로 모시고 있는 사람입니다. 전경련 회장직에 관한 문제라면 전경련 상근 부회장 등 그쪽 조직을 통하셔야지, 왜 기업에서 모시고 있는 나에게 전경련 회장 얘기를 하십니까? 장관님께서 직접 본인에게 통보를 하시지요."

"그러잖아도 우리끼리 의논을 했습니다. 이 일을 있는 그대로 전달할 사람은 이명박 사장 당신뿐이라는 결론을 내렸습니다. 이건 공식 통보입니다."

"이유라도 좀 알고 가야겠습니다."

"이제 새로운 정권이 탄생했으니 경제계도 새 모습을 보여야 하는 것 아니겠습니까. 그러기 위해선 새 사람이 나서야 합니다."

서 장관은 직접적으로 거론하지는 않았지만 포항제철 박태준 회장을 재계의 리더로 내세우려는 각본을 짜놓았다는 느낌을 받았다. 나는 후임이 누구냐고 물었다.

"후임은 누구입니까? 장관께서도 알다시피 전경련은 순수 민간단체인데, 정부가 일방적으로 회장을 갈아 치운다면 그게 무슨 새로운 정부라고 할 수 있습니까?"

서 장관은 놀라는 눈치였다. 당시 상황에서 전두환 대통령의 결정에 이의를 단다는 것은 상상도 할 수 없는 일이었다.

"아, 이 사장은 전달만 하면 되는데 무슨 말이 그렇게 많습니까. 이게 보통 일이 아닙니다."

예삿일이 아니라는 것은 누구보다 내가 잘 알고 있었다.

"그러나 내가 납득하기 어려운 이야기를 갖고 가서 납득을 시키라니, 말이 되지 않습니다."

"이 사장, 이 일은 그런 차원이 아니오. 돌아가서 전하시오."

나는 사옥으로 돌아오자마자 정 회장에게 사실대로 전했다. 정 회장은 예상하지도 못했을 터이니 무슨 방도가 있을 리 만무했다. 나에게 의논해 올 것이 분명했다.

"이 사장은 어떻게 생각해? 이런 판국에 자칫 잘못했다간 회사에 큰 피해가 돌아올 텐데 함부로 할 수도 없고."

"무엇보다도 이 일을 일절 외부에 알리지 말고 지켜보는 게 좋겠습니다. 사흘 안에 물러나라고 하지만, 당분간 물러나서는 안 됩니다. 물러날 때 물러나더라도 명분이 있어야 하는데, 지금은 명분이 없습니다. 대통령의 뜻이라고 하지만, 그것도 모르는 일입니다. 전 대통령이 누구로부터 무슨 말을 들었는지도 모르는 상태입니다. 버틸 수 있을 때까지 버티다가 결정을 내려도 늦지 않을 것입니다."

사실 전경련 회장은 정 회장이 좋아서 맡은 자리는 아니었다. 1977년 5월 김용완 전임 회장의 간곡한 부탁으로 여러 번의 고사 끝에 마지못해 수락한 것이었다. 그러나 일단 일을 맡으면 뭐든지 최선을 다하는 정 회장의 성격 때문에 그는 전경련을 의욕적으로 끌어오고 있었다. 그렇다 하더라도 그게 회사의 이익과 연결되는 일이 아닌 이상 그는 언제든지 그 자리를 내던질 수 있었다. 다만 아무런 명분도 없이 하루아침에 슬그머니 밀려나는 수모는 참을 수 없는 모욕이었으므로 받아들일 수 없었던 것뿐이었다.

다음날 서석준 장관이 나를 불렀다.

"결과가 어떻게 됐습니까?"

"그대로 전했습니다."

"뭐라고 하던가요?"

"아무 대답이 없었습니다. 생각을 많이 하시는 것 같습니다."

"시간이 없습니다. 다시 가서 물어보시오."

"그대로 전했는데 어떻게 다시 물어봅니까? 나도 급하다고 했으니 조만간 무슨 결심이 서겠지요."

"시간이 없단 말이에요. 본인의 의사를 확인해서 오늘 중으로 알려 주시오."

나는 돌아와서 정 회장에게 서 장관에게 말한 내용을 전하면서 절대 물러날 필요가 없다고 덧붙였다. 정 회장도 생각이 정리됐는지 자신 있게 말했다.

"맞아. 절대로 그냥 물러서지 않겠어. 임기를 마치고 다음 회장 선거 때 물러나면 몰라도 중간에는 물러나지 않아."

국보위, 5공 정권과 한두 번 부딪친 것이 아니었다. 정 회장도 몇 번 갈등 관계를 거치면서 오기가 생긴 모양이었다. 하지만 예측이 불가능한 정국이었다. 결심을 세운 정 회장은 내가 보는 앞에서 메모 등을 없애며 책상을 정리하기까지 했다. 아마 다른 구실을 붙여 자신을 구속할 것이라고 생각한 모양이었다.

"뭐, 날 잡아가면 감옥 가는 셈 치지. 감옥에 들어가면 책 가지고 가서 영어 공부 좀 해야겠어."

마지막 사흘째 되는 날, 상공부 장관의 호출을 받았다.

"정 회장께서 아직 아무런 결심이 서지 않은 것 같습니다. 무척 심각하고 신중하게 생각하고 있습니다. 장관님, 그런데 이 문제를 나는 이렇게 생각합니다. 정 회장이 아무런 이유 없이 사표를 내더라도 남들이 볼 때는 정부가 정 회장을 쫓아냈다고 생각할 것입니다. 순수 민간단체의 장 인사에 정부가 개입했다는 인상을 주면 좋지 않습니다. 정 회장의 남은 임기가 1년밖에 안 되는데, 임기 때까지 있다가 자연스럽게 물러나는 게 어떻겠습니까? 정부, 경제계, 정 회장 그 누구에게도 해가 되지 않습니다. 장관님께서 위에 그렇게 건의를 좀 해주십시오."

내가 처음으로, 그것도 반대 의견을 내놓자 서 장관은 안달이 났다.

"큰일났어. 이게 누구 명령인데 일을 어떻게 하려는 거요?"

그 시간에 정 회장은 남덕우 부총리를 만나고 있었다고 한다. 남 부총리도 서 장관과 같은 뜻을 정 회장에게 전달한 것이었다. 벌써 소문이 나돌고 있었다. 다음 전경련 회장은 아무개라는 식의 이야기까지 나왔다. 사면초가였다. 나는 정 회장에게 이럴수록 물러나면 안 된다고 강조했다.

그럴 즈음 정 회장이 본인의 뜻을 청와대에 전달할 수 있는 기회가 생겼다. 정 회장이 직접 편지를 썼고, 내가 전달했다. 청와대 신군부 실세 중의 한 사람을 만나 편지를 전해 달라면서 이번 결정의 부당성을 지적했다.

"새 정권이 들어서자마자 민간단체의 장을 아무런 이유 없이 갈아 치우면 정부나 재계 양쪽에 결코 좋지 않은 이미지를 남길 텐데, 이래서 되겠습니까? 정 회장 임기가 1년 밖에 남지 않았습니다."

내가 만난 그 실세는 상당히 합리적인 인물이었다. 내 말에 공감을 표시하는 걸 보니 그쪽 사람들의 계획은 아니었던 것 같았다. 전 대통령이 다른 루트를 통해 결심을 한 것 같았다.

"뭔가 잘못되었군요."

결국 정 회장은 임기를 채웠고, 그 기간 동안 정 회장과 5공 정권과의 사이도 원만해졌다. 정 회장은 다음 선거에서 연임되어 전경련 최장기 회장이 될 수 있었다.

LNG 저장 시설 입찰의 어이없는 참패

5공 초기, 정부는 연료 정책에서 일대 전환을 꾀했다. 석탄, 석유 위주에서 벗어나 LNG를 도입, 적극적으로 보급하기로 계획을 세웠다. 이에 따라 서해안 평택 지구에 대규모 LNG 저장 시설을 건설하기로 했다. 기체 LNG를 초저온에서 액화시켜 운반한 후 이를 다시 초저온 탱크에 저장하는 시설이므로 안전에 특히 비중을 둬야 하는 공사였다. 국내에는 이 같은 시설을 설계, 시공한 업체가 없어서 정부는 건설 회사들이 외국 업체와 제휴해 입찰하도록 했다.

현대건설은 이 분야의 세계 최고 업체인 프랑스 테크닉가스 사와 기술을 제휴하기로 계약을 맺었다. 물론 이탈 방지 조항도 계약서에 명시했다. 현대와 경쟁 상대로 떠오른 국내 업체는 (주)한양. 한양은 일본의 마루베니 사와 손잡고 입찰에 응했다. 결과는 현대가 1위, 한양이 2위로 현대에 공사가 낙찰됐다. 한양과 마루베니는 기술 부적격 판정을 받았다. 프랑스 측에서는 사장까지 서울로 날아와 축배를 들었다.

그가 귀국한 며칠 뒤, 프랑스 협력 업체로부터 전문이 날아왔다. 급히 프랑스로 오라는 것이었다. 나는 즉시 비행기에 올랐다.

테크닉가스 사의 티로 사장은 대뜸 한국 정부의 태도 변화를 눈치채지 못했느냐고 물어왔다.

"그게 무슨 말입니까?"

"만일 우리가 현대와 제휴하지 못한다면 어떻게 하겠습니까?"

"농담이 지나치십니다. 실제로 그런 일이 일어난다면 계약에 따라 당신네 회사가 모든 손해를 변상하면 그만이지요."

티로 사장은 얼굴이 굳어진 채 말을 이었다.

"우리 의사가 아니고 한국 정부의 뜻에 따라 그런 사태가 발생한다면, 그때도 우리가 배상금을 물어야 합니까?"

무슨 일이 벌어지고 있구나 하는 것을 그제야 직감할 수 있었다.

티로 사장은 귀국해서 한국 정부의 속마음을 확인해 보라면서 거듭 미안하다고 했다.

돌아오자마자 한전을 찾아갔다. 한전 측은 현대의 낙찰을 무효로 하고 한양과 계약하게 되었다고 거리낌없이 말했다. 나는 어이가 없었다.

"금액상으로 현대가 최저가로 낙찰됐을 뿐만 아니라 저쪽은 기술에서도 문제가 있다고 평가가 나지 않았습니까? 그런데 어떻게 한양에 준다는 겁니까?"

"기술은 한양이 프랑스 테크닉가스 사와 제휴하면 문제가 없습니다."

말이 나오지 않았다. 아프리카 오지에서도 일어날 수 없는 일이 선진국 진입을 눈앞에 두고 있다는 이 땅에서, 그것도 외국 유수 기업과 제휴해 입찰한 공사에서 발생한 것이었다. 믿어지지가 않았다.

나는 그대로 물러설 수 없다는 뜻을 밝히고 일단 한전을 나왔다. 그러자 청와대 경제 수석이 나를 찾아와 현대건설이 물러서라고 말했다. 한전에서 들은 말과 동일했다.

"경제 수석께서는 정부 관료이기 이전에 미국에서 공부한 박사이고 학자 아닙니까? 그리고 나는 수석의 인격을 잘 알고 있습니다. 그런 경제 수석이 전혀 이치에 맞지 않는 입찰 파기를 받아들이라는 것입니까? 이것은 현대건설만의 문제가 아닙니다. 외국 업계에서 한국 정부를 뭘로 보겠습니까? 우리는 그 프랑스 회사와 중동에서 여러 건의 사업을 함께한 일이 있습니다. 국내에서 대우를 못 받으면 밖에 나가서도 마찬가집니다. 차라리 입찰 결과를 취소하세요. 그런 다음에 당신들 뜻대로 한양과 프랑스 회사를 조인트시켜 재입찰에 참여시키세요. 그러면 승복하겠습니다."

그러자 더 납득하기 어려운 말이 나왔다.

"현대건설이 대한민국에서 사업을 계속하지 않으려는 겁니까? 순순히 응하지 않으면 예상치 못한 일들이 발생할 수 있습니다. 정 회장에게 그대로 보고하세요."

보고를 받은 정 회장도 경제 수석을 만났으나 요지부동이었다.

이번에는 프랑스 회사 대표가 우리를 찾아와 사죄 겸 부탁을 했다. 한국에 와서 일하는 외국 업체 입장에서 한양과 합작하라는 한국 정부의 통보를 무시할 수 없다. 그러니 현대가 이해해 줄 수 없겠느냐는 것이었다.

사실 프랑스 측의 잘못은 없었다. 계약서를 들이밀 수도 있었지만, 계약 위반의 귀책 사유가 한국 정부에 있는데 프랑스 측에 배상을 요구할 수도 없는 일이었다. 결국 우리가 한발 물러서고 말았다. 상식도 논리도 통하지 않는 어이없는 참패였다.

영광 원자력 발전소 전면전

"현대건설 이명박 사장을 찾습니다."

타이로 가는 밤 11시 비행기를 타기 위해 싱가포르의 창이 국제공항 대합실에서 기다리고 있을 때 갑자기 나를 찾는 구내 방송이 흘러나왔다. 공항 사무실로 뛰어가 받은 전화에서는 서울 본사 정주영 회장의 다급한 목소리가 흘러나왔다.

"이 사장, 빨리 귀국해. 원자력 발전소 공사 수의 계약이 무효화

됐어."

"아니, 그럴 리가 있습니까?"

"아니야, 조금 전에 부총리가 기자 회견을 열었어. 무슨 놈의 이런 경우가 있느냐 말이야. 아무튼 지금 당장 들어오시오."

1987년 12월, 제13대 대통령 선거 열기가 한창이던 5공 말기의 일이었다. 이 무렵 한국전력공사는 영광 원자력 발전소 3·4호기 건설 업자 선정을 위한 입찰을 실시했다.

당시 국내에 원자력 발전소와 화력 발전소를 통틀어 시공 경력을 가지고 있는 회사는 6개사였고, 이중 원자력 발전소 건설 경험이 있는 회사는 현대건설과 동아건설 2개사뿐이었다.

원자력 발전소는, 에너지 발생 장치인 원자로와 원자로에서 발생한 열을 가지고 전력을 생산하는 발전 설비 두 부문으로 구분된다. 그때까지 국내에 건설된 원자력 발전소는, 고리 1·2호기, 월성 1·2호기의 경우 현대건설이 1차 계통인 원자로 부문을 맡고 동아건설이 2차 계통인 발전 설비를 맡아 왔다. 이후 영광 1·2호기는 현대건설이 1·2차 계통 모두를 시공함으로써 현대는 원자력 발전소의 모든 설비를 일괄 시공한 노하우를 가진 국내 유일의 회사가 되었다.

원자력 발전소 설비 경험은 그 자체로 매우 중요하다. 정부가 원자력 발전소 3·4호기를 턴키 베이스로 일괄 발주할 계획인 이상, 원자력 발전소를 일괄 시공해 본 경력이 있는 회사, 즉 입찰에 참여할 수 있는 회사는 현대건설 하나만 남게 된다. 정부가 현대건설과 수의 계약으로 공사를 맡기는 것이 가장 이상적이었다.

당시 상황에서 수의 계약은 이상일 뿐이었다. 예산회계법상 막대한 물량의 공사는 특정 회사와 수의 계약을 할 수 없다는 조항이 있었다. 특혜 시비를 막자는 규제 조처였다. 하지만 원자력 발전소 공사를 수의 계약으로 현대에 발주하지 못하는 진짜 이유는 정치적인 문제에 있었다. 극동석유 경영권 문제에 정부가 개입하면서 정주영 회장과 5공 권력층 사이에 균열이 생긴 뒤였기 때문에 정부는 현대를 곱게 보고 있지 않았다.

그런데 정부의 발목을 잡는 사고가 미국에서 터졌다. 그 무렵 드리마일 원자력 발전소에서 핵 물질이 유출되는 사고가 발생, 전 세계가 원자력 발전소의 안전도에 심각한 의문을 제기했다. 경험이 없는 업체는 원자력 발전소 건설에 참여할 수 없도록 세계적 추세가 바뀌었다.

실제로 미국 텍사스에서 원자력 발전소를 건설하던 세계적 건설 회사 브라운 루트 사가 중도에서 포기하기도 했다. 이 회사의 시공이 감독청으로부터 불합격 판정을 받는 바람에 10억 달러의 손해를 감수하면서 공사를 벡텔 사에 넘겨주었던 것이다.

원자력 발전소에 대한 여론은 예민하고, 그렇다고 현대에 줄 수도 없고, 당국은 딜레마에 빠졌다. 결국 한국전력은 원자력 발전소 공사에 참여할 수 있는 새로운 자격 요건을 제시하면서 신문에 입찰 공고를 냈다.

1차 공고에 접수된 응찰자의 서류를 심사한 결과 합격한 회사는 현대건설뿐이었다. 한전은 2차 이찰 공고를 냈고, 결과는 1차와 마찬가지였다. 법에 의하면 2차 입찰에 통과하면 3차는 단독 수의 계약을 하게 되어 있다. 당시 대부분의 정부 발주 공사는 시공 회사가 정치 자금을 내는 것이 관례였다. 하지만 국내외의 이목이 안전성에 집중된 공사여서 원자력 발전소 건설에 관한 한 정치적 입김이 통하기 어려웠다. 권력층으로서는 이래저래 심기가 불편했을 것이다.

나는 영광 3·4호기 수의 계약이 확정된 것을 보고 동남아 건설 사업 때문에 싱가포르로 날아가 있었다. 그런데 내가 나가 있는 사이에 문제가 생겼다. 부총리, 안기부장 등 고위층이 모여 현대와의 수의 계약에 하자가 있다는 트집을 잡고 부총리가 기자 회견을 열어 현대와의 계약을 취소하고 원자력 발전소 공사를 재입찰에 부치겠다고 발표해 버리는, 웃을 수도 없는 사태가 터지고 만 것이다.

공항에서 정 회장의 전화를 받은 나는, 타이 약속을 취소할 수도 없고, 부총리가 취소 발표를 했다 해도 재입찰이 하루 이틀 만에 성사되는 것도 아니므로 그리 급하게 서둘 일이 아니라면서 내 일정대로 타이로 향했다.

새벽 2시에 호텔에 도착해 잠을 자는데 다시 정 회장으로부터 전화가 걸려 왔다. 새벽 6시였다.

"아무리 생각해도 당신이 빨리 들어와야겠어."

"지금부터 정부와 장기전을 벌여야 합니다. 사흘 걸릴 일인데 이틀 만에 매듭짓고 귀국하겠습니다. 걱정하지 마십시오."

"아니, 걱정을 하지 말라니, 그게 무슨 소리요?"

"원자력 발전소 공사는 정치적으로 왔다 갔다 할 수가 없습니다. 당국에서 뭔가 잘못을 저지르고 있는 것입니다. 우리와 체결한 수의 계약의 정당성, 합법성을 따지고 들면 승산이 있습니다. 제가 끝까지 책임지겠습니다."

내가 워낙 자신 있게 말하자 정 회장은 한 걸음 물러섰다.

"무슨 소린지 모르겠지만, 여하튼 들어올 때까지 기다리겠소."

나는 타이 업무를 이틀 만에 끝내고 귀국해 정인용 부총리를 찾아갔다. 그는 얼마 전 극동석유 경영권 문제로 현대가 불이익을 보았을 때 재무 장관을 맡고 있었다.

"정부가 어떻게 계약 당사자와 사전 협의 한마디 없이 일방적으로 계약을 취소할 수가 있습니까? 이건 불법입니다. 이번 계약이 수의 계약이라고 문제를 삼으셨는데, 절대 수의 계약이 아닙니다. 1, 2, 3차에 걸쳐 입찰에 응한 엄연한 경쟁 입찰입니다. 그 공고를 한번 보세요. 경쟁 입찰 공고입니다. 현대만 이 자격을 갖추었기 때문에 3차에서 법이 정한 대로 수의 계약을 한 것 아닙니까?

이처럼 정당한 절차에 따라 이루어진 계약을 파기한 것은 정부가 법을 어긴 것입니다. 계약 취소 결정을 정부가 다시 취소하십시오. 그렇게 하지 않으면 우리는 정부를 상대로 소송을 제기하겠습니다."

나는 부총리실에서 나와 한전 박정기 사장을 만났다.

"사장님께서 부총리의 계약 취소 결정을 그대로 따르게 되면 그 전에 우리와 체결한 계약이 잘못되었다는 것을 스스로 인정하는 결과가 됩니다. 우리와 맺은 계약이 적법하다는 사실을 강력하게 주장하고 원래의 계획대로 사업을 추진해야만 사장님이 옳았다는 것을 입증할 수 있습니다. 그렇게 하지 않으면 원래 계약의 파기에 대한 모든 책임을 사장님이 져야 합니다."

한전 사장은 난처한 상황에 처해 있었다. 이미 부총리의 계약 취소 발표가 언론에 공개됐고, 대통령에게도 보고되어 있는 상태였다. 한전 사장이 대통령까지 알고 있는 결정 사항을 번복하기란 불가능한 일이었다.

다음으로 나는 동력자원부 최창락 장관을 찾아가 면담했다.

"법률과 규정에 따라 합법적으로 계약된 공사를 정치적인 이유로 취소하는 일은 있을 수 없습니다. 정치적으로 이루어진 계약을 법에 의해 취소할 수는 있어도, 이번 경우는 그 누구도 납득하지 않을 것입니다. 도대체 정부의 논리가 무엇입니까?"

최 장관은 경우에 밝은 사람이었다. 그는 입을 열기가 곤란한 듯 별 말이 없었다. 나중에 한전 사장이 비공식적인 발언이라는 전제를 달고 최 장관의 생각을 들려주었다. 박 사장에 의하면, 최 장관은 이번 문제가 부총리 소관이 아니며, 더욱이 부총리가 나설 일이 아니라는 점을 알고 있었다. 내 항변을 들어 보니 모순점이 있음은 알겠지만, 고위층에서 결정한 일을 놓고 장관인 자기가 대외적으로 의사를 밝히기가 곤란하다는 것이었다.

다시 최 장관을 찾아갔다.

"장관님께서는 저의 지적이 옳다는 것만 유념하고 계십시오. 언젠가 이 문제에 대하여 말할 수 있는 분위기가 되면 그때 장관님의 소신을 밝히면 됩니다."

나는 당장 장관의 입장을 곤혹스럽게 만들 필요가 없었다. 단지 나의 논리를 인정하는 분위기 쪽으로 유도만 해놓았다.

현대건설의 반발도 만만치 않았지만, 한 기업체의 항의에 밀려 기자 회견 내용을 번복, 사태를 원위치로 돌릴 정부도 아니었다.

나를 만난 뒤 박 사장은, 원자력 발전소 공사는 함부로 했다가는 엄청난 사고가 터질 가능성이 있으므로 신중해야 한다는 한전 내의 요청을 물리칠 수 없었다면서 정부 방침을 따르지 않고 현대와의 계약대로 강행하려고 했다. 그러자 5공 권력층은 전두환 대통령의 유일한 대구공고 후배이고 육사 후배인 박 사장을 밀어내면서까지 '현대와의 계약 취소'를 밀고 나가려 했다. 정부 측이 급박했던 모양이었다.

박 사장의 후임으로 한봉수 씨가 취임했다. 그러나 현대와 정부와의 긴장 국면은 수습되기는커녕 벼랑을 향하고 있었다. 현대건설은 고문 변호사를 동원해 소송 준비를 마쳐 놓은 뒤 이 사실을 정부에 통고했다. 소송 대상은 한전 사장과 동자부 장관이었다. 나는 한봉수 사장에게 말했다.

"한 사장님은 새로 오셨으니 새로운 시각에서 이 사태를 판단하시기 바랍니다. 객관적 입장에서 선임자가 한 일을 다시 확인할 수 있을 겁니다."

정부가 이미 취소 결정을 내린 뒤이므로 현대가 비록 옳다고 해도 원점으로 되돌릴 수 없다고 하던 한 사장도, 차근차근 검토를 해보고는 현대와의 계약에 법적인 하자가 없다는 사실을 인정하지 않을 수 없었다. 신임 사장의 시각이 이렇게 되자 정부는 궁지에 몰리기 시작했다. 마침내 동자부 장관이 나를 불렀다.

"현대가 정부의 권위를 인정해 주시오. 사리가 아무리 그렇더라도 한 번 취소한 것을 다시 취소할 수는 없습니다. 원자력 발전소 시공 경험이 있는 동아건설과 함께 한 번 더 입찰에 응해 주기 바랍니다."

최 장관의 제의 또한 원칙에 어긋나는 것이지만, 나는 받아들이기로 했다. 정부의 체면도 있는 것이다. 대신 나는 조건을 하나 내놓았다.

"총액 입찰을 해선 안 됩니다. 원자력 발전소는 매우 중요한 공사이므로 내역 입찰을 해야만 합니다."

내역 입찰은 복잡한 기술 검토가 필수적이었다. 원자력 발전소 건설 경험이 없는 업체에서는 견적을 산출해 내기가 불가능했다. 내역 입찰을 실시한다면 원자력 발전소 공사는 백 퍼센트 우리에게 돌아오게 되어 있었다. 정부는 나의 제의를 수용했다. 내역 입찰 조건은 당시 큰 파문을 일으켰다.

결국 영광 3·4호기 원자력 발전소 공사는 현대건설에게 낙찰됐다. 한 공사를 두 번 낙찰받은 희귀한 기록이었다. 공식적으로 기록되지는 않겠지만 정부에서 발주하는 거대 공사를 수주하면서 정치 자금이 단 한 푼도 지출되지 않은 공사이기도 했다.

그 후 6공 정권 때, 여소야대 정국 속에서 한전에 대한 국정감사가 실시된 적이 있다. 영광 원자력 발전소 입찰과 시공 문제가 중요한 감사 대상으로 떠올라 있었다. 박정기 전 사장과 나도 증인으로 국회에 불려 나갔다.

국회의원들은 원자력 발전소 공사를 특정 업체에 부정한 방법으로 발주한 것이 아닌가 하는 의혹에 가득 차 있었다. 이른바 '5공 청산' 차원에서 특혜 비리를 파헤치려는 심산이었다. 나는 증인석에 나가 선서를 한 다음 먼저 양해를 구했다.

"국회의원 여러분께서 질의를 하기 전에 원자력 발전소 계약과 관련된 일련의 특수성을 말씀드리겠으니 질의는 나중에 해주셨으면 합니다."

나는 원자력 발전소 건설의 특수성에서부터, 현대건설이 처음 고리 1·2호기 건설 때 미국 웨스팅하우스 사의 하청 업체로 참여해 오늘날 원자력 발전소 설비 일체를 건설할 수 있는 국내 유일의 업체로 성장하기까지의 과정을 간추려 설명했다. 그리고 나서 선진국에서는 원자력 발전소 시공자를 어떻게 선정하고 있는지 알려주었다.

"다른 나라 국회에서는 원자력 발전소 건설이 경쟁 입찰에 부쳐져 최저가에 낙찰되면 그걸 문제로 삼아 철저한 감사를 벌입니다. 하지만 우리나라는 반대입니다. 원자력 발전소의 안전 문제에 대한 인식이 결여돼 있기 때문입니다. 원자력 발전소 공사를 도로 공사와 같다고 보는 겁니다. 도로 공사는 보수가 가능하지만, 원자력 발전소는 한 번 사고가 나면 그것으로 끝입니다. 원자력 발전소 공사를 유(有) 경험자에게 발주했다는 측면에서 보지 않고, 왜 일반 경쟁 입찰을 하지 않았느냐고 문제 삼는 일은 대한민국밖에 없습니다."

나의 설명이 끝난 뒤 이 문제에 대해 나에게 질의를 해온 국회의원은 단 한 사람도 없었다.

두 번의 낙찰과 정부와의 전면전이라는 우여곡절을 겪으면서도 끝내 이 공사를 성사시킬 수 있었던 것은, 앞서 겪은 LNG 저장 시설 입찰에서의 참패를 딛고 일어선 개가였다. 나는 그때 권위주의 정부의 비논리와 관료들의 무력함을 있는 그대로 볼 수 있었으며, 그 후 이 일을 떠올리며 관료주의에 정면으로 대항했던 것이다.

교훈은 성공이 아닌 실패에서 나온다. 그러고 보면 사람들이 좋은 일보다 나쁜 일을 더 오래 기억하는 속성은 참 다행스러운 것이다.

성공은 자신이 간직할 필요가 없다. 성공은 타인들이 기억해 준다. 그러나 실패는 철저하게 자기 자신이 기억해야 한다. 실패를 망각하는 사람은 또 실패한다.

세계를 달리며

마하티르 수상이 연설을 하는데 좌중에서 폭소가 자주 터졌다.

나는 알아듣지 못했지만, 분위기에 맞춰 주려고 그냥 따라 웃었다.

말레이시아 관리 한 사람이 내 옆구리를 툭 쳤다.

"이 사장, 지금 무슨 얘기 하는 줄 알고 웃는 겁니까?

현대건설이 알리바바(도둑놈)라고 수상이 말하고 있습니다.

우리가 빨리 배워서 이 도둑놈들을 쫓아내야 한다는 겁니다."

와하브 시장과 이라크 상륙 작전

사우디아라비아의 주바일 산업항 공사를 수주하는 과정에서 현대의 사우디아라비아 주재 사장과 지점장이 구속되는 사태가 발생했다. 이는 선진국 대기업과 연결되어 있던 사우디아라비아 왕실의 일부 인사의 음모에 빠져 일어난 사건이었다. 후진국의 건설업자가 국제 사회에 뛰어들어 선진 기업들이 전횡하던 시장을 장악한다는 것이 얼마나 어려운 것인지를 보여 주는 사건이었다.

사우디아라비아 왕실은 아무런 정식 재판도 하지 않고 해명할 기회도 주지 않은 채 현대에게 일방적으로 1억 달러의 벌금을 물렸다. 그뿐 아니라 사우디아라비아에서 2년간 공사 입찰 자격을 박탈하는 유례 없는 일이 벌어졌다.

회사는 고급 간부가 두 명이나 구속되어 있어 이의 해결을 위해 최선을 다했다. 해외 주재 사장의 후임으로 건설부 산하 해외건설주식회사 장우주 사장을 초빙하여 사우디아라비아에 주재시켰다. 그는 외국어에 능통하고 성실한 사람으로, 현대에 10여 년 간 근무하면서 고생을 많이 했다(지금은 한미경영원을 운영하고 있다. 지금까지도 개인적으로 좋은 관계를 유지하며 가끔 만나곤 한다).

우리는 사우디아라비아 문제를 해결하기 위해 자주 긴 시간 동안 통화를 했는데, 사우디아라비아에게도 중대한 문제였기에 그들은 우리의 전화 통화를 계속 도청했다. 그래서 우리는 서로 암호문을 만들어 완벽하게 다른 내용으로 통화를 했다. 예를 들면 '종합청사에 계신 분을 만났다'는 '내무성 장관을 만났다'는 뜻이었다.

정 회장은 이 문제의 해결을 위해 나를 자주 파견했다. 나는 두세

달씩 해외에 머물며 애를 썼지만 해결이 쉽지 않았고, 이를 계기로 사우디아라비아를 탈피하여 다른 건설 시장을 찾기 시작했다.

사담 후세인이 혁명에 성공함으로써 사회주의 국가로 돌아선 이라크는 국교가 없는 한국의 기업인들에게 비자도 발급하지 않았다. 후세인이 가장 존경하는 인물이 김일성이었으니, 한국 기업인들에게 따뜻할 까닭이 없었다. 정치적 장벽이 견고했지만 이라크는, 포스트 사우디 시장을 찾아 나선 현대건설에게 참으로 매력적인 시장이었다.

이라크 정부의 투자 계획은 야심 찬 것이었다. 1976년부터 1980년 사이에 추진 중이던 제3차 5개년 계획을 위해 450억 달러를 투입했고, 1985년까지 시행될 제4차 5개년 계획에는 750억 달러를 쏟아 부을 예정이었다. 사우디아라비아 다음으로 큰 중동 시장이었다. 특히 사우디아라비아가 사회 간접 자본 투자의 한계점에 도달한 데 비해 이라크는 이제 막 시작 단계여서 더욱 큰 매력을 갖고 있었다.

1978년 3월, 현대는 이라크 상륙의 1차 교두보를 마련하는 데 성공했다. 전갑원 부사장이 이끄는 이라크 수주 팀이 이라크 제2의 도시 바스라 하수 처리 시설 1단계 공사 국제 입찰에 참여해 최저가에 낙찰된 것이었다. 유럽의 다른 경쟁사에 비해 워낙 값싸게 입찰했기 때문에 낙찰은 예상된 것이었다. 이라크 진출 발판을 마련하기 위한 고육지책이었음은 물론이다.

이 무렵, 국내 주재 사장으로 회사를 총괄 지휘하던 나에게 정 회장은 '안의 일도 바쁘겠지만 밖의 일도 맡아서 뛰어달라'는 지시를 내렸다. 국내 기술진과 근로자들의 입국과 신변 보장 문제 등, 국교가 없는 이라크와 공사 진행을 위한 구체적 방법을 이끌어 내기 위해 나는 쿠웨이트를 통해 육로로 이라크로 들어갔다. 공사를 수주한 회사의 대표이지만 공식적 출입이 허용되지 않는 모순의 땅. 나는 첩보 영화의 주인공처럼 바그다드로 향했다.

"아니, 남조선 업자가 어떻게 이 공사를 따냈소?"

잠행 끝에 겨우 만난 기관의 담당자의 첫 반응은 경악이었고, 그 다음 반응은 불가능하다는 것이었다.

우리는 바그다드에서 여러 날을 머물면서 이라크 혁명 정부와 줄을 대기 위해 탐색전을 펼쳤다. 다른 길은 없을 성싶었다. 이라크의 관리 몇 사람과 바그다드의 물랭루주라는 술집에서 이라크 정부에 관한 정보를 수집하고 있는데, 동양계 여자 한 사람이 일본인이라며 우리 옆에 앉았다.

내가 화장실에 가려고 나가자, 그 일본 여자가 뒤따라오다가 주위를 살피는 것이었다. 그 여자는 복도에 아무도 없는 것을 확인하고 나서 말했다.

"한국에서 오셨지요?"

한국 여자였다. 나는 우리 현대건설 일행이 혁명 이후 이라크에 처음 발을 들여놓은 한국인이라고 생각했는데, 이 한국 여자가 먼저 들어와 있었다.

"돈벌이가 잘된다고 해서 외국인과 위장 결혼해서 들어왔어요. 한국인인 줄 알면 당장 쫓겨나요. 그런데 아저씨는 무슨 일로 오셨어요?"

나는 코끝이 찡해 왔다. 연약한 여자가 회교 국가, 그것도 국교 없는 사회주의 국가에 혼자 들어와 돈을 벌고 있는데, 현대건설은 한국을 대표하는 대기업 아닌가. 달러를 벌어들여야 한다는 목표에서는 저 혈혈단신의 한국 여인과 우리가 다를 바 없었다. 바그다드의 오래된 술집에서 나는 이라크 상륙에 대한 전의를 새로 다졌다.

며칠 뒤, 드디어 실오라기 같은 희망 하나를 붙잡을 수가 있었다. 바그다드 시장 와하브를 만나 보라는 현지인의 귀띔이었다. 와하브 시장은 법대 재학 시절, 사담 후세인이 와하브의 집을 근거로 혁명을 모의했을 만큼 이라크 혁명에 깊이 관여한 인물이었다. 우리는 혁명 정부의 실세가 누구인지조차 알 수 없을 만큼 이라크에 대하여 캄캄했다. 이라크로 출발하기 전 서울의 미 대사관에서 입수한 사전 정보는 백과사전 수준을 벗어나지 못하는 것이었다.

와하브와의 면담은 결코 쉽지 않았다. 몇 번의 면담 신청은 모두 냉정하게 묵살됐다. 나는 시청 통역에게 간곡하게 부탁했다.

"나를 한 번만 만나 달라고 전하라. 한국의 남쪽에서 온 기업의 대표라 생각하지 말고 그저 젊은 혁명가를 좋아하는 한 인간이 동쪽 먼 나라에서 와서 간절히 만나고 싶어 한다고 전해 달라."

같은 중동 국가이면서도 이라크는 공사 수주에 현지 에이전트를 개입시키는 이상한 제도가 없는 나라였다. 공식, 비공식적인 뇌물이 통하지 않는 깨끗한 나라였다. 이렇게 청렴과 도덕성을 앞세우는 나라의 지도자를 만나기 위해서는 '인간적'인 호소 이외에 다른 접근법이 없었다.

마침내 와하브와의 면담 허락이 떨어졌다. 허용된 시간은 단 10분. 그의 집무실은 단조롭고 검소한 분위기였다. 시장은 민간인이면서도 군복 비슷한 복장에 권총까지 허리에 차고 있었다.

"듣던 대로 당신은 혁명을 위해 온몸을 던져 일하고 있는 것 같다. 남자로 태어나 나라를 위해 신명을 바쳐 일할 수 있는 것이야말로 가장 큰 축복이라고 생각한다."

"그렇다."

그러고 나서 와하브는 말을 이었다.

"나는 하루에 서너 시간 정도밖에 안 잔다. 조국의 새로운 건설을 위해 일하다 보니 그래도 시간이 모자란다. 지금도 아주 귀중한 시간을 쪼개 당신을 만나고 있는 것이다."

"나도 오늘까지 하루에 서너 시간 이상을 자본 적이 없다. 어쩌면 당신과 공통된 그 무엇이 있을지 모르겠다."

"당신은 민간인인데 왜, 무엇 때문에 하루에 서너 시간밖에 못 자면서 일을 하는가?"

와하브는 흥미를 나타냈다. 이미 허용된 10분은 지나고 있었다.

"내가 태어난 나라는 가난한 나라였다. 지금도 가난에서 완전히 벗어나진 못했다. 우리는 그 가난을 물리치고 부강한 나라를 만들기 위해 밤잠을 줄이면서 일해 왔다. 기업을 위한 일이지만, 자본주의 국가에선 기업이 핵심이므로 결국은 국가를 위하는 일이다. 나는 개인적으로도 무척 가난하게 성장했기 때문에 가난 극복은 나 개인에게 주어진 과제이면서 동시에 국가적인 사명이기도 했다. 나는 가난을 딛고 경제를 일으킨 우리의 경험을 바탕으로 당신 나라에 와서 일하고 싶다. 이미 우리는 공사를 따냈지만 이 나라의 여러 제약 때문에 일이 진척되지 않고 있다. 우리는 유럽 기업들과는 다르다. 우리는 정직하고 근면하다. 함께 가난에서 일어나려는 동지적 입장에서 일을 대하는 것이다. 당신네 나라처럼 깨끗한 공직 사회를 중동 국가에선 처음 보았다. 이런 나라에서 일하고 싶은 마음이 간절하다."

와하브는 허리에 차고 있던 권총 띠를 풀어 놓고 나를 자기 옆 자리로 오라고 했다. 미국에 대한 적대감 때문에 그와 가까운 나라 한국에 대해서도 갖고 있던 선입견이 차츰 무너지는 것 같았다. 현대건설이 지금까지 해온 공사 실적과 입찰 내역 등을 설명하자 큰 관심을 보였다. 그는 비서를 불러 좀 더 이야기할 테니 다른 사람을 들여보내지 말라고 지시했다.

결국 10분으로 제약됐던 면담 시간은 두 시간으로 연장됐다. 우리는 국가관, 일에 대한 열정, 중동과 아시아의 역사, 그리고 개인적인 데에 이르기까지 많은 공감대가 있음을 발견했다. 십년지기가 된 것 같았다. 나는 다음 달 다시 바그다드에 오는데 그때 또 만날 수 있느냐고 물었고, 와하브는 흔쾌히 기다리겠다고 약속했다.

"당신 집무실에 전시할 물품 하나를 가져왔는데, 여기 놓아 주면 큰 영광이겠다."

"그게 뭔가?"

"비서실에 맡겨 두었다."

어떤 선물도 금하고 있었기 때문에 내가 가지고 갔던 거북선 모형도 비서가 일단 맡아서 보관하고 있었다. 와하브는 그 물건을 가지고 오라고 비서에게 지시했다.

"이것은 거북 형태의 배 모형이다. 4백 년 전 일본이 우리나라를 쳐들어왔을 때 우리나라의 이순신이라는 명장이 세계에서 처음으로 만든 철갑선이다. 이 장군은 이 철갑선으로 일본 대함대를 모조리 격파했다. 승리를 상징하는 이 거북선을 집무실에 두면 당신이 하는 일에 도움이 될 것이다."

"좋은 전시품이다."

와하브는 기뻐했다.

이렇게 하여 이순신 장군의 혼이 담겨 있는 거북선은 바그다드의 젊은 혁명가 옆에 자리를 잡게 되었다.

혁명 정부 형제들의 환대를 받고

와하브를 만나고 일단 귀국한 나는 실제적인 장애물을 극복해야 했다. 기술자와 기능공의 입국 비자 문제였다. 와하브와 안면만 텄지 현실적인 문제는 아직 그대로 남아 있었다.

국교가 수립되어 있지 않았으므로 우리 인력은 이라크와 육로로 국경을 맞대고 있는 쿠웨이트로 가서 열흘이고 한 달이고 이라크 비자를 기다리는, 번거로운 절차를 밟아야만 했다. 그것도 단체가 아니고 개별적으로 발급되기 때문에 인력 투입 계획을 도저히 세울 수가 없었다. 하다못해 영사관이라도 설치돼야 공사가 제대로 돌아가는데, 외무부에 물어보니 이라크에 영사관을 설치할 만큼 외교 관계가 진전될 가능성은 없다는 답변이었다.

나는 이라크로 가서 와하브 시장에게 면담을 신청했다. 그는 낮 12시에 바그다드 시내 헌팅 클럽에서 만나자는 전갈을 보내왔다.

약속된 장소는 장관급 이상의 고급 관리들만 이용하는 멤버스 클럽이었다. 와하브는 한국 사정에 대해 물어 왔다. 주로 한국의 경제 개발 모델에 대한 이야기를 나누며 점심을 들었다. 그러다가 문득 그가 말했다.

"우리 이라크는 북한과 외교적으로 가깝다. 당신은 이곳에서 조심스럽게 행동해야 한다. 여러 가지로 어려움이 많을 것이다."

마침 내가 하고 싶었던 이야기의 물꼬를 그가 터주었으므로 나는 자연스럽게 고충을 털어놓았다.

"어려움이 이만 저만이 아니다. 중요한 것은, 우리의 어려움이 아니라, 당신네 국가 사업이 제대로 착공조차 되기 어렵다는 사실이다. 사장인 내가 쿠웨이트에서 입국하는 데 나흘이나 걸렸다. 일반 근로자들은 한 달도 더 걸린다. 수백 명의 기술자들이 제때에 들어올 수가 없으니 어떻게 공사를 하란 말인가. 무슨 대책이 있어야겠다."

"그럼 어떻게 하면 되겠는가?"

"단체로 비자를 내주는 블록 비자를 내달라. 근로자들은 일반적으로 이렇게 입국하는 것이 모든 나라의 관례다."

"좋다. 블록 비자 발급에 필요한 문서를 제출해 달라."

점심 식사를 마치고 헤어질 때 와하브는 나를 와락 껴안으며 말했다.

"나는 너무 좋은 친구를 만나 기쁘다. 우리는 형제와 같다. 아니, 너와 나는 형제다."

와하브는 문학적 소양과 감수성이 풍부했다. 대화 도중에 동서양 문학 작품을 자주 인용했고, 스스로 문학적 표현을 즐겨 썼다. 차가운 정치 현실에 몸담고 있으면서도 문학청년 같은 이상주의자의 면모를 지니고 있었다.

와하브는 자기가 한 말을 정확하게 지켰다. 점심을 함께한 다음날 전화를 걸어 왔다.

"우리 외무부에서 너희 회사 근로자들에게 특별히 편의를 봐주겠다고 했다."

와하브의 도움으로 우리 인력에게 블록 비자가 발급되었다.

한 달 뒤 나는 세 번째로 이라크에 들어가 와하브 시장에게 연락했다. 지난번에 점심을 얻어먹었으니 이번에는 내가 한턱내야 한다는 핑계를 댔다. 나는 바그다드의 고급 식당을 예약해 놓았다. 그는 좋은 친구 두 사람을 데리고 나오겠다고 했다.

그와 함께 온 친구는 이라크 주택건설성 장관과 상공 장관이었다. 두 장관 역시 와하브와 함께 혁명 주체 세력이었다. 특히 상공 장관은 실세 중에서도 꼽히는 인물이었다. 와하브가 그들을 소개했다.

"이분들은 모두 나에게 큰형님뻘 되는 사람들이다. 당신이 이 나라에서 일하려면 이 두 분의 지원이 절대 필요할 것이다."

와하브는 내 속을 빤히 들여다보고 있다는 듯이 말했다. 주택건설성 장관은 우리 공사의 최고위 책임자였다. 내 힘으로 만나고자 했으면 시간이 얼마나 걸릴지 모를 일이었다. 두 장관도 나에게 호감을 표시했다. 우리는 이내 친구처럼 되어 버렸다. 중동의 다른 나라 사람들에게서는 맛보기 어려운 인간적 친화력이었다. 나 스스로도 놀라지 않을 수 없었다.

상공 장관은 내가 현대 그룹에 대해 설명하자 관심을 보였는데, 특히 발전소 시공 능력에 대해 주목했다. 두 사람이 먼저 돌아가고 와하브와 단둘이 남게 되었을 때, 나는 앞으로 영사관이라도 개설해야 일이 제대로 진척되지 않겠느냐는 이야기를 꺼냈다가 그가 난처해하는 바람에 말을 거두고 말았다.

다시 한 달 뒤, 네 번째로 바그다드에 도착해 여장을 풀었다. 나의 입국을 자체 정보망을 통해 알고 있던 '친구들'로부터 연락이 왔다. 상공 장관이 먼저 저녁 식사에 초대하겠다는 것이었다. 얼마 후 주택건설성 장관도 같은 초대를 해왔다. 선약이 있다고 하니까 매우 섭섭해했다.

상공 장관이 초대한 식당은 티그리스 강변의 아름다운 언덕에서 4백 년이나 전통을 이어 내려온 고풍스러운 곳이었다. 식당에 도착해 보니 상공 장관과 섭섭해하던 주택건설성 장관, 와하브 시장, 그리고 '또 한 사람의 친구', 이렇게 네 사람이 기다리고 있었다. 와하브는 내가 왔다는 소식을 듣고 서로 식사를 대접하려고 하는 바람에 자기네끼리 합의를 봐서 한꺼번에 모여 대접하게 되었다고 자초지종을 늘어놓은 뒤에 새로 온 친구를 소개했다.

"이 사람은 광공업성 장관이다. 당신이 지난번에 당신네 회사가 발전소 건설에 많은 경험을 갖고 있다고 하지 않았나. 우리는 발전소가 많이 필요하다. 발전소 건설은 광공업성 소관이라 소개해 주려고 데리고 나왔다."

갈수록 고마운 일이었다. 우리는 한국의 소주와 비슷한 술을 마시며 밤늦도록 취했다. 이름도 소주와 비슷했는데, 중동 언어 중에는 우리와 비슷한 것이 또 있었다. 아버지를 '에비', 어머니를 '에미'라고 불렀다. 신라 시대에 벌써 아랍 인과 문물이 들어왔다고 하지 않는가. 그러고 보니 이라크와 한국은 실크로드의 양쪽 끝이었던 것이다. 우리는 유구한 문명의 흐름과 인연을 이야기하며 서로 속을 다 터놓았다.

"우리는 지금까지 일본, 영국, 독일, 프랑스 등 선진국 정부나 기업과 일해 왔다. 그러나 그들이 우리의 진정한 파트너는 아니었다. 이제 당신네와 함께 일하고 싶다. 앞으로 우리가 많은 정보를 제공할 테니 선진국 기업과 당당하게 경쟁해 이기기 바란다."

티그리스 강변 식당에서 인사를 나눈 다음날 광공업성 장관의 초대를 또 받았는데, 그 자리에서 장관은 위와 같이 말했다.

이라크 경제 지도자들의 이 같은 생각 때문에 현대건설은 얼마 뒤 이라크에서 7억 2천만 달러짜리 알무사이브 화력 발전소 공사를 턴키 계약으로 따내는 쾌거를 이룰 수 있었다. 이 발전소 공사는 일본과의 치열한 경쟁 끝에 따냈다. 그러나 현대건설은 솔직하게 말하면 이 같은 규모의 화력 발전소를 턴키로 건설할 능력이 못 되었다. 이라크도 이 사실을 정확히 알고 있었다.

그런데 "일본으로부터 기자재를 공급받고, 엔지니어링에서도 도움을 받으며 시공해 보라"는 조언까지 해가며 국가적인 사업을 우리에게 맡긴 데는 여러 가지 이유가 있었다. 그 중에서도 가장 중요한 것은 그들의 국가 이익이었다. 선진국의 콧대 앞에서 자존심을 꺾이고 싶지 않은 이라크 특유의 자존심도 작용했으리라. 여기에 나의 영원한 '형제'와 '친구'들의 우정도 한몫했을 것이다.

주택건설성에서도 8억 2천만 달러짜리 사마라 팔루자 주택 단지 공사를 역시 턴키 베이스로 계약해 주었다. 이라크 정부는 현대건설과 성실한 한국 업체들을 자국 경제 건설의 훌륭한 파트너로 정해 놓았다는 사실이 확실해졌다. 현대건설로서는 사우디아라비아에서 잃었던 시장을 충분히 보상받을 수 있는 시장을 확보한 셈이었다.

이라크의 포니 픽업

이라크에 머무르던 어느 날, 와하브 시장은 나를 차에 태우더니 누구를 소개시켜 주겠다면서 대통령 궁으로 차를 몰았다.

"지금 만나러 가는 사람은 우리나라의 경제 정책을 사실상 주관하는 사람이다. 명목상 지위는 부수상이지만 제2인자이다."

이라크에는 내각과 별도로 혁명위원회가 있어서 중요한 정책은 여기서 발의되고 수정되었다. 혁명위원회 위원장은 대통령이자 수상인 사담 후세인이었으나, 실제로 위원회 회의를 주재하는 인물은 부수상인 제2인자였다. 바로 그 사람을 소개시켜 준다는 것이었다. 나는 와하브에게 물었다.

"부수상에게 무슨 말을 하면 좋겠느냐?"

"지난번 나에게 국교 문제를 꺼내지 않았느냐. 그 문제를 거론해 봐라."

속이 깊은 사람이었다. 지난번 내가 그 얘기를 꺼내자 난처해하는 바람에 더 이상 입 밖에 내지 못했는데, 말없이 마음에 간직했다가 이렇게 기회를 만들어 준 것이었다.

부수상실에 들어갔더니 방송국 TV 카메라가 대기하고 있었다. 그 날 저녁 뉴스 시간에 내가 부수상과 악수하는 모습이 방송되었다. 의례적인 인사를 나누자 부수상이 먼저 말했다.

"내가 외국 건설업자를 만나는 것은 이번이 처음이다. 우리나라에 와서 많은 일을 해보고 싶다는 의욕을 가졌다고 들었다. 열심히 하면 좋은 결과를 맺을 것이다."

"물론 열심히 하겠다. 그러나 일을 하기 위해 한 가지 부탁을 하고 싶다."

"무슨 일인가?"

"지금도 우리 근로자들이 많이 들어와 있지만, 앞으로 더 많은 근로자들이 들어와야 공사를 제대로 마무리 지을 수 있다. 그런데 국교가 수립되어 있지 않아서 입출국은 물론이고, 일을 하는 데 장애가 너무 많다."

부수상의 얼굴은 어두워졌다. 얼마 전 이라크 혁명 기념일을 축하하기 위해 북한은 박성철 부수상을 단장으로 30여 명의 대규모 경축 사절을 파견했었다. 이때 박성철은 이라크 정부에다 남조선 기업을 끌어들인 사실에 대해 항의하고, 남조선 기업을 당장 내쫓으라고 요구했다. 이때 북한의 항의를 가로막은 사람이 바로 젊은 와하브 시장이었다.

"현대건설이 하는 일을 너희 나라 기업이 와서 할 수 있다면 해라. 너희는 이 일을 할 수 없지 않느냐. 우리는 남조선 사람들과 일을 같이 할 뿐이지, 정부 대 정부 관계는 전과 변함없다."

이라크 정부는 북한을 그런 식으로 달랠 수밖에 없었는데, 이런 문제가 또 나오니 그로서는 당연한 반응이었다.

"나는 지금 양국 국교가 수립되어야 한다고 요구하는 것은 아니다. 우리가 일을 하기 위해 이라크에 들어왔고, 또 이 나라가 우리를 받아들인 이상 일을 제대로 할 수 있는 최소한의 여건이 조성되어야 한다고 생각한다. 영사 업무만이라도 볼 수 있도록 무슨 조치가 있었으면 좋겠다는 뜻이다."

"그 문제는 보다 더 신중하게 고려해 보자."

부수상의 답변은 수락은 아니었지만, 거절도 아니었다. 조그마한 가능성이라도 있으면 그 틈을 비집고 들어가는 것이 기업 활동이나 외교 활동에서의 생존 전략이다. 나는 와하브와 이 문제를 상의했다. 와하브는 한참 생각한 끝에 대안을 내놓았다.

"우리 정부에게 어려운 결단을 요구하고 있다. 현대건설은 무엇으로 성의를 나타낼 수 있는가?"

"우리는 자동차를 생산하고 있다. 현대자동차에서 만든 승용차를 50대 기증하겠다."

내가 자동차를 주겠다고 제안한 이유는, 대한민국에서 만든 자동차가 바그다드 시내를 질주하고 다니는 것이 양국 경협의 상징이 될 수 있다는 판단에서였다.

"승용차는 우리도 충분히 있다. 너희 회사에서 픽업도 만드는가?"

"물론이다."

"그럼 픽업을 그만큼 보내 달라. 총영사관 설치 문제는 내가 추진해 보겠다."

"나의 형제여, 고맙다. 나도 이라크 건설 사업에 혼신의 힘을 다하겠다."

이 같은 약속을 하고 돌아와 청와대에 보고했다.

"일을 하기 위해 최소한 총영사관 개설을 요구했고, 긍정적인 답변을 받았다. 이를 계기로 국교 수립도 내다볼 수 있다."

혹시 우리 정부가 미국 눈치를 보느라 픽업 자동차 기증을 승낙하지 않을 수도 있다는 우려 때문에 일부러 국교 수립 가능성을 강조했다.

1주일을 속태우며 기다렸더니, 그제야 청와대에서 기증해도 좋다는 승낙이 왔다. 이날부터 현대자동차는 별도의 라인에서 주야로 긴급히 포니를 개조하여 특수 제작한 픽업을 만들었고, 이를 쿠웨이트 직항 선편으로 신속히 수송했다. 포니 픽업 기증식은 너무나 성대해서 정식 국교 수립도 기정사실처럼 느껴질 정도였다.

자동차를 기증하고 서울로 돌아오니, 중앙정보부 고위층이 나를 찾아와 이렇게 말하는 것이었다.

"이라크와 곧 국교가 수립될 예정입니다. 우리 정보부가 그동안 쿠웨이트 대사관을 통해 꾸준히 교섭해 상당한 진척을 보고 있습니다. 어디까지나 양국 정부의 공식적 창구를 통해 진행된 것입니다. 그러니 민간 기업이 끼어들어 더 이상 혼선을 주지 말았으면 합니다."

북한과 긴밀한 관계에 있는 국가와 외교 관계를 수립한다는 것은 당시에는 실로 커다란 '업적' 이었다. 그 업적은 오로지 자신들이 뿌린 씨앗의 결과라는 것을 입증하려는 속셈이었다. 민간 기업이 나서서 성사된 일이라는 오해를 차단하려는 것이었다.

나는 그들의 '노고' 를 인정했다.

"알겠습니다. 우리는 하루빨리 국교가 열려 일을 제대로 할 수 있었으면 하는 바람에서 자동차도 주고 사람도 만나고 했을 뿐입니다. 내가 무슨 공로를 세우자는 게 아니었습니다. 외교 관계가 수립된다면 그 공로는 당신들의 것입니다."

며칠 후에는 외무부 고위층이 같은 내용의 말을 전화로 해왔다. 외무부가 추진해 왔으니 현대가 나서지 말아 달라는 것이었다.

따지고 보면 내가 한 일은 없었다. 현대건설이 일을 원활히 해나갈 수 있도록 노력한 과정에서 얻은 과외의 소득일 뿐이었다. 그런데 우리 정부 기관들이 갑작스럽게 이 일을 두고 서로 자기들의 공적이라고 나서는 데는 아연하지 않을 수 없었다.

과정이야 어찌 됐든 이라크와의 영사 관계는 수립됐다. 영사 관계 수립과 동시에 나의 형제이자 친구인 와하브 시장과 상공 장관 등이 초청돼 한국을 방문했다. 그들은 석굴암에 가서 그 장엄한 석불을 향해 절하고 한국 문화를 찬탄했다.

세계를 달리며 215

이때부터 한국 종합상사들이 밀물처럼 이라크로 몰려갔고, 건설업도 제2의 중동 특수를 꿈꾸게 되었다.

그러나 이 꿈도 오래가지 못했다. 바로 다음 해인 1979년 초 이란 호메이니의 회교 혁명이 일어났고, 1980년 9월에는 이란·이라크 전쟁이 발발해 소모적인 장기전에 돌입했다. 그 바람에 한국 기업들은 공들여 닦아 놓은 건설 시장에서 서둘러 탈출해야 했다.

바그다드 엑소더스

이란·이라크 전쟁은 현대건설은 물론 내 신상에도 미묘한 파장을 몰고 왔다.

전투에 이기고 전쟁에는 진다는 말이 있다. 나는 이라크 상륙전에서는 보기 좋게 승전보를 올렸지만, 이란·이라크 간의 진짜 전쟁 때문에 나의 '전쟁'은 패배로 끝나고 말았다.

전쟁으로 인한 여러 가지 일들 때문에 아직도 회사가 고통을 받고 있는 것이 사실이다. 그러나 언젠가 이라크는 제2의 중동 시장 붐을 일으켜 한국 경제에 도움을 주게 될 날이 올 것이다. 그들도 친구 나라와 현대를 잊지 못할 것이라고 나는 확신한다.

국내에서는 '이라크 공사 때문에 정주영 회장과 이명박 사장이 마침내 갈라선다'는 말이 퍼지기도 했고, 또 내가 다른 회사로 간다느니, 정계로 나선다느니, 입각 제의를 받았다느니, 소문도 가지가지였다.

원인이야 어디에 있든 회사가 손해를 보게 되었다면 관련 당사자에게 책임을 묻는 것이 조직의 냉엄한 생리다. 전쟁 발발로 공사 대금을 제대로 받지 못해 원유로 받기로 했으나, 정 회장은 그 모든 것이 우리가 원하는 대로 되지 못한 책임이 그 시장을 개척한 나에게 있다고 생각했을지도 모른다.

그러나 정 회장과 내가 무슨 사안을 놓고 다투거나 적대감을 표출한 적은 없었다. 그저 냉랭한 기류가 흘렀고, 대화가 사라졌다는 정도였다. 그러나 이 정도의 분위기 변화도 정 회장과 나와의 오랜 관계에서 본다면 무시하지 못할 사건이었다.

불편한 관계가 지속되던 때였다. 정 회장과 내가 저녁 식사 테이블에 함께 앉아야 하는 일이 생겼다. 나와 친분이 있는 정부 관리가 정 회장을 만나게 해달라면서 그 교량역을 나에게 부탁한 것이었다.

저녁 식사 자리에서 정부 관리는 정 회장과 나 사이가 예전 같지 않다는 사실을 아는지 모르는지 불쑥 이런 말을 던졌다.

"정 회장님, 여기 이 사장은 내가 아주 존경하는 사람입니다. 이 사람을 잘 좀 봐주십시오."

아마 그는 이 자리를 주선해 준 나에 대한 고마움의 표시나, 아니면 나의 고용주이자 재계 리더인 정 회장에 대한 예우로 그런 말을 꺼냈는지도 몰랐다. 그런데 정 회장의 반응은 뜻밖이었다.

"이 사람은 쓰러뜨려 목을 밟고 있어도 항복하지 않을 사람이오. 누가 봐주고 자시고 할 것이 없어요."

그 자리에서 나는 정 회장의 이 말을 웃어넘겼지만 두고두고 내 마음 속에 화두처럼 남았다. 정 회장의 표현을 하나하나 뜯어보면, 내가 쓰러져 있다는 것이고, 누군가가 내 목을 밟고 있는데도 항복하지 않고 버티고 있다는 것이 되었다. 또 달리 해석해서 '이 사람독하고 똑똑해서 누가 봐주지 않아도 독불장군처럼 혼자 일어서는 사람'이라는 뜻으로 받아들일 수도 있다.

그러나 그럼에도 불구하고 나는 정 회장이 언젠가 내 목을 밟을 수도 있다는 사실을 새삼 깨닫게 되었다.

정 회장과의 불편한 관계는 오래지 않아 이라크에서 풀렸다. 정 회장과 나는 포연이 자욱한 이라크에 함께 들어갔다. 1982년 12월. 쿠웨이트 공항에서 우리는 낡은 비행기에 올랐다. 몸수색을 일일이 받았을 뿐만 아니라, 자기 짐을 자기가 일일이 화물 칸에 실었다. 폭발물이 들어 있는 것은 주인이 없으리라는 공항의 계산이었다. 비행기는 너무 낡아서 이륙했다가 다시 내려앉곤 했다. 그런 비행기를 타본 재벌 회장은 그리 많지 않을 것이다.

정 회장과 나는 바그다드에 도착해 옛 친구들을 만났다. 그 '형제와 친구'들로부터 현대건설에 대한 최대한의 배려를 약속 받고, 포격 사정권 안에 있는 현대건설 현장도 둘러보았다. 정 회장은 전장 속에서도 결코 움츠리지 않았다. 오히려 위험을 무릅쓰고 돌진했다. 며칠 동안 전쟁 중인 이라크 현장을 둘러보는 그는 탁월한 장군의 풍모를 풍겼다.

정 회장은 마음에 안 드는 구석이 있으면 "너, 사표 내"라고 호통을 쳤다.

이라크를 떠나기 전날 저녁이었다. 현대건설의 각 현장 책임자들이 모두 바그다드에 모였다. 전쟁 중이었지만 여기저기서 술이란 술은 다 긁어모았다. 40여 명이 넘는 현대 사나이들이 밤이 새도록 노래를 부르고 춤을 추면서 그야말로 대취했다.

내가 "사표는 모두 돌려주고 갑시다"라고 하자, 정 회장은 "아, 그래. 모두 반려다"라며 돌려줬다.

정 회장은 기분이 매우 좋아 보였다. 출발 직전인 새벽 3시까지 정 회장과 사나이들은 술을 마셨다. 정 회장은 바그다드에서 그날 밤 마신 술이 가장 즐거웠다고 후에도 몇 번이나 말했다. 사나이들끼리만 마시는 술이 그렇게 흥겨웠던 적은 일생에 없었다는 것이다.

새벽 4시에 육로로 쿠웨이트로 향했다. 바그다드에서 바스라로 향하는 국경 도로를 열 시간 달려야 했는데, 그 지역이 전쟁이 가장 격렬한 곳이었다. 목숨을 내놓고 우리는 포연이 자욱한 사막을 달렸다.

포연 속의 현장을 점검하고 돌아온 뒤 정 회장과 나 사이는 정상을 되찾았다. 서로 서먹서먹하게 굴기에는 함께 헤쳐 나가야 할 일이 너무 많았던 것이다.

열네 시간의 전쟁

기업인에게 담판은 협상의 온갖 수단이 동원되는 치열한 전투다. 세계의 여러 기업인을 비롯하여 국내외 정치 지도자들에 이르기까지 여러 사람들과 담판을 벌여 왔지만, 그 중에서도 세계 최대의 발전 설비 건설 회사인 미국 웨스팅하우스 부사장과 벌인 담판 전쟁은 지금까지 잊혀지지 않는다.

웨스팅하우스와 현대건설은 본청 업체와 하청 업체 관계로 처음 알게 됐다. 1970년대 초, 당시 후진국이던 우리나라 정부가 원자력 발전에 주목한 것은 현명한 선택이었다. 그러나 원자력 발전소 건설 기술은 전적으로 선진국에 의존해야 했다. 그때 우리나라에 들어온 주력 업체가 웨스팅하우스 사였다.

규모도 작고 기술 수준도 뒤떨어졌던 국내 건설 업체들은 웨스팅하우스의 하청 업체로 선정되기 위해 혈안이 되어 있었다. 기업 이익뿐 아니라 선진 기술을 익힐 수 있는 절호의 기회였던 것이다.

현대건설은 웨스팅하우스의 하청 업체가 되어 동아건설과 함께 국내 최초의 원자력 발전소인 고리 1·2호기 공사를 진행했지만, 초기에는 미국 기술자들이 시키는 대로 단순 노동만을 제공했다. 하지만 이 공사에서 현대는 많은 것을 배웠다.

나는 기술적인 문제를 상의하고 해결하기 위해 피츠버그에 있는 웨스팅하우스 본사를 자주 방문했다. 처음에는 현대건설 사장인 내가 가도 그쪽에서는 부장급이 나왔다.

1970년대 말에 이르자 웨스팅하우스가 독점하던 한국의 원자력 발전소 시장이 국제적인 경쟁 시장으로 변모했다. 입찰에 뛰어든 외국 업체들은 국내 하청 업자를 잡는 데 주력했다. 왜냐하면 국내의 어떤 업체와 손잡느냐에 의해 입찰이 결정되었기 때문이다. 그만큼 국내업체의 수준이 올라가 있기도 했다.

현대건설은 기왕에 웨스팅하우스와 호흡을 맞춰 왔으므로, 앞으로도 웨스팅하우스와 협력해 공사를 수주하기로 결정했다.

이 문제를 협의하기 위해 피츠버그로 갔더니, 그때는 수석 부사장이 나왔다. 대접도 전에 없이 융숭해졌다. 현대건설을 섭섭하게 했다가는 한국에서 원자력 발전소 공사를 할 수 없게 되었기 때문이다.

바로 그 웨스팅하우스 수석 부사장이 서울에 와서 나와 끈기와 오기의 담판을 벌인 적이 있다.

그 협상은 오전 10시, 현대 본사 내 방에서 시작됐다. 협상 내용은, 웨스팅하우스와 현대가 새 원자력 발전소 건설에 동참하되, 전에 비해 현대건설의 참여 폭이 더 커져야 한다는 것이었다. 이것은 기술 이전, 공사 물량, 결국에는 수익 문제와 직결되므로 매우 중대한 협상이었다.

이 협상에 임하면서 나는 프랑스의 프라마톰 사를 떠올렸다. 프라마톰도 원래는 웨스팅하우스의 하청 업체였다. 그러나 기술을 이전받아 현재는 프랑스 내의 원자력 발전소 공사를 도맡는 업체로 성장해 있다.

점심도 거르면서 여섯 시간 가까이 회의를 계속했으나 합의점은 나오지 않았다. 전권을 가지고 있다는 웨스팅하우스 수석 부사장은 중요한 대목에서는 본사와 통화해 지시를 받았다. 그런데 회의 도중 자기네 사람을 불러서 일본에 연락해 본사 방침을 전달받고는 했다.

웨스팅하우스 사람들은 자기네 본사에 하는 전화는 서울에서 하지 않고 반드시 일본에 가서 한다는 것을 전부터 알고 있었다. 그들은 서울에서 하는 전화는 중앙정보부에서 일일이 도청하는 것으로 믿고 있었다. 수석 부사장은 나와 협상 테이블에 마주앉기 2~3일 전에도 동경에 가서 본사와 통화하고 다시 돌아왔다.

여덟 시간을 줄곧 앉아 마라톤 회의를 하고 있는데, 그는 계속 블랙 커피만 마셨다. 커피를 마시면 힘이 더 나는 것 같았다. 나는 빈 속에 커피가 들어가니 속이 쓰리고 기운도 빠졌다.

저녁 6시가 지났다. 나는 비서실로 나가 비서에게 말했다.

"커피 다 떨어졌다고 하고, 지금부터 보리차를 내와라."

보리차를 마시자 나는 기운이 나는데, 반대로 수석 부사장은 피로해 보였다.

저녁도 건너뛰고 보리차만 마시면서 협상을 계속했다. 밤 10시가 넘고 있었다. 가만히 보니 그는 통행금지를 시한으로 삼고 있는 것 같았다. 한국에 여러 번 왔던 그는 한국인들이 저녁에 가장 신경 쓰는 것이 통행금지라는 사실을 꿰뚫고 있었다. '네가 아무리 버티어도 통행금지 시간 전에는 끝나겠지.' 그는 아마 이런 계산을 했던 것 같다.

만일 합의가 안 되면 다음날부터는 서로 다른 상대를 찾아야 할 판이었다. 막다른 골목이었다. 하지만 더 초조한 쪽은 우리였다.

그가 시간끌기 작전에 돌입해 있다는 것을 나는 눈치 챘다. 나는 잠시 밖으로 나가 숙직실에 지시했다.

"거기 있는 매트리스를 회의실에 갖다 놔라."

잠시 후 매트리스가 들어오자 수석 부사장은 눈이 둥그레지며 물었다.

"저게 뭡니까?"

"합의가 빨리 이뤄지지 않으면 어차피 밤을 새워야 할 것 아닙니까. 그러다가 통행금지 시각이 넘으면, 당신은 외국인이라 상관없지만, 나는 집에 가지 못하니 여기서 잘 수밖에 없습니다. 자, 지금부터 마음 푹 놓고 얘기를 계속합시다."

그는 질린 듯한 얼굴이었다. 그는 안 되겠다 싶었는지 정색을 했다. 소극적인 태도를 버리고 적극적으로 덤비기 시작했다. 통행금지 시각을 넘기면 오히려 자기가 불리해질 것이라고 판단한 모양이었다.

결국 우리가 원하던 방향으로 합의가 이루어졌다. 사인을 교환하고 나서 시계를 보니 11시 50분. 열네 시간에 걸친 담판이었다.

"내가 본사에서 올 때는 이런 내용이 아니었는데……"

웨스팅하우스의 수석 부사장은 볼멘소리로 말했다.

그때 나의 집은 압구정동이었다. 전속력으로 달렸지만 한강 다리에는 이미 바리케이드가 쳐져 있었다. 경찰과 헌병들이 차를 가로막았다. 나는 차에서 내려 말했다.

"나는 현대건설 사장 이명박이오. 외국인과 아침부터 조금 전까지 국가적으로 중대한 문제를 협상하다가 이렇게 늦었습니다. 오늘 집에 가서 쉬도록 해주시오. 경찰서에서 하룻밤을 새우기에는 너무 피곤합니다."

"댁까지 가시는 데 얼마나 걸립니까?"

"압구정동이니까 5분도 안 걸릴 거요."

"가십시오. 그 대신 가다가 잡히면 사장님께서 책임지십시오. 여기서 봐줬다고 하면 안 됩니다."

나는 강을 건너 무사히 집에 도착했다.

말레이시아의 보석 마하티르 수상

1994년 2월, 마하티르 말레이시아 수상이 한국을 방문했다. 그러나 사흘 동안의 그의 방한은 매우 조용하고 이례적이었다.

김해공항을 통해 소리 없이 들어와 울산의 현대중공업과 현대자동차 등 현대 그룹 계열사를 둘러보고 회사 관계자들과 사업을 논의한 뒤 올 때와 마찬가지로 소리 없이 돌아갔다. 한 나라의 지도자가 이런 식으로 한국을 다녀가는 일은 흔치 않았다.

그러나 이것이 바로 말레이시아 경제 발전의 견인차 마하티르 수상의 실질 외교다. 겉치레와 요란한 수사를 그는 멀리한다.

투철한 사명감과 강한 신념, 멈출 줄 모르는 추진력, 여기에 예리한 통찰력까지 갖춘 마하티르 수상을 나는 미래 정치인의 한 표본이라고 주저 없이 말한다.

내가 마하티르 수상을 만난 것은 1970년대 말. 그동안 우정을 나누어 온 지 15년이 넘는다. 국제 사회에서 인간관계란 국가적인 이익이 우선하는 냉엄한 관계지만, 그런 속에서도 인간적 교감을 통해 변하지 않는 우정이 싹트기도 한다. 마하티르 수상과 나의 관계가 바로 그런 것이었다. 앞에서 말한 와하브 바그다드 시장과도 오랜 우정을 나눌 수 있었는데, 전쟁이 가로막고 말았다. 와하브와 이라크의 '친구'들을 생각할 때마다 아쉽고 섭섭하다.

당시 현대건설은 말레이시아에서 케냐르 댐을 건설하고 있었다. 건설업체 대표가 해외 현장에 나가면 그 나라 고위 관료와 정치인들을 만나는 것이 중요한 업무 중 하나다. 말레이시아에서는 마하티르 부수상이 그중 한 사람이었다. 부수상이라면 행정부의 2인자이지만, 마하티르는 들러리일 뿐이었다. 소신을 굽히지 않아 집권당에서 축출당해 망명 생활을 하다가 국민 여론이 들끓자 수상 후세인이 민심 수습용으로 다시 불러들여 부수상 자리에 앉힌 것이었다. 실권이 없으니 당연히 할 일도 없었다.

그의 집무실에는 늘 마하티르 혼자 앉아 있었다. 나는 말레이시아 정부 청사에 들어가면 반드시 마하티르 집무실에 들르기 시작했다. 1981년, 세계에서 세 번째로 긴 다리인 피낭 대교 수주전에 참여할 때부터였다. 프랑스, 일본, 그리고 우리가 치열한 각축전을 벌이고 있을 때였는데, 일본 마루베니 사가 부패한 정권을 구워삶고 있어서 막상 나는 만날 사람도 없었다.

"나는 당신을 도울 능력이 없는 사람이다. 그런데 왜 자꾸 나를 찾아오는가?"

두어 번 찾아갔을 때 마하티르가 말했다.

"본사에 돌아가면 누구누구를 만났다고 보고해야 하는데 일본 회사의 방해 때문에 결정권을 가진 수상은 만날 수가 없다. 부수상을 만났다고 하면 본사에서는 실권자와 접촉한 것으로 알 것 아니냐."

나는 짐짓 농담을 건넸다.

"그렇다면 언제든지 찾아와라. 대신 한국 얘기나 좀 들려주었으면 한다."

마하티르도 웃었다. 이때부터 우리는 자주 만났다. 할 이야기가 서로 많았던 것이다. 특히 그는 한국에 관심이 많았다.

일본 식민지 시대, 해방과 분단, 그리고 전쟁, 군사 혁명과 경제 건설, 새마을 운동, 중화학공업화의 성공, 민주화 요구 및 쿠데타의 악순환에 이르기까지 그는 한국 현대사 전반에 대해 전문가 이상의 치밀한 분석을 하고 있었다. 그는 특히 새마을 운동을 주목했다.

"한국이 산업화에 성공한 까닭은 새마을 운동과 같은 정신 무장 운동 때문이었다고 나는 생각한다. 바로 그 근면과 자조 정신이 지금 말레이시아에 필요하다."

마하티르는 영국의 오랜 식민통치에 길들여진 국민성을 고쳐야 한다는 야심을 품고 있었다. 의타심과 나태함을 개혁하지 않으면 말레이시아의 발전은 불가능하다는 신념이었다. 그가 한국을 눈여겨 보는 것도 바로 이런 이유였다.

나는 마하티르와 토론도 하고, 충고도 서슴지 않았다. 마하티르의 생각은 경제를 통해 우선 가난을 헤쳐 나가야 한다는 나의 생각과 일치했다.

그와 자주 점심을 먹었는데, 이 일국의 부수상이 음식점에 들어가도 누구 하나 알아주는 사람이 없었다. 바로 이 실권 없는 부수상과의 우정이 피낭 대교라는 세계적인 공사 수주의 성패를 갈라놓을 줄은 나는 물론이고 마하티르 자신도 모르고 있었다.

나는 말레이시아가 총연장 14.5킬로미터에 달하는, 세계에서 셋째로 긴 다리를 계획 중이라는 얘기를 1960년대 후반, 타이 고속도로 공사 현장에서 들었다. 나는 그때, 그 공사를 우리가 할 수는 없을까라는 '공상'을 해본 적이 있다. 그런데 그 꿈이 10여 년 만에 내 앞에 현실로 닥친 것이었다.

공사비가 3억 달러가 넘는 대역사였다. 말레이시아가 이 다리에 거는 기대는 너무나 컸다. 계획에서 완성까지 20년이 걸린, 말 그대로 숙원 사업이었다.

말레이시아 정부는 이 다리를 놓음으로써 두 가지 목적을 달성하고자 했다.

첫째는, 피낭 섬을 본토에 연결시켜 이 섬을 관광지 및 공업단지로 본격 개발하자는 것이었다. 경제적인 목적이었다. 싱가포르가 독립할 때 화교들이 요구했던 것은 현재의 싱가포르가 아니라 피낭 섬이었을 정도로 이 섬이 지닌 가치는 컸다.

둘째는 정치적 목적이었다. 피낭 섬은 중국 화교들이 상권을 장악하고 있었다. 독립만 하지 않았다 뿐이지 피낭 섬은 제2의 싱가포르였다. 이 피낭 경제를 피낭 대교를 통해 말레이시아 경제로 흡수하려는 의도가 있었던 것이다.

피낭 대교 공사는 마침내 1981년 초 입찰을 실시했다. 현대건설이 이 입찰에 총력을 기울였음은 물론이다. 상처만 남겼던 이란·이라크 이후의 대공사였기 때문에 내가 진두지휘에 나섰다.

입찰에 참여한 회사는 17개국 41개사. 세계 유수의 건설 회사들이 눈독을 들였다. 우리는 공사 단가에서 우리보다 경쟁력이 약한 유럽 업체들을 멀리하면서 일본의 마루베니 사만을 경계하며 투찰했다. 그러나 예상을 깨고 1차 결과는 프랑스 캄페농 베르나르 사가 1위, 현대가 2위, 일본 마루베니가 3위, 서독 회사가 4위로 나타났다.

이 네 개 회사가 최종 입찰에 들어가게 되었는데, 서독 회사가 스스로 포기함으로써 상위 3파전 양상을 띠었다. 막대한 자금력과 로비 능력을 갖춘 마루베니는 우리가 물리치기에는 힘겨운 상대였다.

우선 1위인 베르나르 사를 제쳐 놓을 필요가 있었다. 그러고 나서 마루베니와 일대 격전을 벌인다는 계획이었다. 베르나르 사에 비해 우리의 공기가 훨씬 짧았다. 우리는 말레이시아 당국에, 베르나르 사가 우리보다 입찰 가격이 약간 낮지만, 다리를 빨리 완공시켜 통행료를 받는다면 오히려 이윤이 많다는 것을 강조하면서 현대건설을 택하도록 설득했다.

문제는 일본이었다. 그들의 뒤집기 노력은 대단했다. 일본 정부와 현지 일본 대사관이 총력전을 펼쳤다. 풍부한 자금력을 바탕으로 말레이시아에 장기 저리 융자를 제의하는 한편, 현대건설이 과거에 범했던 실패 사례를 뒤져 공개했다. 그 대표적인 것이 1980년 중앙일보가 대대적으로 보도한 부실 공사 관련 기사였다.

내가 말레이시아 현지에서 하소연할 수 있는 유일한 사람은 마하티르 부수상뿐이었다. 수상실은 현대가 얼씬거리지도 못하게 마루베니가 벌써 그물을 쳐놓은 상태였다.

"도움이 되지 못해 미안하다."

마하티르가 할 수 있는 말은 그것밖에 없었다.

나는 하는 수 없이 서울로 돌아왔다가 6개월 뒤 다시 말레이시아로 향했다. 특별한 기대는 하지 않았다. 1981년 봄 말레이시아 국내에서 민족 분쟁이 일어났고, 그 여파로 후세인 정권이 위험하다는 소식은 들었지만, 수상이 바뀔 것이라고는 상상도 하지 않았다.

공항에 내려서 무심결에 신문을 사 들었는데, 마하티르가 수상직을 승계할 것이라는 보도가 눈에 들어왔다. 수상 후세인이 갑자기 사망했다는 것이었다.

나는 즉시 부수상 비서에게 전화를 걸어 마하티르와의 면담을 요청했다. 비상시국인데 외국 기업인을 만나 줄 것인가, 나는 조바심이 났다. 그런데 마하티르는 내 요청을 기꺼이 받아들였다.

"지금 곧 싱가포르에 가야 하므로 집무실에서 미스터 리를 만날 시간이 없다. 공항 가는 길에 옷을 갈아입으러 잠시 집에 들러야 한다. 내 집으로 가 있어라."

마하티르 집에 도착해 부인과 환담하고 있는데 그가 들어섰다.

"신문 보도가 사실인가? 수상이 되는 건가?"

"기다려 보자. 싱가포르에 다녀오면 모든 것이 결정 날 것이다."

그의 어조에는 자신감이 배어 있었다.

나는 피낭 대교 최종 낙찰 건에 대해 묻고 싶었다. 천만다행으로 수상 후세인은 피낭 대교 최종 낙찰자를 정하지 않은 채 눈을 감은 것이었다. 이제 피낭 대교 최종 낙찰은 마하티르의 결재를 받아야 하는 것이었다. 그러나 나는 그날 마하티르에게 그 말은 묻지 못했다.

말레이시아 본토와 피낭 섬을 연결하는 총연장 14.5킬로미터에 달하는 피낭 대교의 모습.

그날 오후 그는 신문 보도대로 당 총재로 선출되고, 동시에 수상
직에 올랐다.
  마하티르 수상은 오랫동안 구상해 온 개혁의 기치를 높이 들었다.
'동방을 보라'와 '깨끗한 정부'가 마하티르 개혁 정치의 슬로건이
었다. '동방'은 분명 한국이었다. 한국을 배워 한국을 추월하는 것
을 당장의 국가 정책 목표로 내세운 것이었다. 한국의 기업인인 나
는 뿌듯했다. 그러나 마하티르라는 지도자를 볼 때 그것은 충분히
가능한 목표였으므로 섬뜩함이 없지 않았다.
  피낭 대교 건설 공사 시공 업체를 선정하는 기본 정신부터가 과거
정권과 다른 것은 마하티르로서는 당연했다. 정치 자금 수수는 있을
수 없었다. 정권, 공직자, 기업 등 사회 전반적으로 부패가 만연한
말레이시아 사회의 변화는 무엇보다 정부에서 먼저 이뤄져야 한다
고 마하티르는 생각하고 있었다. '깨끗한 정부'라는 슬로건도 바로
그 이유 때문에 나온 것이었다.
  이제 나는 마하티르의 개혁 내각을 설득해야 했다. 베르나르 사에
대해서는 전과 마찬가지로 공기 단축이 결과적으로 경제적 이익을
가져온다며 새 내각을 설득했다. 그리고 마루베니보다는 공사 금액
에서 저렴하지 않느냐며 경쟁 우위를 강조했다.
  끝까지 우리를 위협하던 일본의 차관 제공 카드는 말레이시아의
개혁 바람에 밀려나게 되었다. 후세인 정권의 관료들이 각종 비리와
관련돼 줄줄이 입건되는 과정에서 마루베니 사의 로비가 최대의 의
혹으로 부각된 것이었다. 마루베니 사는 수주 활동을 벌일 명분을
잃고 말았다.
  피낭 대교는 결국 현대건설에 최종 낙찰되었다. 마하티르는 이 공

사를 현대에 줌으로써 '깨끗한 정부'의 참모습을 알리는 한편, '동방'의 기술과 근면성을 가까이에서 말레이시아 업체 및 국민들에게 가르치고 싶었을지도 모른다.

수상의 엉덩이는 더 큽니까?

한때 신바람 캠페인이 불더니, 지금은 국제화·세계화 바람이 한창이다. 그런데 왜 국제화를 해야 하는지, 어떻게 시작하는지에 대해서는 막연해하는 사람이 의외로 많다. 나는 국제화를 피낭 대교 기공식에서 배웠다.

피낭 대교는 말레이시아뿐 아니라 현대건설에게도 큰 의미가 있었다. 이 다리를 완공함으로써 현대건설은 세계적인 건설 회사로 발돋움한 것이었다.

1982년 초, 현대는 세계에서 가장 아름다운 다리를 건설한 회사답게 기공식 '무대' 또한 거창하게 준비했다. 국내에서 대통령이 참석하는 기공식과 똑같은 무대를 연출하기 위해 전문가를 말레이시아로 불러들였다.

단을 높게 하고 가운데 마하티르 수상 부부가 앉을 커다란 의자를 배치하고, 그 양옆으로 정부 요인 및 귀빈들이 앉을 의자를 놓을 계획을 세웠다. 수상 의자 앞에는 버튼을 누르면 폭죽과 연기가 치솟는 장치도 준비했다. 강한 햇빛을 고려해 차양도 넉넉하게 쳤고, 카펫도 깔았다.

기공식 하루 전날 오전, 수상 비서실장이 경호실 요원 한 사람과 현장을 둘러보러 왔다. 비서실장은 연단을 보고 놀라는 표정이었다. 나는 속으로 '기공식 준비에 감탄하는 모양이구나' 라면서 흡족해했다. 그런데 비서실장이 내 곁으로 와서 이렇게 말하는 것이었다.

"수상이 앉는 자리는 그늘이 있는데, 5천 명이 참석하는 이 앞에는 어떻게 할 겁니까?"

어떻게 하다니? 나는 한국식으로 생각하고 있었다. 한국에서는 대통령 앉을 자리만 신경 쓰는데……. 일반 참석자들은 땡볕에 두 시간 전부터 줄지어 서서 대기하는 것이 보통 아닌가. 개중에 몇 사람은 쓰러지기도 하고……. 내가 잘 못 알아듣는 눈치이자, 비서실장은 곧 말을 이었다.

"5천 명이 앉을 자리 위에도 차양을 치든지, 아니면 수상 자리의 차양을 없애든지 하세요. 수상만 그늘에 있을 수는 없습니다."

나는 큰 충격을 받았다. 국민을 이렇게 생각하는 관료들이 있구나. 온 세계를 돌아다녔으면서도 나는 국제화가 덜 되어 있었던 것이다. 기공식 행사 준비에 관한 한 나는 너무나도 한국적이었고 관료적이었다.

비서실장의 주문은 수상이 앉을 단의 차양을 뜯어내라는 것이었다. 24시간 안에 5천 명이 들어갈 차양을 친다는 것은 불가능했다. 현대건설 직원들과 말레이시아 현지 사람들과 회의를 해봐도 24시간 안에 2천 평 넓이의 차양은 설치하지 못한다는 결론이었다. 그러나 나는 쉽게 포기하지 않았다. 점심을 먹으면서도 골똘하게 생각했다.

"한 백 평 정도는 차양이 가능하지 않겠습니까?"

말레이시아 인부들은 '문제없다'고 대답했다.

"그럼 20개 회사를 불러 백 평씩 치라고 하면 되지 않겠습니까?"

곧바로 말레이시아 회사들을 불렀다. 2백 평을 치겠다고 한 회사도 있어서, 12개로 나누어 차양 설치 작업에 들어갔다. 다음날 아침 7시경에 차양은 완성되었고, 청소를 마치니 8시였다. 행사 한 시간 전인 9시, 경호원들과 전날 다녀간 비서실장이 도착했다.

"이 사장, 이게 도대체 어떻게 된 일입니까?"

비서실장은 2천 평 위에 차양이 쳐진 것을 보고 입을 다물지 못했다. 당연히 수상이 앉을 단의 차양을 없애는 걸로 알고 돌아갔는데, 하룻밤 사이에 2천 평 위에다 5천 명이 들어갈 수 있는 차양을 쳐놓았으니, 놀라는 것도 무리는 아니었다. 여기까지는 순조로웠다.

연단을 둘러보던 비서실장은 나를 부르더니 또 묻는 것이었다.

"이 의자 두 개는 왜 이렇게 큽니까?"

"수상 부부가 앉을 자립니다."

비서실장은 고개를 갸우뚱거리더니 나를 쳐다보았다.

"수상은 다른 사람들보다 엉덩이가 더 큽니까?"

그는 다른 사람들이 앉는 의자와 똑같은 것을 갖다 놓으라고 말했다. 나는 또 한 번 충격을 받지 않을 수 없었다. 말레이시아는 비록 우리보다 못살지만, 정치 지도자들의 의식은 우리보다 훨씬 앞서 있었다. 말레이시아가 언젠가는 우리를 바짝 추격해 올 것이라는 예감을 받았다.

마하티르 수상의 연설이 시작됐다. 말레이시아 어로 연설을 하는데, 좌중에서 폭소가 자주 터졌다. 나는 알아듣지 못했지만, 가만히 있기가 쑥스럽기도 하고 어느 정도 분위기는 맞춰 주어야 할 것 같아서 좋은 소리겠거니 하고 그냥 따라 웃었다.

내가 웃는 걸 본 말레이시아 관리 한 사람이 내 옆구리를 툭 쳤다.
"이 사장, 지금 무슨 얘기 하는 줄 알고 웃는 겁니까?"
내가 머쓱해하자, 그 관리가 수상 연설 내용을 말해 주었다.
"현대건설이 알리바바(도둑놈)라고 말하고 있습니다. 현대건설이 도둑놈이니까 여러분이 빨리 배워서 이 도둑놈들을 쫓아내야 한다는 겁니다."
이렇게 해서 나는 피낭 대교 기공식에서 세 번 충격을 받았다.
'대통령만 그늘에 앉아서는 안 된다. 대통령 의자가 더 커서도 안 된다. 외국 기업에게 공사를 주되, 공사를 주는 목적이 분명해야 한다.'
이런 의식은 정치 지도자의 국제화에서 나온 것이었다. 뚜렷한 역사관과 세계관, 국가에 대한 비전을 갖추고 있는 지도자였기 때문에, 그 정부 관료들도 철저하게 국제화가 되어 있었던 것이다.
국제화는 정부가 기업이나 국민에게 요구하기 전에 먼저 실천해야 한다고 믿고 있다. 지도자가 달라져야 공직 사회가 달라진다. 공직 사회가 깨끗해지면 그 나라 전체가 변화한다. 국제화된 정치 지도자가 한 나라의 경제를 어떻게 이끌어 갈 수 있는가를 보여 주는 좋은 사례가 바로 말레이시아의 마하티르 수상, 그 사람이다.

마르코스와 이멜다의 싸움

말레이시아에서의 승리는 필리핀에서 역전당하고 말았다. 피낭 대교에서 물러섰던 마루베니는 필리핀 송전선 공사에서 우리를 제쳤다.

1억 5천만 달러짜리 송전선 공사 국제 경쟁 입찰은 마르코스 대통령이 부인 이멜다와 함께 망명을 떠나기 1년 전인 1985년에 있었다. 개도국의 정권 말기가 다 그렇듯이 당시 필리핀 공사 수주에도 권력이 깊숙이 개입했는데, 필리핀에서는 색다른 양상이었다.

마르코스와 이멜다는 부부였다. 두 사람이 정적일 리 만무했다. 그런데도 마르코스 쪽에 줄을 서는 사람들과 이멜다 쪽에 줄을 서는 사람들이 따로 있었다. 외국 기업으로서는 어느 쪽에 서는 것이 승산이 있는지 갈피를 잡기가 쉽지 않았다. 송전선 공사 수주는 결과부터 말하자면, 이멜다 쪽에 줄을 선 마루베니가 마르코스를 믿었던 현대를 따돌렸다.

필리핀 건설 시장은 마르코스 시대에 들어서서 거의 일본 기업들이 독식했다. 일본 기업들은 독재 정권과 유착했고, 필리핀에서 수많은 공사를 따낸 마루베니는 마르코스 정권과 유착된 일본 기업으로 소문이 나 있었다.

1차 입찰 결과는 현대가 1위, 마루베니가 2위였다. 최종 낙찰 역시 현대와 마루베니의 대결이었다. 피낭 대교 공사 수주의 재판이었다.

우리는 마르코스 대통령과 직접 연결되는 실력자와 줄을 대고 있었다. 반면에 마루베니 측은 이멜다 측근 인사를 에이전트로 삼고 있었다. 양측 모두 상대방 사정을 훤히 꿰뚫고 있었다. 당시 필리핀 공무원들은 돈만 쥐여 주면 중요 서류도 건네주었다.

현대와 마루베니의 수주전은 공개적인 대리전으로 치달았고, 마르코스 정부와 정계도 마르코스계와 이멜다계로 분할되었다. 부패한 필리핀 지도층의 먹이 사냥이었다.

나는 전기 담당 유재환 부사장과 함께 이 공사 수주를 지휘하기 위해 대여섯 번이나 필리핀을 방문해 그쪽 관리 및 정치인을 만나보았다. 그때마다 나는 잘못된 정권이 수천만 국민을 어떻게, 얼마만큼이나 수렁에 빠뜨릴 수 있는가를 목격했다. 깨끗한 공직 사회가 유지되는 후진국은 없는 것인가? 독재 정권의 말로는 왜 어디나 마찬가지인가? 1985년 필리핀에서 나는 절망감에 시달렸다.

송전선 공사는 마루베니에게 돌아갔는데, 이런 결과에 대한 납득할 만한 설명은 없었다. 그러나 아주 명쾌한 논리가 있었다.

최종 낙찰자가 확정된 직후 우리 대리인이었던 마르코스 측근 인사가 찾아와 이렇게 말하는 것이었다.

"마르코스가 이멜다에게 졌다. 다른 이유는 없다."

그 다음 해인 1986년 2월, 필리핀에는 아키노 정권이 들어섰다. 그해 우리는 필리핀 마닐라에 건설 예정인 아시아개발은행 본관 건물 신축 공사를 따냈다. 그 기공식이 열린 뒤 리셉션이 있었는데, 거기서 만난 아키노 대통령과 라모스 육군 참모총장의 모습이 매우 인상적이었다. 말레이시아의 마하티르가 그랬듯이, 이들은 마르코스 정권 사람들과는 격이 달랐다.

아키노 대통령이 리셉션에서 간단한 연설을 하게 되어 있었다. 각료와 내빈들이 미리 와서 자리를 잡고 앉았는데, 새 정권의 실세로 알려져 있는 라모스 육군 참모총장이 제일 말석에 겸손하게 앉아 있었다. 아키노 대통령의 행차도 일국의 대통령의 그것이라고 믿기 어려울 만큼 소탈했다. 경호원 두 명을 동행한 것이 전부였다.

연설이 끝나고 칵테일을 마시는데, 아키노 대통령이 나에게 다가와 인사를 건넸다. 인사를 받고 나서 나는 이렇게 물었다.

"대통령의 경호가 이렇게 허술해도 괜찮습니까?"

그녀의 남편 아키노가 공항에서 피격당하던 모습을 생생하게 기억하고 있는 사람이, 그녀가 암살공포증에 시달리지나 않을까 걱정하는 것은 어쩌면 당연했다. 대통령은 밝게 웃으며 말했다.

"나는 필리핀의 민주화를 이룩하기 위해 대통령에 출마해 당선됐습니다. 민주화는 필리핀 국민들의 일치된 염원입니다. 아키노가 없다고 해서 필리핀의 민주화가 좌절되지는 않습니다. 이제는 누가 대통령이 되어도 민주화는 필연적입니다. 그런데 대통령 한 사람 목숨을 지키기 위해 이 가난한 나라에서 경비를 들여 경호를 할 필요가 있겠습니까?"

새 지도자다운, 감동적인 말이었다.

아키노 대통령이 자리를 뜨자 곧 라모스가 다가왔다.

"한국 전쟁 때 우리는 당신 나라를 도와줬소. 그때 한국은 국민소득이 60달러였고, 필리핀은 7백 달러였소. 그런데 지금은 한국의 도움을 받아야 할 처지로 전락했소. 그 원인은 한 가지, 잘못된 정치에 있었습니다. 그러나 이제 정치가 바로 섰으니, 우리나라도 곧 한국을 뒤따르게 될 것이오."

나는 라모스와의 대화에서 언젠가 이 사람이 필리핀의 대통령이 될 것이며, 그가 대통령이 되는 날 필리핀은 본격적인 발전 궤도에 들어설 것이라는 예감을 했다. 예상대로 그는 아키노에 이어 대통령으로 당선되었고, 경제 건설에 박차를 가하고 있다. 제2의 마하티르가 등장한 것이다.

20년 만에 지킨 약속

내가 타이 고속도로 현장에서 경리로 있을 때니까 벌써 30년 가까운 세월 저쪽의 일이다.

타이 현장에서 십장으로 일하던 최 씨라는 분이 있었다. 그는 타이 인 운전사들을 부리며 대학 나온 직원 열 사람 몫의 일을 해내던 억척이었다.

이 최 씨가 작업 지시에 반발하는 타이 인들로부터 총격을 받았다. 가슴에 무려 여섯 발의 총탄을 맞았다. 하지만 그는 즉사하지 않고 파타니 병원에 입원해 한 달가량 살아 있었다. 사원들이 교대로 수혈하고, 나는 낮에 현장에서 일하고 밤에는 병원으로 달려가 병상을 지켰다. 그러나 그는 날마다 기력이 떨어져 갔다.

"이 경리는 유능해서 장차 틀림없이 회사에서 큰일을 하게 될 거요. 그때 나의 가족이 찾아가거든 모른다 하지 말고 딱 한 번만 도와주시오."

"그때 내가 어떤 일을 하고 있을지 모르겠지만 내가 할 수 있는 일이라면 무엇이든지 돕겠습니다. 약속하지요."

그 말이 유언이었다. 이틀 뒤, 그는 이역만리 타국에서 세상을 떠나고 말았다.

그로부터 20년이 지난 어느 날, 사장이 된 나에게 어떤 부인으로부터 전화가 걸려 왔다.

"옛날 타이에서 사장님과 함께 일했던 최 아무개 십장의 안사람입니다. 사장님께서 기억하시면 찾아뵙고, 기억하지 못하신다면 찾아뵙지 않겠습니다."

비서실 직원이 이 같은 내용의 전화가 왔었다고 하기에 나는 찾아오시게 하라고 일렀다.

최 씨의 부인이라는 여인이 찾아왔다. 부인은 너무나 오래되어 색이 바래고 귀퉁이가 파삭거리는 편지 한 장을 꺼내 보였다.

'내가 어쩌면 살아서 돌아가지 못할지도 모르겠소. 여기서 나는 이 경리라는 사람을 알게 됐는데, 그는 능력이 있고 좋은 사람이오. 내가 죽고 나서 아들을 공부시키다가 어려운 일이 있을 때 딱 한 번만 그를 찾아가 보시오. 아무리 어렵더라도 당신 힘으로 아들을 잘 키우고, 아이가 고등학교 졸업 후에 정 어려우면 찾아가 보시오. 어쩌면 도움이 될지도 모르겠소.'

20년 전 최 십장이 땀을 뻘뻘 흘리며 현장을 누비던 모습이 떠올랐다. 총상을 입고 파타니 병원에서 나에게 '유언'을 남기던 최씨의 야윈 얼굴과 눈동자가 눈앞에서 어른거렸다.

그 부인은 남편의 유언대로 홀몸으로 자식을 공부시켜 공업고등학교를 졸업시켰다. 그러나 아들은 아무 곳에도 취직이 되지 않았다. 그러자 문득 남편의 편지가 생각나 나를 찾아온 것이었다. 20년 전 타이에서 보내온 편지가 20년 만에 나를 찾아온 셈이었다.

"무슨 도움이 필요하십니까?"

"우리 아들 취직 좀 시켜 주시면 고맙겠습니다. 취직도 하고 해외에도 나갔으면……."

"걱정하지 마세요. 그 정도라면 들어드리겠습니다."

나는 듣지 않아도 최 씨의 부인이 겪었을 고단한 삶을 충분히 짐작할 수 있었다. 부인은 가난하게 살아왔으나, 가난 때문에 심성이 무너져 있지는 않았다. 기품이 있었다. 나는 잠시 나의 어머니를 생각했다.

"다른 부탁은 없으신가요?"

"없습니다. 남편이 딱 한 번만 부탁하라고 했으니, 있다 해도 더 부탁하지 않겠습니다."

최 씨의 아들은 부인의 소망대로 현대건설에 입사했고, 곧바로 해외 건설 현장으로 나갔다. 부인은 그 뒤로 나타나지 않았다.

잊을 수 없는 사람들

건설 현장은 마치 전쟁터와 같다. 무에서 유를 창조해 내는 과정 속에는 늘 위험이 도사리고 있다. 그래서 아까운 젊은이들이 목숨을 잃기도 한다. 지난날 경부고속도로 공사 때, 2년 반 동안 전 구간에서 발생한 희생자는 77명이었다. 1980년대에는 국내외에서 한 해에 줄잡아 30~40명의 희생자가 발생했다.

경부고속도로를 달릴 때, 또 중동의 거대한 발전소나 항만 시설을 볼 때, 나는 현장에서 죽어 간 아까운 목숨들이 떠올라 숙연해지곤 한다. 그 죽음들이 바로 나를, 우리 사회를, 국가를 지탱하고 있는 것은 아닌가. 죽음은 죽은 자의 몫이 아니라 이렇게 살아 있는 우리들의 몫이다.

근로자들의 죽음은 어느 것 하나 슬프지 않은 것이 없다. 그중에서도 특히 가슴이 저민 것은 1987년 11월 29일 미얀마 상공에서 산화해 간 60여 명의 현대건설 근로자들의 죽음이었다. 김현희에 의해 폭파당한 KAL기에 현대건설 근로자들이 타고 있었던 것이다. 대부분 이라크에서 악조건을 무릅쓰고 일하던 현장 근로자들이었다.

그 중에서도 더욱 잊을 수 없는 사람 둘이 있다.

한 사람은, 현대건설 해외 발전 설비 담당 본부장인 김덕봉 전무다. 나와 동갑으로, 매우 성실한 사람이었다. 국내에서도 발전 설비를 많이 해서 이 방면의 베테랑이었다. 나와 함께 이라크 알무사이브 화력 발전소 수주를 위해 여러 번 출장을 다녀서 개인적으로도 정이 많이 들었다.

일에 파묻혀 사느라고 결혼도 못하고 있는 것을 내가 독촉해 늦장가를 들었다. 대학에 다니는 자식을 둘 나이에 겨우 초등학교에 다니는 어린 아들을 두고 있었다.

1987년 말, 당시 전무였던 김덕봉 씨와 나는 알무사이브 발전소 건설의 마무리 공사를 하는 한편, 후속 공사 수주를 두고 이라크 정부를 상대로 협상을 계속하고 있었다. 전쟁 중이어서 발전소의 필요성은 어느 때보다 절실했으나 금융 문제가 암초였다. 그러던 어느 날, 김 전무가 해외 출장을 가야겠다고 말했다.

"연말 전에 한 번 다녀오겠습니다."

"연말이고 하니 쉬었다가 내년 초에나 가시지요."

"아닙니다. 아무래도 지금 가야 할 것 같습니다."

고마운 일이었다. 대개 연말이면 꼭 가야 할 일이 있어도 해외 출장을 기피하는 것이 상례였다. 그런데 김 전무는 자청해서 출장을 가겠다는 것이었다.

"지금 국내에도 바쁜 일이 있으니 일주일 뒤에 가면 안 되겠습니까?"

"때를 놓칠 수가 없습니다."

김 전무는 이튿날 바로 떠났다. 며칠 후 김 전무가 돌아온다는 텔렉스가 왔기에 나는 '기왕 간 김에 런던에 들러 기자재 문제를 알아 보고 오라'는 전문을 보냈다. 그러자 그는 '이번에는 그냥 들어갔다가 다음번에 나올 때 런던에 들르겠다'는 텔렉스를 보낸 뒤 곧장 비행기에 올랐다. 그런데 그 비행기가 미얀마 상공에서 폭파된 것이다.

사고 소식을 듣고 김 전무 집에 가보았다. 초등학교에 다니는 아이는 '아빠가 장기 출장을 가서 언제 돌아오실지 모른다'고만 알고 있었다. 부인은 남편의 죽음을 믿을 수 없다며 합동 장례식 참석을 거부했다. 그러나 슬픔 속에서도 곧 마음을 바로잡았다. 김 전무는 순직자 중에서 가장 직위가 높았다. 따라서 자신이 참석하지 않을 경우 다른 근로자 가족들이 어떻게 생각할 것인가, 여기에 생각이 미치자 부인은 장례식에 참석하기로 했다.

이날 장례식에서 나는 고인의 영전에 전무에서 부사장으로 승진되었다는 발령장을 바치면서 입술을 깨물었다. 조사를 읽어 내려가면서 내 부모 형제의 죽음에서 받는 슬픔보다 더 큰 슬픔을 느껴야 했다.

또 다른 사람은 황 씨였다. 내가 관악 공장에 있을 때 중장비 운전사로 일했던 그는 나보다 현대에 몸담은 지가 더 오래되었다. 그가 이라크로 가서 일을 하다가 어느 날 내 앞으로 편지를 보내왔다.

'저는 현대에서 30여 년간 일해 왔습니다. 평생을 일해도 직원은 되지 못하고 영원한 근로자일 뿐입니다. 저의 유일한 소원은 제 자식이 현대건설에 정식 사원으로 입사하는 것을 보고 죽는 것입니다. 제 자식놈이 금년에 대학을 졸업하는데, 못난 아비가 늘 객지로 돌아다니며 일하느라 제대로 공부를 시키지 못해 현대건설에 지원해도 합격할 처지가 못 되는 것 같습니다. 그러나 현대에서 평생을 근로자로 일해 온 저를 봐서 사장님께서 제 자식을 특별히 봐주실 수 없는지요. 회사 규정에도 없는 사사로운 부탁이라 한없이 죄송스럽습니다. 간곡히 부탁드립니다.'

가슴이 뭉클했다. 열사에서 날아온 편지에서 아버지의 따뜻한 정을 느끼지 않을 수 없었다. 한 회사에서 근로자로 평생을 일했다는 것은 그 자체로도 충분히 높이 평가해야 한다. 나는 그 아들을 불러 시험에 응하도록 했다. 과연 성적은 좋지 않았다. 그러나 다른 기능을 살펴보니 충분히 입사할 자격이 있어 그를 채용시키도록 했다.

황 씨로부터 고맙다는 편지가 왔다.

'평생 소원을 풀었습니다. 더구나 현대 입사 후 자식놈이 결혼까지 하게 되었습니다. 이번에 결혼식에 참석하기 위해 잠시 귀국하고자 합니다. 귀국하면 꼭 사장님을 찾아뵙고……'

평생 소원을 풀고 자식의 결혼식에 참석하기 위해 비행기에 오른 황 씨 역시 미얀마 상공에서 불귀의 몸이 되고 말았다.

나는 이들의 죽음을 생각할 때마다 사장이니 회장이니 하는 최고 경영자의 진정한 책임이 무엇인가에 대하여 회의를 품지 않을 수 없었다. 차라리 저들 대신에 내가 죽었으면 하는 마음이 들 때도 있었다. 이름 없이 죽어 간 수많은 순직자들의 희생을 딛고 우리는 살아가고 있다. 그들의 죽음을 잊지 않는 회사와 사회가 있을 때, 진실로 살 만한 가치가 있는 세상이 될 것이다. 죽음을 귀하게 여기지 않는 기업과 사회가 어떻게 살아 있는 생명을 귀하게 여기겠는가.

사장처럼 생각하고 과장처럼 뛰어라!

사원 때 유능하다가도 부장이 되고 나면 맥을 못 추는 사람들이 많다.

기본기에 충실하지 않고 기교에만 신경 썼기 때문이다.

우선 원리 원칙에 입각한 기본기를 투철히 익혀라.

그래야 그 바탕 위에서 자유롭고 능란한 융통성이 발휘된다.

인생 선배로서 하는 얘기요

내가 중기사업소에 근무하던 시절, 우리 사무실에 드나드는 임 사장이라는 사람이 있었다. 큰 돌을 깨 골재를 만드는 기계인 크라샤의 특수 부품을 전문으로 제작하는 납품 업체의 대표였는데, 나이도 지긋하고 현대건설과도 인연이 아주 깊었다.

골재 생산은 주야 가릴 것 없이 계속되어야 하므로 기계가 고장나는 시간도 밤과 낮이 따로 없었다. 이럴 때 임 사장은 새벽 1시에 집에 전화를 걸어도 귀찮은 내색 없이 전화를 받고, 야간 작업을 해가며 우리가 원하는 시간에 물건을 대주었다.

그는 겸손한 사람이었다. 꽤 규모가 있는 공장의 경영자이면서도 우리 공장에 들어올 때는 수위에게도 깍듯이 인사를 했고, 공장 근로자들에게도 마치 동료를 대하듯 했다. 다 사업을 위해 그러는 것이겠지만, 모든 사장이 그렇지는 않다.

임 사장에게는 특유의 요령이 있었다. 수위실을 통과할 때 미리 담뱃값을 쥐어 주곤 했고, 사무실에 들를 때도 큰 것은 아니었지만 기회 있을 때마다 뭔가를 선물했다. 그래서 수위실에서부터 공장 어디를 가든 늘 대환영이었다.

수위실은 우리 공장을 드나드는 차량들에게 무서운 존재였다. 값나가는 부품을 싣고 나가거나, 반입하는 경우가 있어 수색이 엄격했다. 하지만 임 사장네 차량은 무사통과였다.

한번은 임 사장이 추석이라고 전 직원에게 와이셔츠 한 벌씩을 돌린 적이 있다. 나는 총무과에 지시해 그 와이셔츠를 전부 회수했다. 그리고 그대로 임 사장에게 돌려보냈다. 임 사장은 와이셔츠를 되돌려 받자마자 전화를 걸어 왔다.

"이 차장, 밖에서 꼭 한 번 만납시다. 일 때문이 아니고 인생에 관해 내 이 차장에게 해야 할 이야기가 있습니다."

그날 저녁 우리는 시내 백화점의 한 지하 경양식 집에서 만났다.

"내가 지금 하는 이야기는 납품 업자가 아니고 인생의 선배로서 하는 얘기요."

임 사장은, 인생 선배가 인생의 후배에게 하는 얘기이며, 이 자리가 끝나면 다시 납품 업자로 돌아가겠다는 전제를 한 뒤에 계속했다.

"나는 지금까지 현대건설을 위해 밤낮없이 일했고, 현대건설 덕에 이만한 공장과 재산을 마련했습니다. 나는 그동안 내 사업을 도와주는 사람들에게 지나치지 않은 범위 안에서 정성을 표시해 왔습니다. 수위실을 통과할 때는 담뱃값을 줍니다. 그러나 내가 어디 켕기는 데가 있다거나 그들에게 시혜를 베푼다고 생각해서가 아닙니다. 다만, 수위실에 잡혀서 아까운 시간을 허비하는 것보다는 내 방식이 조금이라도 더 낫다는 판단에서 그러는 겁니다. 그런데 이 차장이 오고 나서부터 수위실에서도 원리 원칙대로 하고, 와이셔츠도 되돌아왔어요. 여간 불편한 게 아닙니다."

나는 속으로 이 사람이 지금까지 납품을 부드럽게 해오다가 내가 빡빡하게 구니까 '인생'을 담보로 하여 협박 비슷한 것을 하자는 게 아닌가 하는 의심이 들었다. 그러나 그의 태도는 말 그대로 사심이 없어 보였고, 진심으로 나를 걱정해 주는 따뜻한 마음이 느껴졌다.

"이 차장은 너무 찬바람이 나요. 내 생각에 이 차장은 부장도 빨리 될 것 같소. 그런데 그렇게 곧이곧대로 해서 과연 중역이 될 수 있을지는 의문입니다. 완벽하고 정직하게 일하는 것도 중요하지만,

훈훈한 인정과 덕이 없으면 큰사람이 되지 못합니다. 융통성이 없으면 기계나 다름없지요."

그의 말을 진지하게 경청하면서 나는 과장 시절, 청운동 사모님의 청탁을 거절했을 때 둘째 형이 나에게 했던 충고를 떠올렸다. 형도 그때 나에게 융통성을 강조했다. 나는 그런 게 필요할 만한 직위에 오르면 실천하겠노라고 대답했었다. 모두 나에게 필요하고 소중한 충고들이었다. 그리고 실제로 남들이 놀랄 정도로 빠르게 진급하여 부장, 이사, 상무가 되면서 원리 원칙만 가지고는 문제를 해결할 수 없는 경우가 생겨났다. 그럴 때마다 나는 그 충고를 되새기면서 원칙주의를 기본기로 하고 융통성을 기술과 작전으로 조화시켜 일을 처리해 나갔다.

한국과 일본의 고등학교 배구 팀이 경기를 벌이면 한국이 늘 이긴다. 그러나 성인 배구 경기에서는 한국 팀이 진다. 그 이유는 분명하다. 한국은 고등학교 선수나 일반 선수나 기술이 같다. 반면, 일본은 고등학교 선수들에게는 기본기만 가르친다. 기본기만 배운 일본 고등학교 선수들이 성인 선수와 똑같은 고난도 기술을 구사하는 우리 고등학교 팀에게 지는 것은 당연하다.

문제는 그 다음이다. 기본기를 철저하게 익힌 일본 청소년 선수들은 그 기본기 위에서 A퀵이니 B퀵이니 하는 시간차 공격 기술을 가미하는 것이다. 그러나 우리 선수들은 고난도 기술을 익히느라 기본기는 자연 소홀할 수밖에 없다. 기본기가 없는 기술은 곧 바닥이 드러나고 만다. 우리 성인 배구 팀은 그래서 일본에 지는 것이다.

회사에 들어간 사원도 마찬가지다. 한국 고등학교 배구 선수처럼 해서는 안 된다. 일본 청소년 선수들처럼 원리 원칙에 입각한 기본기를 철저하게 닦아야 한다. 회사 생활을 시작한 지 얼마 되지도 않은 사원이 기술을 부리는 것은 잘못이다. 사원, 대리, 과장의 계단을 밟는 과정에서 융통성을 발휘하는 걸 보면 굉장히 유능해 보인다. 그러나 그것은 곧 바닥이 나고 마는 '고등학교 배구 선수의 기술'이다.

사원 때 유능하다가도 부장이 되고 나면 맥을 못 추는 사람들이 많다. 기본기에 충실하지 않고 기술에만 신경 썼기 때문이다.

우선 기본기를 투철히 익혀라. 그래야 그 바탕 위에서 자유롭고 능란한 융통성이 발휘된다.

먼저 월급을 받아야 할 사람

1970년대 초반, 현대에서는 울산에 조선소를 세우기 시작했다. 워낙 덩치가 큰 공사여서 자금 압박이 극심했다. 사채를 갖다 대도 늘 모자랐다. 임금을 4~5개월 체불하는 위기까지 다다랐다.

나는 중역 회의에서 긴급 제안을 했다.

"자금 사정이 벼랑 끝에 와 있습니다. 임금을 동결하는 것 말고는 다른 방법이 없습니다. 현장 근로자와 정 사장에게는 월급을 평상시처럼 지급하되 우리 간부, 중역들은 짧게는 3개월에서 길게는 6개월까지 월급이 체불될 것입니다. 어려운 때입니다. 일치된 마음으로 이 위기를 넘깁시다."

현장 근로자들의 임금을 제때에 주어야 한다는 데 이의를 다는 사람은 없었다. '그런데 사장은 왜 그렇게 대접하느냐?'라는 불만이

현대건설 사장으로 있던 시절 울산 건설 현장을 시찰하는 모습.

나왔다. 중역들 가운데에는 '저 사람이 사장에게 잘 보이려고 수를 쓰는구나'라고 넘겨짚은 사람도 있었던 것 같다. 중역 부인들의 거센 항의가 뒤따랐다. 사장도 아닌 상무가 왜 월급을 좌지우지하느냐는 것이었다. 나는 그 이유를 댔다.

"정 사장은 울산 현장에서 밤낮을 가리지 않고 일에 파묻혀 있습니다. 3년 걸릴 일을 1년 반 만에 해치우려는 것입니다. 바로 그 때문에 우리가 극심한 자금 압박에 시달리고 있지만, 만일 사장님께 월급이 나가지 않으면 사장님이 무슨 생각을 하겠습니까. 일에 대한 신명이 나겠습니까? '이거, 자금에 문제가 생겼구나.' 하면서 걱정에 시달릴 겁니다. 지금 사장님께서 이 어려움을 안다고 해서 자금 사정이 갑자기 호전되는 것도 아닙니다. 이럴 때일수록 우리가 사장

사장처럼 생각하고 과장처럼 뛰어라 251

님의 사기를 올려 주어야 합니다. 그래야 이 공사가 빨리 무사히 마무리되고, 그렇게 되면 우리 회사의 전체 사정도 좋아지게 됩니다."

 내 설명을 듣고 더 이상 의심을 하는 사람은 없었다. 이런 우여곡절을 겪으면서 조선소 공사는 계속 진행됐다.

 1972년, 정부는 8·3 조치를 취해 사채를 동결시켰다. 이 조치로 2차 5개년 계획에 의거해 중공업에 참여했던 모든 기업이 자금난에서 벗어날 수 있었다. 사채 동결 조치가 내려지자 우리도 겨우 자금난에서 빠져나와 꿈에 그리던 조선소 완공을 이룰 수 있었다. 이 조선소가 바로 현재의 현대중공업이다.

경쟁 상대는 기업주

 20대 이사, 30대 사장, 40대 회장으로 표현되는 '고속 승진'의 비결이 무엇이냐는 질문을 받을 때마다 나는 곤혹스럽다. 그 비결에 대하여 생각해 본 적이 없기 때문이다. 나의 직위와 직책은 내가 일하는 데 필요한 것이었지, 무슨 다른 이유는 없었다. 그리고 그것은 전적으로 기업주의 판단이었다.

 나는 입사 12년 만에 사장에 올랐다. 그러나 나의 12년은 보통 사람의 12년이 아니었다. 공휴일도 없이 하루 18시간 넘게 일했으니 남들보다 두 배는 일한 셈이다. 이렇게 보면 나는 24년 만에 사장이 된 것이니 남들보다 빠르다고도 할 수 없다.

 사람들은 대부분 기업주나 상사로부터 어떤 사업을 추진하라는 지시를 받으면, 일반적으로 그 사업 앞에 가로놓인 난관을 먼저 나열한 뒤, 현재의 인력, 자금, 기술, 정보 등이 또한 얼마나 열악한가를 설명한다. 실패할 경우 자신이 빠져나갈 구멍을 만들어 놓는 것이다. 일이 성사되면 성사된 대로 큰소리를 치고, 또 실패로 돌아갔을 때는 "그것 보세요. 처음에 제가 뭐라고 했습니까?"라고 말할 수 있도록 복선을 깔아 두는 것이다.

그러나 나는 기업주의 목표보다 훨씬 높은 목표를 제시하고 그것을 실현하기 위해 최선을 다했다. 내가 정 회장 앞에서 내놓는 사업 방향이나 방법, 목표, 문제 해결의 범위 등은 늘 정 회장의 기대치를 한두 걸음 앞선다. '더 이상의 적자가 나지 않도록 관리해 달라'고 정 회장이 주문하면, 나는 적자가 아니라 흑자가 날 수 있는 새로운 목표를 제시하고, 그 목표를 달성한다. 이때 발생한 이윤은 온전하게 기업주의 몫이다. 나에게 돌아오는 것은 성취감이다. 나는 그 성취감을 위해 일했다.

나중에 생색내기 위해 목표를 일부러 낮게 잡는 것은 스스로 주인임을 포기하는 것이다. 주인은 목표상의 수치에 연연해하지 않고 오직 이윤의 극대화에만 관심을 쏟는다. 그리고 타인에는 신경 쓰지 않고 일 자체와 치열하게 싸울 뿐이다.

동료가 아닌 기업주를 경쟁 상대로 삼아라. 기업주처럼 생각하고, 기업주처럼 일을 찾아다니고 그것을 장악하라. 그리고 기업주보다 높은 목표를 설정하라. 정 회장이 위기에 부딪힐 때마다 나를 찾은 까닭은 '이명박은 나만큼, 아니 나보다 더 회사를 자기 것으로 안다'는 인식이 박혀 있었기 때문이다.

직위와 권위

"한국 기업은 참 이상하다. 중역이 하나 오면 기사에, 요리사에, 타이피스트까지 따라오는데, 이해할 수가 없다."

한국 건설업이 한창 해외로 진출하던 1970년대, 외국 기업체의 한 간부를 만났는데, 그 사람이 이런 말을 해왔다. 외국 기업체 중역은 손수 운전에 타이핑은 기본이었다. 외국에 비해 기사, 타이피스트 등 불필요하고 비합리적인 경비가 지출되는 우리 기업의 경쟁력이 뒤떨어지는 것은 당연했다. 나는 그때 뼈아픈 반성을 했다.

그리고 사장이 된 후에는 중역들에게 손수 운전을 '강요' 했다. 사장도 출퇴근은 직접 하고, 낮에 일이 있을 때는 기사를 풀제로 운영했다. 반대와 반발이 만만치 않았다. 당시 국내에서 중역들에게 손수 운전을 시키는 대기업은 아무 데도 없었기 때문이다. 하지만 이런 권위주의는 나의 생리에 맞지 않았다.

나의 선견지명이 일반화되는 데에는 10년이란 세월이 걸렸다. 1980년대 중반, 공무원 사회에서도 국장급은 기사를 없앴다.

나는 또 결재 방식도 바꾸었다. 서열대로 올라오는 결재 방식의 느슨함이 경쟁력의 장애 요인이라고 보았다. 그 일의 담당자와 결정권자가 곧장 연결되는 방식을 택했다. 과장, 차장, 부장, 이사, 부사장, 사장, 회장으로 올라오는 절차의 번거로움도 문제지만, 애초 기획된 일은 중간 과정을 거치면서 변질되기 마련이다. 열 사람을 한 줄로 세운 뒤 맨 처음 사람에게 한마디를 하고 옆 사람에게 전달하라고 하면 끝에 가서는 엉뚱한 소리가 나오는 것과 같은 이치였다.

최초에 일을 발상하고 기획한 담당자가 그 일에 대해선 가장 많이 알고 있다. 그 처음의 뜻이 중요하다. 담당자와 의논하는 것이 가장 생산적이고 효율적이다. 시간 싸움에서도 유리하다. 중간 결재 라인에서 변질되는 것이 관행으로 굳으면 담당자의 기안은 허술해지기 마련이다. '올라가 봤자 또 바뀔 텐데', '이게 올라가서 언제 결재가 나오려나'와 같은 의식이 보편화되면 그 조직은 병들고 만다.

보통 최고 경영자는 아랫사람을 만나려고 하지 않는 경향이 있다. 아랫사람을 자주 만나면 애초의 의도와는 달리 부작용도 일어날 수 있고, 중간 간부들이 불편해하기 때문이다. 그러나 나는 자주 만났다. 경영인으로서, 일을 신속하게 그리고 생산적으로 처리해 나가는 것보다 더 큰 미덕은 없기 때문이다.

우리 사장은 밤에 잠도 안 자나?

나는 해외에서 오는 전화는 어떤 전화라도 직접 받았다. 자정이 넘어 새벽 1~2시에도 좋았다. 아마 새벽에 해외 지사에서 걸려 오는 전화를 나처럼 받는 대기업 최고 경영자는 없을 것이다.

국제 전화를 그렇게 받는 데는 그럴 만한 충분한 까닭이 있었다. 한국 본사의 업무 시간에 맞추다 보면, 현지에서는 한밤중이나 새벽에 전화를 걸어야 했다. 그만큼 현지에서의 일 처리 시간이 늦어지는 것이다. 본사에서도 일과 시간이 끝났다고 전화를 받지 않으면, 현지와 본사 합해서 이틀이 늦어지고 만다. 단 몇 분 만에도 상황이 판가름 나는 일이 많은 요즘 세상에 이틀은 얼마나 길고 지루한 시간인가.

나는 전화를 받을 때도 적지 않게 신경을 썼다. 해외에서 사장에게 전화를 걸 때 한국 시간이 몇 시인지 분명히 아는데, 새벽 2시라고 해서 내가 졸린 목소리로 하품이나 하면서 귀찮다는 듯이 전화를 받으면, 어느 지사에서 또 전화를 걸 것인가. '어느 때라도 전화를 걸라고 해놓고서 그런 식으로 전화를 받다니. 말이나 꺼내지 말 것이지.' 하지 않겠는가.

반복된 연습과 긴장으로 나는 국제 전화를 평상시처럼 받는 데 '선수'가 되었다. 낮에 사무실에서 통화하는 것처럼 명료한 음성으로 전화를 받았고, 반드시 메모를 했다.

"우리 사장은 밤에 잠도 안 잔다"는 소리를 해외 지사에 다녀온 직원들로부터 들을 때쯤 해서는, 깊은 잠을 자다가도 벨이 울리면 말짱한 정신으로 전화를 받고, 통화가 끝나면 다시 깊은 잠에 빠질 수 있었다.

우리 어머니의 새벽 기도 덕분이기도 하지만, 나는 고등학교에 들어간 이후 지금까지 다섯 시간 이상을 자본 적이 없다. 일어나는 시간도 늘 5시로 고정돼 있다. 나의 기상 시간은 한국 시간으로만 그런 게 아니다. 세계 어디를 가나, 나는 현지 시간으로 아침 5시에 눈을 뜬다.

이것도 훈련으로 가능한 것이다. 나는 비행기 안에서 잠을 자지 않는다. 잠을 자면 현지 시간에 적응하기가 어렵다. 책을 읽는다. 비행기에서 내리자마자 나는 곧장 테니스장으로 간다. 중동 같은 데는 현장에 테니스장이 있으므로 현장으로 곧장 간다. 땀을 흥건히 흘릴 때까지 테니스를 치고 잠들면, 현지 시간으로 아침 5시에 눈을 뜨게 된다.

외국에서 만난 사람들은 내가 언제 자도 아침 5시에 일어나니까 놀랍다는 듯이 "야, 저 사람 봐." 한다. 지난밤 같이 술이라도 마신 한국 친구들은, "저 친구는 같이 술 마시자고 해놓고선 저 혼자만 안 마셨구나"라고 기분 상해하기도 한다.

그러나 내가 해외에 나간 것은, 놀기 위해서가 아니라, 현지에서 고생하고 있는 직원들을 돕기 위해서다. 그런데 어떻게 늦잠을 잘 수 있단 말인가.

사람들은 내가 일찍 일어나는 데 천부적인 능력을 타고난 줄 안다. 그러나 그렇지 않다. 노력, 반복된 노력 이외에는 비결이 없다.

일에 적성을 맞춰라

나는 현대에 입사한 대졸 신입 사원들에게 늘 하는 말이 있다.

"여러분은 학생 데모 세대 출신입니다만, 이제 여러분은 비판하는 위치가 아니라, 여러분의 후배들로부터 비판을 받는 세대가 되었습니다. 1년 차이지만 기성세대가 된 것입니다. 대학생 때 가졌던 세계관으로는 이 사회에서 승리할 수 없음은 물론, 적응하기도 어렵습니다. 그러나 긍정적인 사고방식을 갖게 되면 굉장한 능력을 발휘할 수 있습니다."

어떤 일을 대할 때, 이건 안 된다고 생각하는 것과 이건 된다고 생각하는 것 사이에는 엄청난 차이가 있다. 안 된다고 생각하는 사람의 머릿속에는 안 될 가능성, 그럴 수밖에 없는 이유만 들어찬다. 된다고 생각하는 사람은, 설령 1%의 가능성밖에 없다 해도 붙잡고 늘어진다.

 1%의 가능성도 없는, 말 그대로 100% 실패하는 일이라도 그 일을 해본 사람은 경험이 남는다. 그러나 미리 포기하고 안 한 사람에게는 아무것도 남지 않는다. 나는 이 차이를 50대 0의 차이로 계산한다. 실로 큰 차이다. 일에 대하여 긍정적이고 적극적인 도전 의식을 가져야 하는 이유가 여기에 있다.

 나는 또 신입 사원들에게 이렇게 얘기한다.

 "적성을 바꾸십시오. 이 일이 내 적성에 맞다, 안 맞다 판단하지 말고 여러분의 적성을 일에 맞추십시오."

 어떤 사람은 내 방식이 침대에 몸을 맞추라는 권위적이고도 비과학적인 발상이라며 반발할지도 모른다. 그러나 내 방법이 보다 현실적이다. 사실 나처럼 건설업과 적성이 맞지 않는 사람도 없었다. 성장 시절, 지독한 가난과 싸우면서 나는 누구보다 내성적이고 부끄럼을 잘 타는 소년으로 자랐다. 그러나 나는 인위적인 노력으로 성격을 고쳤다. 학생회장에 출마하고 학생 운동을 겪고, 그리고 건설판에 뛰어들면서 외향적이고 저돌적인 성격으로 바꾼 것이다. 성격은 결코 고정불변이 아니다.

 이 세상은 한 개인에게 적성에 맞는 일만을 주지는 않는다. 기업 안에서는 더욱 그렇다. 이제 막 사회에 나온 젊은 사원들이 자신의 적성에 딱 맞는 일을 만나기란 더더욱 어렵다.

 자신의 적성에 맞는 일만을 찾다 보면 결국 아무것도 못하게 된다. 하고 싶은 일과 할 수 있는 일 사이의 그 넓고 많은 간격을 메우는 고통스러운 노력보다는, 자신의 적성을 앞에 있는 일에 맞게 바꾸는 것이 훨씬 효율적이다. 이게 현실이다.

세상에 '여기 당신의 적성에 맞는 일을 준비해 놓고 있습니다. 어서 오십시오'라고 써놓은 표지판은 없기 때문이다.

직장 상사 때문에 괴롭습니다

신입 사원의 어눌한 태가 벗겨지고 일이 손에 익숙해질 때쯤이면 바로 위의 상사와 갈등이 생기기 마련이다. 호흡이 척척 맞는 상사를 만날 수 있다면, 그는 지상에서 가장 행복한 사원이다. 하지만 손발이 맞는 상사와 만나기란, 적성에 맞는 일을 찾기보다 더 어렵다.

직장인의 스트레스는 일 자체보다는 일 관계로 부딪치는 사람에게서 발생하는 경우가 많다. 만일 계장이 과장을 잘못 만나면, 그 계장은 일에 대한 능력을 인정받지 못한다. 남자들의 세계에서 잘못된 상사를 만나는 것만큼 큰 불행도 많지 않다.

그러나 사원이 직속 상사를 이겨 내지 못한다면 그는 결코 최후의 승자가 될 수 없다. 늘 자기를 인정하고 이끌어 주는 상사와 같이 지내기를 바라는 것은 그야말로 비현실적이다. 어리석기까지 하다. 좋은 상사보다 잘 맞지 않는 상사가 세상에는 훨씬 많기 때문이다. 지금 직장의 상사와 맞지 않는다고 '에이, 더럽고 치사해서 못해먹겠다'고 사표를 내던지고 다른 회사에 간다고 해서 거기에 '더럽고 치사한 상사'가 없으리라는 보장은 없다.

적성에 맞지 않으면 적성을 바꾸라는 말은 어떤 경우에든 적용이 가능하다. 적성이 맞지 않는 상사를 만나면, 자신의 적성을 바꾸어야 한다. 늘 같은 상사와 직장 생활을 할 수는 없다. 지금보다 더 좋지 않은 상사를 만나게 될 수도 있다. 적성을 바꾸는 능력이 있다면, 어떤 상사와도 일할 수 있다.

상사가 실력이 없다면, 실력이 있는 것처럼 대해 주면 된다. 상대방이 바뀌기를 원하고 기다리거나, 상대방을 설득하려는 것은 별 실효성이 없다. 상대방은 고정되어 있다고 봐야 한다. 그럴 때 움직일 수 있는 것은 나밖에 없다. 결국 내가 주인이 되어 만들어 가야 한다.

적성을 바꾸는 능력이 있다면 일과 사람, 어떤 장벽도 극복할 수 있다. 한 번 피해 본 사람은 늘 피하게 된다.

일과 시간을 장악하라

나는 일에 대한 후회가 없다.

다시 태어나 내가 했던 일을 다시 한다면 더 열심히 할 수 있을까? 대부분의 사람들은 다시 한 번 기회가 온다면 더 열심히 하고, 더 좋은 성과를 올릴 수 있을 것이라고 말한다. 그러나 나는 그렇지 않다. 다시 하더라도 내가 했던 이상은 못할 것 같다. 그러니 일에 관한 후회가 있을 수 없다.

그런데 왜 열심히 일을 해야 하는가? 나는 그 이유를 우리가 태어난 땅, 한국이라는 나라에서 찾는다.

이 땅에서 태어났다는 것은 열심히 일하지 않으면 안 되는 운명을 갖고 태어난 것과 같다. 돈 많은 부모에게서 태어난 아이와 가난한 부모에게서 태어난 아이의 차이점과 같다. 선진국에서 태어난 사람은 열심히 일하지 않아도 먹여 주고 재워 주고, 병이 나면 치료도 해 주지만, 우리가 태어나 살고 있는 이 땅은 선진국이 아니다. 말이 금 수강산이지 자원도 없고, 땅도 넓지 않다. 게다가 분단까지 되어 있 다. 잠을 적게 자고 더 일해야 하는 까닭이 여기에 있다.

가난한 부모를 원망하는 것만큼 못난 삶도 없다. 나는 부모를 원 망하지도 않았거니와, 이 가난한 조국을 원망해 본 일도 없다. 열 심히 일하라고 이 땅에 태어났구나, 하고 생각했다. 우리보다 앞서 가는 사람들과 똑같이 잠자고 똑같이 일해서는 그들을 따라갈 수 없다. 그들보다 더 많은 일을 해야만 그들과 같은 삶의 질을 이룰 수 있다.

그러나 일을 이유로 다른 중요한 일을 안 하거나 못한다면, 그건 일중독증이다. 바쁘다고 중요한 일, 예를 들면 부모를 모신다거나, 가정을 돌보는 책임, 친구와의 교유 등을 저버린다면 바쁘게 일할 가치가 없다.

일을 장악하는 것은 곧 시간을 장악하는 것이다. 어떤 사람이 다 섯 시간 만에 해치우는 일을 다른 사람은 열 시간 만에 끝낸다면, 뒤 의 사람은 그 일을 장악했다고 해도 시간까지 장악하지는 못한 것이 므로 결과적으로는 그 일에 진 것이다. 나를 흉내 낸다고 새벽같이 회사에 나오고 밤늦게 집에 가는 사람을 몇 번 본 적이 있다. 그러다 가는 병만 난다. 말단 사원일 때는 열심히 일하다가 승진하고 나면 일을 못하는 경우도 있다. 시간을 손아귀에 넣지 못하기 때문이다.

"회장님은 늘 바빠서 운동할 시간도 없을 텐데 건강 관리를 어떻 게 하십니까?"

이것도 내가 자주 받은 질문 중의 하나인데, 나는 이 질문을 이해할 수가 없다. 나는 바쁘기 때문에 모든 일을 할 수 있다. 내가 일과 시간을 장악하고 있기 때문에 아무리 바빠도 일주일에 두 번은 테니스를 친다. 클래식 음악도 틈을 내서 즐기고, 그 바쁜 해외 출장 중에도 집의 아이들과 꼭 통화를 한다. 바쁜 사람이 모든 일을 할 수 있다.

그러니 스트레스도 별로 없다. 누군가가 시키는 일을 할 때, 수동적으로 움직일 때 스트레스가 발생한다. 나는 일로써 스트레스를 물리친 셈이다.

토요일에도 정장을

토요일에 출근하는 사원들을 보면 거의 다 캐주얼 차림이다. 퇴근 후에 바로 놀러 가기 위해서다. 중역들도 콤비를 착용한다.

나는 이것이 큰 착오라고 생각한다. 놀러 갈 옷을 입고 나오면 오전 내내 오후에 놀러 갈 생각이 떠나지 않아 일이 손에 잡히지 않는다. 그래서 나는 토요일 오전을 철저하게 단속했다.

"토요일일수록 더욱 정장을 입어라."

오후에 놀러 가려면 옷을 따로 준비해 일이 끝난 뒤에 바꿔 입어야 한다. 그것이 불가능하다면 아예 토요일에는 근무하지 않는 게 낫다.

미국과 일본의 자동차 산업은 좋은 비교가 된다. 미국 자동차 공장에서는 금요일에 만든 제품에서 불량품이 가장 많이 나온다. 주말 기분에 들떠 있기 때문이다. 그러나 일본 자동차 공장에서는 월요일부터 토요일 오전까지 생산되는 제품의 질이 똑같다. 일본은 일하는 것과 노는 것을 엄격하게 구분하기 때문이다.

독일의 어느 엔지니어링 회사에 가본 적이 있다. 사무실에 의자가 없었다. 모두 설계판 앞에 서서 일을 하고 있었다. 오전, 오후 30분 휴식 시간 이외에는 종일 서서 일했다. 이렇게 일하는 사람들은 휴식 시간을 말 그대로 황금의 시간으로 안다. 땀 흘려 산을 오른 뒤에 정상에 앉아 맞는 바람이 그렇게 시원하고 상쾌할 수 없는 것과 같은 이치다.

열심히 일하지 않는 사람에게는 휴식, 휴일, 휴가가 황금의 시간이 되지 못한다.

공과 사를 구분하는 게 중요하듯, 일과 휴식을 구분하는 것도 필요하다. 일을 할 때에는 다른 생각이나 잡념이 끼어들 틈이 없이 철저하게 몰두하라. 그래야 그 다음에 맞이하는 휴식의 시간도 달고 소중하다.

만성 간염과 싸우다

사춘기 시절 제대로 먹지 못해 '팔이 긴 아이'라는 소리를 듣긴 했지만, 사회에 나와 지금까지 큰 병치레는 해본 적이 없다. 일을 찾아다니고 그 일과 대결하다 보니 아플 틈이 없었던 것인지도 모른다.

그런데 딱 한 번, 크게 아파 본 적이 있다.

사장에 취임한 1977년 11월 말이었다. 갑자기 격심한 피로가 밀려오는 것이었다. 전에 없던 일이어서 순천향병원을 찾아갔다. 진단결과 간염으로 판명되었고, 속히 입원을 하라고 했다. 절대 안정과 충분한 영양 섭취 이외에는 달리 특별한 치료법이 없다는 것이었다.

엉겁결에 당한 일이라 의사의 지시를 따르지 않을 수가 없었다. 입원 수속을 마치고 나서야 아차 싶었다. 병원에 누워 있을 시간이 없었던 것이다.

당시 현대건설은 사우디아라비아 시장에서의 타격을 만회하기 위해 새로운 시장을 개척해야만 했다. 회사의 사활이 걸린 문제였다.

나는 입원을 하기는 했으나, 새벽 5시면 어김없이 일어나 병원에서 회사로 출근했다. 현대건설 본사에서는 매일 아침 7시에 중동과 관련한 회의가 열렸다. 7시 회의에 참석하기 위해서는 적어도 6시까지 출근해 텔렉스를 살피고 상황을 정리해야 했다. 이렇게 시작된 하루는 회의 주재, 의사 결정, 업무 지시, 외국인과의 저녁 식사, 담판 등 밤늦게까지 빈틈없이 이어졌다. 이렇게 하루 일과를 마치고 밤 12시가 다 되어서야 나는 병원으로 퇴근했다.

일주일을 이런 식으로 '입원'하고 있으니까 병원에서는 나를 퇴원시켜 버렸다. 대신 간호사 한 사람이 매일 밤 12시에 우리 집으로 와 링거 주사를 놓아 주었다.

그래도 피로는 줄어들지 않았다. 가족들은 물론이고 회사에서도 내가 간염 환자인지 몰랐다. 가족들은 그저 피곤해서 그러는 줄로 알았고, 회사에서는 전혀 모르고 있었다. 그러나 병세는 날이 갈수록 악화됐다.

이듬해 2월 24일, 서울대학병원을 찾았다. 간 질환 치료의 최고 권위자인 김정룡 박사의 진찰을 받았다. 검사 결과 GPT, GOT 수치가 900이 넘었고, 이미 만성 간염 중환자가 되어 있었다. 30 이하가 정상이다. 그러니 이 수치 정도면 인간의 의지로는 감당하기 어려운 피로 때문에 일반적인 회사 근무가 불가능한 상태라고 했다.

김 박사가 말했다.

"상태가 아주 좋지 않습니다. 회사를 그만두든지 장기 휴직하고 일단은 쉬어야 합니다."

"그럴 수는 없습니다."

"이 사장, 아무리 짧게 보아도 앞으로 10년은 더 살아야 할 것 아니오. 건강을 회복하면 일은 앞으로도 얼마든지 할 수 있지만, 건강을 잃으면 모든 기회가 다 사라지고 맙니다. 일이 중요한지 목숨이 더 중요한지 판단을 내리세요. 오늘 당장 입원하고, 내일 회사에 휴직계를 내세요."

나는 고개를 가로저었다.

"내 주위 사람들을 보니 만성 간염 환자들은 휴직하고 쉬어도 결국은 간암이나 간경변으로 전이되어 죽는 경우가 많더군요. 나는 일을 하다가 어느 날 죽는 게 낫지, 일손을 놓고 병에 끌려 다니다가 죽기는 싫습니다. 어쨌든 이 일은 가족에게도 비밀로 해주시기 바랍니다."

"그렇다면 이 사장은 내 환자가 될 수 없습니다. 나는 이 사장의 진료에서 손을 떼겠습니다."

"할 수 없는 일이지요."

거의 사형 선고나 다름없는 진단을 받아 들고 병원을 나섰다. 그리고 두 달 동안 병원에 가지 못했다. 병원에 갈 시간이 나지 않았다.

두 달 뒤, 환자로서 받아들이지 않겠다고 한 김 박사를 다시 찾았다. 김 박사는 죽어도 일을 하다가 죽겠다며 입원을 거부하는 고집

불통의 환자를 다시 검진해 주었다.

"전보다 더 나빠지지는 않았군요. 그러나 좋아진 것도 아닙니다. 그동안 좀 쉬었습니까?"

쉬기는커녕 조심조차 할 수 없었다. 그러나 나는 공손하게 말했다.

"박사님 시키는 대로 잘 지키고 조심하겠습니다. 단, 일을 그만두라는 말씀만은 지킬 수가 없습니다."

"어쩔 도리가 없는 사람이구먼. 하는 수 없지요. 최선을 다해 치료를 해봅시다. 일을 그만둘 수는 없다고 했지요. 좋습니다. 대신 술은 한 방울도 마시면 안 됩니다."

"한 방울도 마시지 않겠습니다."

'술과의 전쟁'을 한번 벌여 보자고 생각했다. 사실 회사 생활을 하며 술을 멀리하는 것은 쉬운 일이 아니었다. 업무와 관련되어 술자리는 계속됐고, 그 자리에서 혼자 술을 마시지 않고 분위기를 유지하기란 쉽지가 않았다. 요즘 세대는 술을 잘 권하지 않는다고들 하는데, 우리 세대는 술을 권해도 집요하게 권했다. 그걸 피하는 것이 술 끊는 일보다 어려웠다.

나는 술자리에서 맥주 한 모금을 입에 적셨다가도 반드시 냉수로 씻어 낼 정도로 철저하게 약속을 지켰다. 그러면서도 상대방이 내가 술 마시지 않는다는 사실을 눈치 채지 않게 했다. 가족에게는 이때쯤 알렸다. 전염 문제 때문이었다.

그러나 술을 마시지 않는다고 간염이 고쳐질 리 만무했다. 차츰 소화 기능이 약화됐고, 배가 딱딱하게 굳어졌다. 가장 견딜 수 없는 것은 피로였다. 오전에는 그래도 견딜 만한데, 오후에는 눈꺼풀이 납덩이를 매달아 놓은 듯했다. 회의를 할 때는 10분에 한 번씩 자리에서 일어나 화장실로 갔다.

"요즘 왜 이렇게 소변이 자주 마렵지?"

이렇게 얼버무리면서 화장실로 가서 찬물로 세수를 한 뒤에 다시 돌아와 회의를 주재했다.

이 같은 나의 행동은 어떻게 보면 지나치게 무모한 것이었다. 하나뿐인 목숨을 하찮게 여기는 처사라는 비판이 나올 수도 있다. 그러나 나는 병의 원인이 그 어떤 것이든 병을 치료하는 주체는 의료 기술이라기보다는 병을 이기려는 마음이라고 생각했다.

언젠가 교통사고에서 기적적으로 살아남은 사람에게 들은 말이 있다. 그는 전복된 자동차에 깔려 있었다. 가물거리는 의식 한 가닥을 잡고 그는 이렇게 기도했다고 한다.

"하느님, 저는 지금 죽으면 안 됩니다. 꼭 해야 할 일이 있습니다."

무조건 살아남기를 바라는 것과, 꼭 해야 할 일이 있기 때문에 살아야 한다는 것은 차원이 다르다. 나는 간염과 싸우면서, 교통사고에서 살아남은 사람의 이야기를 잊지 않았다. 나는 더 오래 살아서 해야 할 일이 많은 사람이었던 것이다.

일은 그대로 해나가면서도 정기 검진은 빠뜨리지 않았다. 의사가 지시한 대로 약도 제때에 먹었다. 내가 식후에 많은 양의 약을 먹는 걸 보고 사람들은 무슨 약이냐며 궁금해했다.

"비타민제예요. 요즘 피로가 자주 와서……."

젊은 사장이 제 몸 하나는 끔찍이 위한다고 오해하는 사람들도 없지 않았으리라.

정기 검진을 받을 때, 김 박사를 비롯한 의료진과 논쟁을 벌이기도 했다.

"휴양한답시고 온실 속의 화초처럼 살면서 병을 고쳐도 다시 밖으로 나가면 재발하게 됩니다. 그러나 나처럼 정상적인 생활을 하면서 병을 고치면 어떤 경우에도 재발하지 않을 것 아닙니까?"

의사들은 웃었다.

"병이 그런 식으로 고쳐진다면 다른 환자들은 무엇 때문에 입원을 하겠어요. 또 정상적인 생활이라고 하는데, 이 사장 생활이 그게 정상적인 생활입니까?"

그러나 어찌 된 일인지 내 병세는 조금씩 나아지고 있었다. 의사들은 고개를 갸우뚱거리며 내가 '특수 체질'이라고 했다.

간의 염증 상태를 알려 주는 수치도 꾸준히 내려갔다. 그러다가 1985년에 다시 한 번 크게 악화된 적이 있었으나, 그 후로 다시 하강 곡선을 그렸다. 그리하여 발병한 지 10년 만인 1988년, 나의 간은 정상으로 돌아왔다. 그러나 간의 염증이 없어졌다는 것과 간염이 치유됐다는 것은 별개의 문제였다. B형 간염 바이러스는 간암이나 간경변으로 이행할 가능성이 높고, 몸의 상태가 좋지 않으면 언제든지 간염으로 재발한다고 했다. 김 박사는 말했다.

"아직 간염 바이러스를 없애는 약이 개발되지 않았습니다. 다시 악화되면 치명적이니 조심하시오. 머지않아 치료약이 개발될 것이니, 그때까지는 살아 있어야 할 것 아니오."

1990년에 병원에 한 번 더 갔다. 검사 결과를 보던 의사가 이상하다면서 이렇게 말하는 것이었다.

"이상합니다. B형 간염 바이러스가 사라졌어요. 이럴 수가 없는데……. 재검을 받아 봅시다."

이튿날 재검 결과도 마찬가지였다. 항체도 생겨나고 있었다. 의사는 감격한 듯했다.

"몇 만 명 중 한 사람꼴로 자연 치유되는 경우가 있습니다. 이 회장님이 바로 그 경우입니다."

누가 건강 비결을 물으면 나는 간염 이야기를 들려준다. 의학적으로 특수 체질이기 때문에 간염을 물리친 것이라고 간단하게 설명되겠지만, 나는 그렇게만 이해하지는 않는다. 일에 몰두했기 때문은 아니었을까? 나는 일 때문에 살기도 했지만, 그 일이 내 목숨을 살려 주기도 했던 것이다.

이 회장도
가정이 있습니까?

부모가 지금 어디서 무엇을 하고 있는지 늘 알고 있다면

그 가정은 특별한 자녀 교육이 필요 없다.

어느 부모가 아이들에게 술집이나 룸살롱에 가는 걸 보여 주겠는가.

함께 일요일을 보내지 못해도 아이들은 나에게 불평하지 않았다.

일을 하고 있다는 걸 그들이 훤히 알고 있었기 때문이다.

공동묘지의 메이퀸

"이 회장, 농담하는 거 아니오? 이 회장이 그렇게 어렵게 자랐다니, 믿을 수 없어요. 부잣집 귀한 자식으로 큰 줄 알았는데……."

한 시사 월간지에 나온 나의 기사를 보고 정 회장은 내 성장 과정을 믿으려 들지 않았다. 그동안 공석에서는 물론이거니와 사석에서도 내 개인사에 관한 이야기를 꺼낸 적이 없었다. 그것은 운명 공동체로서 성취와 위기의 순간을 함께 나누고 극복한 정 회장에게도 마찬가지였다.

그러나 나에게 숨겨야 할 과거나 떳떳하게 밝히지 못할 부끄러운 치부가 있어서는 아니다. 단지, 일에 몰두하는 것과 일에 관한 이야기를 하는 것 외에는 달리 할 일이나 할 말이 없었고, 또 대학 생활을 거치는 동안 가난에 찌들린 나의 내성적인 성격을 완벽하게 '개조'했기 때문에 아무도 나에게서 가난의 흔적을 발견하지 못했을 뿐이다.

가난은 내가 현대에 입사한 뒤에도 한동안 계속됐다.

집 한 칸 장만할 처지도 못 되었으니 당연히 결혼은 나와 무관한, 먼 나라의 일이었다. '남을 대접할 수 있는 형편이 아니면 대접받지 마라.' 이런 어머니의 가르침 때문에 나는 대학 시절에 친구들과 사교나 여가 생활을 가질 기회를 얻지 못했다. 그러니 직장에 들어와서도 마찬가지였다. 남자 친구도 몇 없는 마당에, 여자 친구가 있을 리 만무했다.

초고속 승진 덕분에 28세에 이사가 되자 비로소 여기저기서 중매가 들어오기 시작했다. 유명한 중매쟁이 몇몇이 나를 상품 가치가 높은 신랑감 명단에 올려놓고 쉴 새 없이 여자들의 신상명세를 알려 왔는데, 그 중에는 부잣집 딸도 있었고, 고급 관리나 정치인 집안의 규수도 있었으며, 얼굴이 예쁘다는 연예인도 많았다.

그러나 실제로 나는 밖의 사람들이 생각하는 것만큼 나 자신의 출세를 실감하지 못했고, 따라서 돈 많고 조건 좋은 여자들이 부담스러울 뿐이었다.

어느 날은 20대 여자로부터 전화가 걸려 왔다. 여자는 다짜고짜로 "당신이 진짜 이명박이라는 사람이냐?"고 물었다. "그렇다"고 대답하자, 여자는 몹시 당황하여 "이명박이라고 자처하는 사람에게 사기를 당했다. 꼭 만나서 진실을 확인하고 싶다"면서 울먹였다. 가짜 이명박이 나타나 여자에게 사기를 치고 다녔다는 말에 나도 긴장했다. 다방에 내려가 만나 보니 예쁜 여자였다.

"현대건설 이명박이라는 남자를 만났어요. 그 사람에게 모든 것을 바치고, 급히 필요하다고 해서 부모님이 돈까지 만들어 주었는데…… 선생님이 정말 현대건설 이명박 이사 맞으세요?"

"안됐지만 내가 이명박 맞소."

"그럼 그 사람을 모르세요?"

가짜가 진짜에게 찾아와 허락을 받고 행세하지 않는 다음에야 내가 그 녀석을 알 길이 없지 않은가.

"나도 그 사람을 만나 보고 싶군요. 어디 나하고 닮았던가요?"

여인은 내 얼굴을 흘낏 보고는 대답 대신 눈물만 삼켰다. 보기에도 딱한 광경이었다.

어느 날 나에게도 마침내 기회가 왔다. 포항 동지상고 시절, 나를 귀여워해 주시던 영어 선생님께서 친구의 여동생을 소개해 준 것이다. 무엇보다 부잣집 딸이 아니고 부친이 청렴결백한 공직자로 이름이 난 분이어서 호감이 갔다. 우리가 만난 1970년 봄에 이화여대를 졸업했는데, 나중에 안 일이지만 재학 시절 메이퀸에 뽑힌 소문난 미인이었다. 그러나 내 눈에는 특별한 미인이라기보다는 그저 심성이 고운 여자였다.

회사일 때문에 데이트는 거의 하지 못했다. 한 번도 약속 시간에 맞춰 나가지를 못했다. 어떤 때는 약속한 커피숍에 전화를 걸어 식당으로 옮기도록 권해 놓고, 그 식당에도 제시간에 갈 수 없어 처녀 혼자서 식사를 하도록 하는 무례를 저지른 일도 한두 번이 아니었다. 시간이 너무 늦어져 결국은 나 대신 회사의 기사를 보내 그녀를 집으로 태워 보낸 날도 많았다.

마음속으로 '이 여자다'라는 생각이 들었을 때, 나는 그녀에게 어머니의 무덤이 있는 퇴계원 공동묘지에 함께 가줄 것을 부탁했다. 회사가 끝난 뒤이니 날은 이미 어둑어둑했고, 그곳에 닿으면 깜깜해질 것은 당연지사였다. 데이트도 변변히 못했고, 경부고속도로 공사니 뭐니 해서 아직 약혼식 날짜도 잡지 못한 마당에 무얼 믿고 나 같은 남자를 따라 야밤에 공동묘지까지 가겠는가. 그러나 그녀는 다행스럽게도 따라와 주었다.

어머니 묘소 앞에서 나는 머리를 숙였다.

'어머니, 춥지 않으세요? 저 명박이 왔습니다. 자주 찾아뵙지 못해 죄송합니다. 아버지, 형님들 다 잘 계십니다. 집도 구했어요. 저는 타이에 다녀와서 중기사업소에서 일하고 있습니다. 그리고 어머니, 여기 막내며느리 될 사람 데리고 왔습니다. 어떠세요? 제가 감

옥에만 가지 않았다면, 앞으로 이 막내며느리 봉양 받으시면서 호강하실 텐데…….'

나는 어머니 묘지 앞에 엎드려 소리 나지 않게 울며 하느님께 기도드렸다. 캄캄했으므로 그녀는 내가 울고 있는지 몰랐으리라. 나는 오래 엎드려 있었다.

어머니 묘소에서 내려오는 밤길은, 어머니의 품속에 있다가 나오는 것처럼 아늑했다. 그 아늑함은, 이 여자를 행복하게 해주어야 한다, 열심히 살아야 한다, 어머니의 가르침을 헛되게 하지 말아야 한다는 다짐으로 바뀌고 있었다. 그리고 의심 없이 따라와 준 그녀가 고마웠다.

캄캄한 밤 공동묘지에서 인사를 드린 후 아내는 '보지 못한 시어머니'를 늘 어렵게 여겼다. 그리고 결혼 후, 어머니 못지않은 독실한 기독교 신자가 되었다.

이명박이 세컨드와 산다

"얘, 뭐 잘못된 거 아니니? 어쩜 저렇게 못생긴 남자를 만났니?"

약혼식이 끝나고 2차 모임을 가진 자리에서 아내의 친구들은 아내에게 이렇게 말했다고 한다. 나는 일 때문에 약혼식이 끝나자마자 회사로 달려간 뒤였다. 교내 미인 대회에서 퀸으로 뽑힐 정도로 예쁜 여자가 나 같은 남자를 만났으니, 그런 소리를 듣는 것도 무리는 아니었다.

그렇다고 해서 내 조건이 좋은 것도 아니었다. 아내는 결혼을 앞

아내는 집 밖으로만 떠도는 남편을 둔 탓에 억울하게도 '세컨드'라는 누명을 쓰기도 했다.

두고 내가 두 가지를 속였다고 한다. 집안과 학력이다. 첫째는 내가 그렇게 가난한 줄 몰랐다는 것이고, 둘째는 야간 학교를 나와 그렇게 대학에 들어갔다는 사실 또한 상상도 못했다는 것이었다.

내 결혼에 아버지는 '단돈 10원'도 보태지 못했다. 결혼식 축의금을 모아 방을 구했는데, 전세도 아니고 사글세였다. 마포에 있는 14평짜리 새서울 아파트를 얻었다. 회사에서는 이사가 결혼한다고 셋방에다 카펫을 깔아 주기도 했다. 실 평수가 10평이 채 안 되는 아파트에 들어간 신혼살림 중에 내가 마련한 것은 거의 없었다. 신혼살림의 수입은 월급이 전부였다.

6개월마다 주인집에서 세를 올려 달라고 해서 3년 동안 여덟 번

이사했다. 두 번째까지는 짐을 풀어 놓고 살았는데, 세 번째부터는 이삿짐 중에서 필요한 보따리만 풀어 놓고 살았다. 일곱 번째 이사했을 때는 밥그릇과 숟가락만 풀어 놓다시피 했다. 어떤 날은 이사한 줄도 모르고 전에 살던 집으로 퇴근한 적도 있었다.

한강 공무원 아파트 옆에 주공에서 지은 22평짜리 민영 아파트가 나의 첫번째 집이었다. 내가 상무가 된 지 얼마 되지 않았을 때였다. 그때는 아파트에 프리미엄이 붙을 때가 아니고, 아파트 수요자가 등록해서 은행알을 굴려 번호가 나오면 당첨되던 시절이었다. 집값이 220만 원이었는데, 그 중 1백만 원은 15년 동안 분할 상환하는 융자였다.

이렇듯 아내는 가난한 신혼 시절부터 셋방을 전전하며 어려움을 같이 나눈 '조강지처'였지만 억울하게도 '세컨드'라는 누명을 쓴 적이 있다.

1970년대 후반이었던가. 강남 일대에 '현대 이명박 사장이 나이 어린 세컨드와 산다'는 소문이 떠다닌 적이 있었다. 이 소문은 회사 안에까지 퍼져 내 귀에도 들어왔다. 나는 처음에는 웃어넘겼다. 그런데 소문이 잦아들지 않았다. 웃어넘기는 데도 한도가 있었다. 총무과에 연락해서 한번 알아보라고 했다.

자초지종은 이러했다. 그때 우리는 회사가 제공해 준 압구정동 현대 아파트에 살고 있었는데, 나는 새벽같이 나가 밤늦게 들어오고 해외에 많이 나가 있었으므로, 주민들이 나는 보지 못하고 젊은 아내만 본 것이었다. 그들은 내가 대기업 건설 회사 사장이니 당연히 50대는 되었으리라 생각했고, 그러면 사장 부인도 40대쯤은 되어야 하는데 고작 29세였으니 모양이 이상했던 것이다.

아내가 어린 딸아이 손을 잡고 시장을 보러 나가면 시장 사람들이 "저 여자가 현대건설 사장 부인이래", "아니 무슨 사장 부인이 저렇게 젊어?" 하기 시작한 것이 엉뚱한 소문으로 굳어진 것이었다.

30대 사장과 마찬가지로 29세 '사장 사모님' 역시 보통 사람들이 생각하기에는 젊어도 너무 젊었던 것이다.

드라마 속의 그 여자

나를 주인공으로 한 드라마 「야망의 세월」이 TV에 방송될 때의 일이다. 그 드라마에서는 내가 결혼 후에도 대학 때 만나던 여자를 계속 만나는 것으로 되어 있었다. 시청자들은 드라마와 현실을 동일시해 버렸다.

'당신 남편이 저렇게 다른 여자를 만나고 다니는데 괜찮으냐?' 라는 전화가 아내에게 심심찮게 걸려 왔다. 나는 드라마 작가에게 항의 아닌 항의도 해보았다. 아내는 드라마는 드라마일 뿐이라며 웃어 넘겼다.

어느 토요일, 회사일 때문에 늦게 집에 들어갔는데, 아내의 표정이 싸늘했다.

"지금 어디서 오는 거예요?"

나는 어안이 벙벙했다. 아니, 어디서 오다니?

잠시 후 아내와 나는 박장대소하고 말았다. 마침 그날 저녁 방송된 드라마에서 드라마 속의 내가 대학교 때 여자 친구를 호텔에서 만나고 헤어졌다는 것이었다. 마침 내가 집에 들어간 시간이 드라마가 끝난 조금 후여서 아내가 그만 착각하고 말았다는 것이다.

드라마에 나왔던 그 여자 얘기를 해야겠다.

군대에 가려다가 훈련소에서 쫓겨난 뒤 교회에서 만난 여자였다. 막걸리값도 없을 때였으니 둘이 만나도 늘 불편했다. 자장면을 사거나 극장표를 사는 건 언제나 여자였다. 나중에 알았는데 그녀는 고급 공무원 딸이었다.

그녀는 일요일이면 극장에 가자고 이태원 우리 집에 찾아오곤 했다. 그녀는 충분히 택시를 탈 수 있는 형편이었는데 내 자존심을 건드릴까 봐 버스를 탔고, 늘 자장면을 먹었다.

학교에서 처음으로 축제 때 쌍쌍 파티라는 걸 했는데, 그녀는 내가 당연히 자기를 초대할 것이라고 기대했던 모양이다. 그러나 나는 축제에 참가할 생각은 꿈에도 하지 못했고, 그래서 초청도 하지 않았다. 이 일로 그녀는 화를 많이 냈다.

한참 뒤에 그녀는 자기 생일이니까 밥을 사달라고 했다. 생일을 빌미로 화해하겠다는 것이었다. 늘 얻어먹는 나의 자존심을 세워 주겠다는 의도도 있었다. 그녀는 아주 맛있는 걸로 사달라고 했다. 지금 외환은행이 들어선 을지로 1가에 고급 일식집이 있었다. 아마 그녀의 가족들이 가끔 가는 집이었던 것 같다. 2층 방으로 올라갔는데, 나는 이름조차 들어 본 적이 없는 음식들이 많았다.

그녀가 그때까지 내가 구경도 못했던 스키야키를 시키자, 곧 조그만 그릇에 날달걀이 나왔다. 나는 홀짝 마셔 버렸다. 종업원이 또 하나를 가져왔다. 내가 또 홀짝 마시자, 종업원이 이상한 눈으로 나를 쳐다보았다.

사태를 파악한 그녀가 '시범'을 보였다. 그 달걀은 풀어서 음식을 찍어 먹는 양념이었다. 나는 달걀 때문에 기가 죽었을 뿐만 아니라 음식값이 얼마나 나올지 걱정이 되어 마음이 불안했다. 음식이 입으로 들어가는지 코로 들어가는지 알 수가 없었다.

계산을 하러 내려갔더니, 그녀는 문밖으로 나가 기다리고 있었다. 음식값은 내 지갑 사정과는 판이했다. 나는 학교 앞에서처럼 시계를 내놓았다. 그 시계는 시퍼렇게 곰팡이가 슬어 있었다. 카운터 종업원은 웃으면서 시계를 던져 버렸다. 나는 쥐구멍이라도 있으면 숨고 싶은 심정이었다.

하는 수 없이 문밖에서 기다리고 있는 그녀에게 사실을 말하고, 곧 갚겠으니 음식값을 치러 달라고 했다. 그녀는 기쁘다는 듯이 선뜻 돈을 냈다.

나는 견딜 수가 없었다. 그 뒤로 그녀를 만나는 게 부담스러웠다. 그날 그녀가 치른 음식값은 나중에 친구를 통해 돌려주었다.

6·3 사태가 끝나고 내가 감옥에 가 있을 때, 그녀가 나를 면회하기 위해 새벽마다 집을 나서서 고급 공무원인 아버지가 대로했다고 한다. 고급 공무원의 딸이 '내란 선동 죄인'을 만나려고 하다니, 있을 수 없는 일이었다. 결국 집안에서 그녀를 강제로 약혼시켰다.

형무소에서 석방되던 날, 나는 환영하러 나온 재야 인사, 학생들 틈에서 그녀를 찾았으나 그녀는 보이지 않았다.

그 후에 제과점에서 한 번 만난 일이 있다. 그녀는 나를 보더니 눈물을 글썽거렸다.

"부모님의 강요에 못 이겨 약혼을 했지만, 당신이 포기하라면 집을 나오겠어요."

그러나 나는 그럴 준비가 되어 있지 못했다. 그날 이후로 우리는 만나지 못했다. 그러나 드라마에서는 지금도 만나고 있는 것으로 되어 있다.

못생긴 얼굴 콤플렉스

타이 남부의 열대림을 뚫고 고속도로를 건설할 때 나에게 위안이 되어 준 두 여인이 있었다. 한 사람은 김영주 상무의 부인, 즉 정주영 사장의 누이동생인 정희영 부인이었고, 다른 한 사람은 현장 사무실 부근 마을에 살았던 중국인 처녀 첸 링이었다.

정 부인은 식당에서 일하는 아주머니들을 지휘 감독하는 책임을 맡고 있었는데, 처음 한동안 나에게 이상한 오해를 하고 있었다.

경리인 나는 반찬값 지불이나 영수증 회수 등의 업무 때문에 식당 아주머니들과 자주 만났다.

하루는 식당 아주머니들이 물었다.

"이 경리, 결혼했어요?"

"아니, 아직 총각입니다."

옆에서 듣고 있던 정 부인의 얼굴빛이 흐려졌다. 까닭을 알 수 없었지만 그때부터 부인은 나에게 냉정한 태도를 보였다. 어느 날 부인이, "이 경리, 저녁에 우리 집으로 와요. 볼 일이 있으니까." 하고 불렀다. 영문도 모르고 간 나에게 솔직한 성품의 부인은 서슴없이 충고를 뱉어 냈다.

"이 경리, 일처리 잘한다는 소문은 들었어요. 식당일 뒷바라지도 시원스럽게 해줘서 고마워요. 다 좋은데 말씀이야, 딱 한 가지 충고를 해야겠어요. 이 경리는 저번에 보니 아이까지 있던데, 왜 총각이라고 거짓말하는 거야?"

오빠와 마찬가지로 직설적인 성격의 부인은, 기혼자가 총각 행세하는 것은 용서할 수 없는 사기요 기만이라고 공격했다.

"무슨 말씀을 하시는 겁니까? 저에게 아이가 있다니요? 장가도 안 간 총각이 어떻게 아이를 낳습니까?"

"저번 환송 행사 때 아이가 있었잖아."

"아, 그건……."

비로소 나는 부인이 최근 왜 나를 어색하게 대했는지 알았다. 당시만 해도 해외로 나가는 일이 개인은 물론 가족들에게도 대단히 큰 사건이어서 타이로 떠나기 전 무교동 사옥에 모여 출국 환송회를 가진 일이 있었는데, 내 가족으로는 유일하게 형수가 어린 조카를 데리고 나와 시동생의 장도를 축하해 주었던 것이다.

전후 사정을 듣고 난 부인은 배를 잡고 웃었다. 그런 후부터 나에게 기울이는 부인의 정성은 친동생이나 자식을 대하는 것과 마찬가지였다. 내가 떡을 잘 먹는 것을 알고 무슨 일이 있을 때마다 떡을 해서 따로 챙겨 주었고, 뒷날 울산에 살고 있을 때도 가끔 찾아가면 늘 친척처럼 반갑게 맞아 주었다.

또 한 사람의 여인 첸 링은 우리 사무실 옆에 있는 중국 음식점 주인의 딸이었다. 음식점이기 때문에 우리 사무실과 거래가 있었다. 그 집의 마당 가운데에는 맑은 물이 솟는 우물이 있었다.

우리 사무실에서는 그 우물의 물을 떠다 마시고 싶었으나, 중국집 주인은 중동 사람들처럼 마당에 외간 남자를 들여놓지 않았다. 그러나 내가 자꾸 사정을 하니, "미스터 리는 사람도 점잖고 하니 물을 떠가도록 해줘라" 하고 집안사람들에게 일렀다. 이렇게 하여 나는 그 집 마당에 들어갈 수 있는 특혜를 누리게 되었다.

마당에 들어가 물을 긷다가 사람의 기척을 느끼고 문득 마당 한쪽을 보니, 스무 살 안팎의 백옥같이 생긴 처녀가 몰래 숨어서 나를 바라보다가 눈이 마주치자 얼른 집 안으로 사라지는 것이었다.

나는 넋을 잃고 처녀가 사라진 쪽을 향해 멍하니 서 있었다. 짙은 눈썹, 흰 살결, 그리고 중국의 전통 의상 속에 숨은 듯 비치는 몸매의 아름다움, 이 모든 것이 꿈속에서 본 것처럼 아련하게 남았다.

두 번째 물을 뜨러 갔을 때, 물보다는 사방에 신경을 곤두세우고 있던 내 눈에 뜻밖에도 백옥같이 하얀 그 얼굴이 다시 나타났다. 두 번째의 만남이라 우리는 자연스럽게 눈웃음을 교환했다. 그러나 이번에도 처녀는 재빨리 집 안으로 사라져 버렸다.

몇 번 더 물을 뜨러 가자, 처녀는 조심스럽게 우물 곁으로 다가왔다. 나는 더욱 자주 우물물을 뜨러 다녔고, 그때마다 처녀는 기다렸다는 듯이 나에게로 몰래 다가왔다. 우리는 마침내 거리의 찻집에서 만나는 단계로 발전했다.

찻집에서 만나 자세히 본 처녀의 모습은 더욱 아름다웠다. 20대 중반의 사내 눈에 비친 이국 여인의 모습이야 설사 곰보라 하더라도 천사처럼 보였을 것이다. 그런데 그녀는 정말로 예쁜 처녀였으니, 나로서는 그저 황홀할 수밖에 없었다.

"너는 왜 그리 예쁘냐?"

우리가 할 수 있는 말은 그리 많지 않았다. 피차 짧은 영어로 어휘를 찾다 보니 그게 쉽지가 않았다. 첸 링의 영어는 나보다 더 짧았다. 그러나 말은 못해도 우리는 느낌만으로도 수많은 얘기를 주고받았다. 몇 번 만나지 않았는데도 우리는 마치 오래전부터 알고 있던 사이 같은 익숙한 감정을 느꼈다.

그녀를 만날 때마다 나는 내 얼굴이 못생겼다는 것이 괴로웠다. 나는 어릴 때부터 집안에서도 '형제 중에 명박이가 제일 못생겼다'는 말을 들으면서 자랐고, 나 자신도 그렇게 생각하고 있는데, 그녀 앞에서는 더욱 '못생긴 얼굴'의 콤플렉스가 살아나곤 했던 것이다.

"당신은 이렇게 예쁜데 나는 못생겼다. 특히 눈이 작아서 당신의 아름다운 눈과는 어울리지 않는다. 방콕으로 가서 수술을 해서라도 눈을 크게 하고 잘생긴 얼굴을 만들고 싶다."

그러자 첸 링은 고개를 저었다.

"당신 얼굴에서 제일 매력적인 것이 맑은 눈이다. 도대체 누가 당신을 못생겼다고 하느냐?"

내 얼굴을, 특히 작아서 놀림감이 되어 온 내 눈을 잘생겼다, 매력적이다라고 말해 준 사람은 첸 링이 처음이었다.

나는 하루하루가 전쟁터와도 같은 공사 현장에서 때 아닌 보랏빛 꿈에 가슴을 적시고 있었다.

그러나 이 꿈은 오래 지속되지 못했다. 우리가 자주 찻집에서 만난다는 사실을 알게 된 중국집 주인이 딸에게는 금족령을 내리고, 나에게는 마당 출입 금지령을 내려 버렸다.

나는 규중 심처에 살고 있던 첸 링이 최초로 연정을 품었던 남자가 나였을 것이라고 어림도 없는 상상을 하며 만나지 못하는 괴로움을 달래야 했다. 그러나 공사가 막바지에 이르고 적자를 줄이기 위한 사투가 계속되면서 그녀에 대한 보랏빛 꿈도 차츰 퇴색되어 갔다.

아빠의 비결

"이 회장도 가정이 있습니까?"

가끔 사람들로부터 이런 질문을 받는다. 참으로 난감하다. 있다고 대답하면 가정이 있는 가장으로서 그렇게 집안을 등한시해도 되느냐는 편잔을 들을 것이고, 없다고 하면 거짓말을 하는 셈이기 때문이다. 그럴 때마다 나는 "일과 동떨어지는 내용이니 그 문제는 다음에 이야기합시다"라며 넘어가곤 했다.

내 가정은 전적으로 아내가 '경영'하고 있다. 아이들이 넷이나 되지만 나는 3녀 1남이 세상에 태어나는 순간을 한 번도 옆에서 지켜보지 못했다. 줄곧 일과 더불어 살았기 때문에 가족들과 얼굴을 맞댈 시간 자체가 없었던 것이다.

현대건설 사장을 맡은 1970년대 후반부터는 더욱 그러했다. 1년의 절반 이상을 해외에 나가 있을 때도 많았다. 가족들과 여행도 제대로 해보지 못했다. 아니, 아내와 한 번, 온 가족이 한 번 여행을 떠나 본 적이 있기는 하다. 현대건설 사장 발령을 받았을 때 생각할 시간과 공간을 마련하기 위해 아내와 고향에 다녀온 일이 한 번 있고, 현대를 언제 떠나야 할 것인가를 결정하기 위해 온 가족이 제주도에 며칠 머문 일이 있다. 그러나 두 번 다 나의 일과 관련된 것이었으므로, 순수한 가족 여행은 한 번도 다녀오지 못한 셈이다.

그래도 우리 아이들은 한결같이 "우리 아빠는 너무 자상하세요"라고 말한다. 아이들 담임 선생님은 이 말을 이해할 수 없다고 한다. 사실 내가 아이들에게 해준 것은 아무것도 없다. 해외 출장을 다녀와도 선물 한 번 사다 준 적이 없다. 기내에서 주는 세면도구를 갖다 주는 정도다. 아이들도 처음에는 그것이 외국에서 아빠가 사다 주는 선물로 알고 있다가 머리가 커진 후에 그것이 선물이 아니라는 걸 깨닫고는 아빠는 선물을 사오지 않는 사람으로 알게 되었다.

이런 내가 아이들에게 자상한 아버지로 점수를 얻는 비결은 무엇일까? 바로 아내로부터 받아 두는 아이들 스케줄 표다.

나는 해외 출장이 있을 때면 아내로부터 아이들 몰래 미리 네 아이의 스케줄을 전해 받는다. 소풍 가는 날이나 시험 날짜, 시험 과목 등은 물론이고, 요즘 자주 만나는 친구며, 그 친구의 집안에 대해서까지도 꼼꼼하게 메모를 해 간다(아이들이 이 글을 읽고 '내막'을 알게 된다면 얼마나 억울할 것인가).

"아빠다. 여기 싱가포르인데, 비가 많이 오는구나. 거긴 어떠니?"

이렇게 날씨 얘기를 꺼낸 뒤에 그날 본 시험 얘기를 한다.

"참, 너 오늘 시험 잘 봤니? 국어하고 수학, 물리, 세 과목 보았지?"

"아니, 아빠가 그걸 어떻게 아세요?"

나는 웃으면서 수첩을 보고 다음날 무슨 시험이 있는지까지 말한다.

"내일은 영어하고 국사 시험이 있지?"

이렇게 되면 아이들은 '우리 아빠는 내 시험 시간표까지 다 알고 계실 만큼 내 생활에 관심이 많다'고 생각하게 된다.

셋째 딸에게는 이런 전화를 건 적이 있다.

"내일 소풍 가지? 준비는 다 됐어? 김밥을 싸겠구나. 누가 싸지?"

"김밥은 아줌마가 싸요."

"그래? 엄마 좀 바꿔라."

아내가 전화를 받아도 나는 '애들 김밥 정도는 당신이 싸줘야지'

라는 간섭을 하지 않는다. 날씨와 계절에 관한 가벼운 얘기만 하고 끊는다. 그리고 나는 어떤 일이 벌어질지를 상상해 본다.

"아빠가 전화로 뭐라고 하시던?"

"응, 아빠가 내일 소풍 잘 다녀오라서. 그리고 김밥 누가 싸냐고 해서 아줌마가 싼다고 했어."

이렇게 되면 아내는 다른 일을 제쳐 놓고 김밥을 싼다. 이건 내가 지어낸 얘기가 아니라 나중에 집에 가서 확인한 사실이다. 아내에게 직접 김밥을 싸라고 하지 않은 이유가 있다. 아무리 부부 사이라고 해도 그렇게 직접 말하는 것은 도리가 아니다.

네 아이 뒷바라지에 교회 봉사 활동까지 하느라 최선을 다하고 있는 아내를 꾸짖을 자격이 나에게는 없었다. 더구나 나처럼 남편, 아버지 노릇을 제대로 못하는 남자가 무슨 면목으로 그런 얘기를 꺼내겠는가. 딸아이에게 "엄마보고 싸달라고 해라"라고 말할 수도 있지만, 나는 그렇게도 하지 않는다. 아내는 내가 딸아이에게 왜 그런 걸 물었는지 훤히 알 것이기 때문이다. 하지만 결과를 보면 나는 전화 한 통화로 내가 바라는 것을 모두 달성한 셈이다.

나는 또 아이들에게 "어떤 친구는 만나지 마라"라는 식의 직접적인 말을 사용하지 않았다. '하지 마라', '안 돼'라는 말을 자주 쓰면 아이들은 듣지 않는다. 오히려 거부감만 커지고, 반복되다 보면 대화는 불가능해진다.

나는 아이들이 사귀면 좋을 친구들 이름을 대면서, 그 친구와 요즘 잘 지내는지, 그 친구의 부모님은 잘 계신지를 물었다. 좋은 친구란 돈이나 권력이 있는 집안의 아이가 아니다. 정상적인 집안이냐 아니냐를 놓고 판단하는 것이다. 그 친구의 부모에 대한 이야기도

가능한 한 많이 해준다.

아이가 만나는 애들 중에 나쁜 아이는 이름도 꺼내지 않았다. 자연히 아이는 내가 안부를 묻는 친구하고만 만났고, 그것도 자신 있게 만났다. 간접적인 방법으로 아이로 하여금 좋은 친구와 나쁜 친구를 가릴 수 있도록 한 것이다.

이렇게 하면 아이들은 '우리 아빠는 나에 대한 모든 것을 알고 계시다. 내가 어디에 가는지, 누구를 만나는지도 다 알고 계실 거야. 나쁜 친구를 만나도 훤히 알고 계실 거야. 나쁜 친구들은 사귀지 말아야지'라고 생각하게 된다.

자녀 교육은 관심만 갖고는 안 된다. 세상에 자기 아들딸에게 관심이 없는 부모가 어디 있겠는가. 그 관심을 세심하게 전달하는 '노하우'가 필요하다.

나 내일부터 개네 차 안 타

둘째 딸애가 같은 동네에 사는 검사 딸과 함께 그 집 차를 얻어 타고 얼마 동안 등하교를 한 적이 있다. 하루는 학교에 가는데, 그 차가 교통 법규를 위반하여 교통경찰이 차를 세웠다.

"우리 아빠, 검사예요."

검사 딸이 교통경찰관에게 그렇게 말하자, 교통경찰관은 친구 아버지 이름을 확인하더니 그냥 봐주더라는 것이었다.

"나 내일부터 그 친구네 차 안 타."

둘째 딸은 그날 저녁 집에 돌아와 그렇게 말했다. 아무리 검사 차지만 위반은 위반이다. 잘못을 했으면 잘못한 대가를 정당하게 지불해야 한다. 검사 집 차라며 봐달라고 하는 사람이나 봐주는 사람이나 둘 다 잘못이다. 하면서 흥분하는 것이었다.

"어쩌다 잘못해서 위반한 것이겠지. 너무 오해하지 마라."

나는 딸애에게 그렇게 말하면서도 속으로는 기분이 과히 나쁘지 않았다.

가끔 집으로 나에게 어려운 일을 부탁하는 전화가 걸려 올 때가 있다. 나는 언젠가 아이들이 듣고 있다는 걸 깜빡 잊고 큰 소리로 이렇게 말했다가 혼난 적이 있다.

"그래? 너무 걱정하지 마. 내가 한번 말해 볼게. 그래도 안 되면 그 윗선도 있으니까……."

전화가 끝나자 애들 넷이서 아버지를 에워쌌다.

"어떻게 아빠가 그럴 수 있어요. 말도 안 돼요. 힘 있는 사람에게 부탁하는 건 부정한 방법 아니에요? 그러니 우리나라가 이 모양 아니에요……."

그날 나는 넷이서 이렇게 인정사정없이 공격해 오는 바람에 변명을 하느라 진땀을 뺐다. 우리 아이들은 치사한 것, 비굴한 것을 나 못지않게 싫어한다. 원칙주의자들이다.

오늘날 부모들이 자녀들에게 하는 것을 보면 왠지 답답하다. 아이들의 입장에서 생각하지 못한다. 음식이든, 옷이든, 용돈이든 물질적으로 풍요하게 해주는 것을 최고의 사랑이고 최고의 교육이라고 알고 있는 사람들이 많다. 자신이 어릴 때, 학교에 다닐 때 못 먹고 못 입은 것을 한풀이라도 하듯이 자녀들에게 퍼붓는다. 이것은 잘못이다.

나는 아이들과 같이 있지는 못하지만, 늘 같이 생활하는 것 같은 느낌을 주도록 노력했다. 내가 아이들의 시간과 스케줄을 일일이 챙기는 것과 마찬가지로, 내 생활 역시 아이들에게 철저히 공개했다. 그래서 우리 아이들은 아버지가 어디에 있는지 늘 알고 있다. 대학에 들어간 딸아이가 서클 회지에 싣겠다며 나에게 글을 청탁하면, 나는 사무실에 앉아 그 원고를 쓴다. 그러면 원고 마감 때문에 걱정이 된 딸아이가 전화를 걸어 온다.

"아빠 지금 그 글 쓰고 있다."

"아빠, 빨리 쓰시고 들어오세요."

부모가 지금 어디서 무엇을 하고 있는지 늘 알고 있다면 그 가정은 특별한 자녀 교육이 필요 없다. 어느 부모가 아이들에게 댄스홀에 가고 룸살롱에 가는 걸 보여 주겠는가. 아이들에게 투명해지려면 생산적인 일을 할 수밖에 없다. 또한 부모가 아이들에게 부끄럽지 않은 일을 한다면, 아이들이 어떻게 그걸 모를 수 있겠으며 배우지 않을 수 있겠는가.

내가 아이들과 함께 일요일을 보내지 못해도 아이들은 불평하지 않았다. 일을 하고 있다는 걸 그들이 훤히 알고 있기 때문이다.

부모의 삶 그 자체가 교육이다. 자식을 어떻게 가르칠 것인가 고민할 필요가 없다. 내가, 부모가 어떻게 살아야 할 것인가, 어떻게 아이들 앞에서 행동하고 사고할 것인가를 고민해야 한다.

돈 버는 법, 돈 쓰는 법

정계에 들어와 나는 몇 가지 상처 아닌 상처를 입었다.

하나는 앞에서 밝힌 바대로 정치인으로서 다른 배를 타야 했던 정회장과의 관계이고, 다른 하나는 전문 경영인이 많은 재산을 갖고 있다는 여론 재판이 그것이다. 여기에서 '상처 아닌 상처'라고 말하는 데는 이유가 있다.

한때 우리 사회는 재산이 많다는 것 자체만으로도 부정한 것으로 취급하여 가진 자는 모두 죄인시하는 풍조가 있었다. 아주 위험한 발상이 아닐 수 없다. 만일 이러한 사고가 사회를 지배한다면 국가의 궁극적 목표인 '삶의 질'을 높일 수 없을 것이다.

공직자 재산 공개가 사회적으로 큰 관심을 불러일으키고 있을 때, 한 TV 방송사의 60분짜리 토크 쇼에 나간 적이 있다. 그 자리에서 우리 사회에 정말 필요한 것은 청빈론(淸貧論)이 아니라 청부론(淸富論)임을 강조하여 적지 않은 파문을 일으켰다.

재산의 많고 적음이 문제가 되는 것이 아니다. 적은 재산도 축적 과정이 정당하지 못하면 문제가 되고, 재산이 많다고 하여도 축적 과정이 정당하면 이는 부러움의 대상이 되고 문제될 것이 없는 사회가 바람직한 사회다. 물론 정당하지 못한 방법으로 치부한 기업이나 일부 몰지각한 사람들이 사회 전체의 분위기를 흐려 놓았던 것은 큰 문제이며 이는 시급히 고쳐야 한다.

우리 속담에 '개처럼 벌어 정승처럼 쓰라'는 말이 있으나, 이제는 '정승처럼 벌어 정승처럼' 써야 한다. 즉 재산은 깨끗하고 합법적으로 모아 떳떳하게 사용해야 한다.

나의 재산 규모가 일반 직장인과 비교할 때 많은 것이 사실이다. 그러나 나의 재산은 회사 생활을 통해 정당하게 만들어진 것으로 직장인이 맡은 일에 최선을 다하면 부(富)도 축적할 수 있다는 것을 보여 주는 본보기라 생각한다.

나는 지난 30여 년간 단 하루의 개인적인 휴가도 없이 전력을 다했다. 만일 내가 미국 대기업의 대표로 15년간 일했다면 어떠한 대우를 받았을까? 그 대가가 사회적으로 문제시될 수 있었을까?

내가 갖고 있는 재산은 집과 땅 두 필지가 전부다.

현재 살고 있는 논현동 집은 제법 큰 집이다. 1979년 현대건설 사장 재임 시 회사에서 외국 손님들이 오면 접대하라고 지어 준 집이다.

서초동에는 나의 연구소로 쓰고 있는 건물과 대지가 있다. 1976년 내가 부사장으로 있을 때, 중동에서 큰 공사를 수주한 대가로 상금을 받았다. 당시 총무 담당 이사인 정택규 씨가 개인 시간이 없는 나를 위해 상금을 관리하겠다고 해서 통장째로 건네준 적이 있다. 그 후 나는 잊고 있었는데 정 이사가 퇴직하면서 그 상금으로 서초동 땅을 사두었다고 말해 주었다.

양재동에 있는 약 250평의 땅은 1972년 서울시가 강제로 나에게 떠넘긴 것이다. 당시 서울시는 공사 참여 기업 중역들에게 2년 뒤 원리금을 상환한다는 조건으로 지하철 1호선 공채를 판매했다. 나에게는 250만 원 상당의 공채가 배당되어 2년이 지났는데, 현금으로 주지 않고 대신 양재동의 자투리 땅을 주었다. 양재동이면 당시 변두리도 엄청난 변두리였다. 나는 시에 항의했지만 어쩔 수가 없었다.

이것이 내가 가진 전부다. 모두 내가 축재하려고 의도해서 만들어진 것이 아니다. 그런 일에 할애할 여유가 나에게는 단 한 시간도 없었다. 나는 한국의 전문 경영인으로서 최고의 대우를 받았고 이런 자부심으로 일해 왔다. '땅 투기' 같은 일은 전혀 관심거리가 아니었다. 만약 그런 일을 했다면 나는 만주나 시베리아 벌판의 땅을 사는 데 혈안이 되었을 것이다.

50대들에게 삶의 목표는 잘 먹고 잘 사는 것이었다. 전쟁이 휩쓸고 간 폐허 위에서 피땀을 흘리며 달려온 기성세대들은 그 목표를 어느 정도는 달성했다.

그러나 우리는 돈을 모으는 데에만 주력했지, 그걸 어떻게 모으고 써야 하는지에 대해서는 생각할 겨를이 부족했다. 자녀 세대들에게도 제대로 가르치지 못했다. 그래서 일부 젊은 세대들은 부모가 모은 재산을 아무 생각 없이 낭비하고, 사회 문제까지 일으키고 있다.

아내와 나는 우리의 재산을 아이들에게 물려주지 않을 생각이다. 나의 부모, 아내의 부모가 우리 부부에게 남겨 준 정신적 유산을 고스란히 전해 줄 것이다. 우리는 부모를 원망하지 않았지만, 우리 아이들은 우리를 원망할지도 모른다. 그러나 성인이 되고, 무엇인가를 가르치고 남겨 줘야 할 자식이 생긴다면, 그때는 우리의 뜻을 알게 될 것이라고 믿는다.

그리고 나는 1994년 말에 한반도와 동아시아의 미래를 연구하는 재단을 하나 설립했다.

학자들에게 연구비와 장학금을 지원하고, 국내외 현지 조사를 비롯, 각종 세미나를 개최하고 관련 책자를 발간할 예정이다. 과학기술, 환경, 여성, 민족, 경제, 군사, 문화 등 동아시아의 미래를 위한 광범위하고도 전문적인 연구 사업을 펼치게 될 것이다.

사회복지 사업은 국가와 기업이 담당할 수 있다. 장애인들이나 노인들을 돕는 일은 개인의 차원에서도 가능하다. 그러나 집중적이고 동시에 지속적인 연구 사업은 재단이 아니면 불가능하다고 본다. 동아시아연구재단은 내 청부론의 첫 실천인 셈이다.

어떻게 돈을 벌어야 하는가가 아니라, 어떻게 돈을 써야 하는가에 대한 작은 모델이 되었으면 하는 바람도 없지 않다.

북방에 미래가 있다

남과 북의 경제협력이 시작되는 순간, 북방으로 향한 육로가 열린다.

그 순간 동북아 경제권이 구체적인 경제블록으로 활동을 시작하게 된다.

장차 세계 4대 경제권인 NAFTA, EU, 중국, 일본의 압력을 견뎌 내려면

남과 북이 통일하는 것 말고는 다른 방법이 없다.

신천지를 찾아서

1988년 3월, 나는 현대건설의 회장으로 승진했다. 사장이 된 이래 11년 만의 승진이었고, 사원으로 현대건설에 입사한 지 23년 만의 일이었다. 그때 나는 46세였다.

매스컴에서는 기다렸다는 듯이 흥분했다. '샐러리맨의 우상'이라는 수식어도 따라다녔다.

그러나 나는 회사 밖의 호기심과 궁금증에 초연했다.

내가 회장이 된 시점은 현대 그룹 경영권 상층부에 큰 변화가 일어나던 1987년 2월과 맥락을 같이한다. 그때 정세영 현대자동차 회장이 그룹 회장이 되었고, 정주영 회장은 명예회장으로 명칭상에서나마 일선에서 후퇴한 것이었다. 그러나 실제로 현대를 이끌어 가는 선장은 정주영 회장이었다.

현대 그룹은 일찍이 1980년대 초반부터 그룹을 다핵화시켜 왔다. 1982년 5월, 이춘림 씨와 김영주 씨가 각각 현대중공업, 현대엔진 회장에 올랐다. 이후 전문 경영인이 그룹의 한 블록을 맡고, 다른 쪽은 정 회장의 형제나 2세들이 하나씩 경영 책임을 맡았다. 이때 계열 기업을 담당하게 된 전문 경영인들은 정 회장의 2세들을 위한 사전 정지 작업을 벌여야 했다.

이렇게 전문 경영인과 2세 경영 시대가 맞물리는 시점에서 나는 회장이 된 것이다. 현대에서의 내 위상을 고려하지 않을 수 없었다. 현대를 떠날 때가 되었음을 느끼기 시작했다. 2세 경영 시대는 나의 시대가 아니다. 고 정몽필 전무와도 얘기했듯이, 나는 정 회장과 같은 세대의 경영인이었다. 현대 안에서 원로 대접이나 받으면서 세월을 허비할 수는 없었다. 나는 미래를 앉아서 기다리지 않는다. 그건 누구나 할 수 있는 방법이다. 나는 일을 그렇게 했듯이, 시간을 장악했듯이, 미래로 달려가서 미래를 나의 것으로 만들었다.

회장이 된 이후, 나는 기업에서의 마지막 일로 무엇을 할 것인가에 대해 숙고했다. 현대 내부에서도 변화가 절실한 시기였다. 돌아보면 현대건설은 10년을 주기로 큰 방향 전환을 해왔다. 1960년대 중반 한국 기업 최초로 해외 건설 공사를 수주했고, 1970년대 중반에는 중동으로 진출, 세계적인 기업으로 발돋움했다. 1970년대 한국 경제의 비약적 성장의 원동력은 정부의 노력과 더불어 현대와 같은 기업의 활약이었다.

기업은 앞으로 나아가지 않으면 후퇴한다. 정체는 없다. 끊임없는 자기 혁신을 통해 미래를 현실로 만들어 내야 한다. 1980년대 중반, 대외 지향적인 개척 정신을 기업 이미지로 삼아 온 현대건설은 새로운 활동 무대를 요구하고 있었다. 그 무대를 발판으로 재도약해야만 했다.

정주영 회장은 '5공 청산' 문제로 국회 5공 청문회에 출두한 이후 정치 권력에 대한 실망감과 배신감으로 고통스러워하고 있었다. 6공화국과 기업주의 불편한 관계는 그대로 기업 전체의 사기에 영향을 미쳤다. 가라앉을 대로 가라앉은 기업 분위기를 쇄신할 탈출구, 즉 비전이 절실한 때였다.

그 무렵 나는 세계 지도를 뚫어져라 쳐다보곤 했다.

현대가, 그리고 내가 나갈 신천지는 어디인가?

나는 북방을 생각하기 시작했다. 북방은 지리적으로 한반도의 북쪽에 닿아 있는 구소련과 중국, 동유럽, 그리고 북한 등 공산권을 이르는 말이었다. 2차 대전 이후 세계 냉전 체제의 희생양이 되어 동족끼리 총부리를 겨누는 처절한 비극을 겪은 우리에게 북방은 적이었다. 공포와 경원의 대상이었다. 우리의 모든 활동은 반쪽이 될 수밖에 없었다. 이데올로기에 관한 한 우리 세대는 불구자로 살아온 셈이었다.

정치적 측면에서 북방 외교, 또는 북방 정책은 그 마지막 과녁을 북한의 평양에다 맞추고 있었다. 모스크바와 북경은 평양에 가기 위한 우회로일 뿐이었다.

정치를 떠나 경제의 시각으로 보면 위와 같은 발상은 매우 좁은 시각이었다. 구소련과 중국은 평양으로 가기 위한 경유지만은 아니었다. 두 국가는 그 자체로서 한반도의 정치, 경제, 문화에 결정적 영향을 끼쳐 왔고, 앞으로도 그 영향력이 지속될 거대한 실체였다.

회사일 때문에 세계를 누비면서도 나는 늘 마음 한구석에 자리 잡고 있는 자괴감을 씻어 버릴 수가 없었다. 전 세계를 무대로 사업을 펼치고 있다고 자부하면서도 실제로는 지구의 반쪽, 공산권에는 발을 들여놓지 못했다는 사실 앞에서 혼자 부끄러움을 느낄 때가 많았다.

중국도 그렇지만, 구소련의 연해주(현지 지명 프리모르스키)나 시베리아는 지리적으로 얼마나 가까운가. 태평양 너머에 있는 미국을 친구로 두고 있는 반면, 지척의 두 거대한 나라와는 반세기가 가깝도록 서로 적으로 대치하고 있다는 현실이 안타깝기도 했다. 가장 무서운 적을 머리맡에 두고 어떻게 21세기를 맞이할 수 있단 말인가.

북방 진출은 기업인으로서 나의 '마무리 프로젝트'였다.

서광이 보입니다

현대에서의 마지막 작품, 기업인으로서 기업과 국가 경제 양쪽 모두에 활력을 주는 프로젝트가 광활한 시베리아 툰드라에 있을 것이라는 생각은 차츰 확신으로 굳어졌다. 그러나 길이 없었다. 목적지는 정해졌는데, 거기까지 가는 길은 아직 없었다. 당시 소련과는 국교는 물론, 그 어떤 공식적인 교류 창구도 없었다. 정부 기관도 아닌 기업이 뚫고 들어갈 수 있는 길은 어디에도 없었다.

그러나 가능성이 희박할수록 성취감은 배가된다. 내 눈에 가능성이 많아 보이면, 다른 사람의 눈에도 마찬가지다. 불가능에 도전해야 하는 것이다. 새로운 모험, 새로운 도전은 지금까지 그래 왔듯이 현대건설이 해야 한다고 나는 생각했다.

모스크바 접근로를 모색하고 있던 차에 일본의 닛쇼이와이 상사 책임자가 왔다. 닛쇼이와이 상사는 이라크에서 알무사이브 발전소를 함께 건설한 파트너였다. 그는 내가 일을 원만하게 이끌어 나가는 것을 보고 그동안 큰 신뢰를 보여 왔다.

"중동에 공사가 없어서 큰일입니다. 보다 크고 새로운 일터가 필요합니다. 소련 같은 나라라면 좋겠는데, 그 넓은 땅에서 남이 못하는 공사를 한번 해봤으면……."

나는 지나가는 말로 그의 의중을 떠보았다.

"소련에 관심이 있습니까?"

"뭐 구체적인 것은 아닙니다. 우리는 영상 40도의 사막에선 일해 봤지만 영하 40도 되는 동토에선 일을 해본 적이 없어요."

닛쇼이와이 상사 책임자는 빠른 반응을 보였다.

"우리 상사는 모스크바에 지점을 가지고 있습니다. 일본 기업들 가운데 소련과의 교류가 가장 활발한 기업이 우리 상사 아닙니까?"

"소련을 한번 방문하고 싶은데, 무슨 방법이 없을까요?"

"쉽지는 않을 겁니다. 소련 공산당 쪽에서 초청만 되면 오케이인데…… 우리 상사가 소련과 만나 온 지 오래되었으니 한번 추진해 봅시다."

일본 상사의 책임자가 나와의 관계 때문에 선뜻 소련 입국을 추진하고 나선 것은 아니었다. 그쪽에서도 한국의 현대건설과 손잡고 소련에 진출하는 것이 이득이 있을 것이라는 판단이 섰기 때문에 중간에 나서려는 것이었다. 비즈니스는 결코 일방통행이 아니다. 양쪽 모두에 이윤이 생길 때 악수가 이루어진다.

닛쇼이와이 상사의 적극적인 중재에도 불구하고 모스크바로 가는 길은 쉽게 열리지 않았다. 국교가 없기 때문에 소련 정부가 나를 정식으로 초청할 수가 없었다. 목적지를 정해 놓고 가지 못할 때처럼 힘들고 답답할 때가 없다.

"서광이 보입니다."

1988년 가을, 마침내 일본 닛쇼이와이 상사로부터 연락이 왔다.

소련 상공회의소의 책임자급 중 한 사람이 일본에 오는 길에 한국에 들러서 나를 직접 만나 보고 결정하겠다는 것이었다.

한국에 온 소련 상공회의소 사람을 만나 보니 좋은 예감이 들었다. 그는 한국과의 협력을 긍정적으로 보고 있었으며, 현대에 대해서도 호기심이 많았다. 소련으로 돌아간 그는 "한국에서의 미팅은 성공적이었다"고 기자들에게 말했다. 그는 곧이어 나에게 '소련에 초대할 길이 열릴 것 같다. 누가 올 것인지 명단을 알려 달라'는 전갈을 보내왔다.

이때까지 정 회장은 내가 은밀하게 추진해 오던 북방 진출 프로젝트에 대하여 전혀 모르고 있었다.

"회장님, 소련 한번 갑시다."

초청장이 날아올 날을 목전에 두고 비로소 나는 정 회장에게 처음 말을 꺼냈다. 정 회장의 첫 반응은 싱거웠다.

"에이, 거 추운 나라에 뭐 할 것이 있다고 가? 이 회장, 당신이나 다녀오지 그래."

정 회장은 소련에 대하여 별로 관심이 없던 상태였다. 그러나 기업인으로서 소련을 처음으로 공식 방문하는데, 나보다는 전경련 명예회장인 정 회장이 앞장서는 것이 훨씬 유리할 것이었다.

소련에 가자고 운을 뗀 지 얼마 후, 정 회장과 함께 뉴욕에 갈 일이 있었다. 나는 비행기 안에서 열여섯 시간 동안 소련 진출 문제를 진지하게 털어놓았다. 정 회장은 비즈니스 쪽으로 설명해야 쉽게 납득을 했다.

"소련은 미국 이상으로 우리에게 의미가 있는 나라입니다. 세계에서 자원이 가장 많은 나라가 소련입니다. 우리는 자원이 가장 없는 나라입니다. 우리가 소련에 진출해야 하는 숙명적인 이유가 여기에 있습니다. 그 막대한 자원을 육로로 가져올 수가 있습니다. 북한이 길을 터주겠느냐고 지레 체념하면 안 됩니다. 북한도 자원이 절대적으로 필요하기 때문에 길을 열어 주지 않을 수 없습니다. 21세기에 우리는 더 많은 에너지를 필요로 하게 됩니다. 그 자원들을 해로가 아닌 육로로 가져온다면, 그것은 우리나라에서 나는 자원과 다를 게 없습니다."

정 회장은 차츰 관심을 보이기 시작했다. 뉴욕에서 돌아오는 비행기 안에서도 나는 북방 진출의 당위성과 효과, 그리고 역사적 의미를 역설하며 이렇게 덧붙였다.

"회장님도 이제는 연세를 생각하실 때입니다. 국가적으로도 커다란 사업인 북방 진출에 참여하시면 기업인으로서도 뜻있는 말기를 장식하게 됩니다."

"그래? 그럼 한번 가자. 난 눈을 좋아하니까 눈 구경도 괜찮겠구먼."

서울에 도착하자마자 방문 교섭을 추진했다. 우리 정부의 관련 부처들은 뜻밖이라는 표정이었다. 누가 말리지도 않았다. 큰 기대를 하지 않았기 때문이다. 하지만 안기부에서는 민감하게 나왔다. 우리는 사전 교육을 받았고 '경제적 차원을 벗어나지 않겠다'는 약속을 하고 나서야 정부의 승낙을 받을 수 있었다.

소련을 방문하는 우리 일행은 방한복, 방한화 등 추위에 대비해 완전 무장을 했다. 실제의 혹한도 걱정이었지만, 그보다는 공산주의의 종주국에 처음으로 들어간다는, 이데올로기의 차이가 가져오는 추위를 더 두려워하고 있었는지도 모른다.

우리 일행은 정주영 회장과 나를 포함하여 모두 다섯 명이었다. 이 가운데 두 사람은 실무 접촉을 위한 선발대로 1989년 1월 5일 먼저 모스크바로 향했고, 정 회장과 나를 비롯한 세 사람은 동경을 경유해 1월 7일 모스크바에 발을 디뎠다.

소련 국영 아에로플로트 항공사 소속 일류신 여객기에 몸을 실은 우리는 흥분과 기대, 불안감 때문에 가벼운 농담을 주고받았다. 북위 62도, 비행기는 지평선조차 보이지 않는 시베리아의 툰드라 위를 날았다. 저기가 바로 현대의 미래, 나의 미래, 그리고 한반도의 미래가 출발하는 21세기의 메카다. 나는 비행기 창문으로 시베리아를 내려다보며 각오를 새롭게 다졌다.

보드카로 녹인 북극 빙하

1989년 1월 10일 월요일 오전 8시, 모스크바에서 소련 연방 상공회의소 측과 처음 만난 우리는 곧바로 담판에 들어갔다.

우리 쪽에서 먼저 제안했다. 앞으로 한국 기업이 소련과 경제 협력을 할 수 있는 제도를 만들어야 하며, 그 첫 사업으로 현대가 시베리아 개발에 참여하고 싶다는 뜻을 밝혔다.

소련 쪽에서는 한국 기업들이 소련에 투자하고 싶어 하는 분야에 대해 물어 왔다.

우리는 한소 경제협력위원회를 만들자는 제안을 내놓았다. 첫 만남에서는 파격적인 제안이었다. 국내에서는 한국 기업인의 소련 방문 그 자체에 의미를 두고 있었다. 그만큼 양국 사이에는 높은 장벽이 가로놓여 있었다. 소련 측에서도 기업 차원의 소리 없는 경제 협력에 관심을 두고 있었지, 경제협력위원회 같은 공식적인 창구는 아직 계산에 넣고 있지 않았다.

소련 측은 당황했다. 한국 기업과의 경제 협력이 대외적으로 알려지는 것은 시기상조라면서 좀 더 신중을 기하자는 반응을 보였다. 아마 북한과의 관계를 유념하지 않을 수 없었으리라.

그러나 우리 생각은 달랐다. 단순히 현대 그룹, 한국 기업과 소련과의 경제 협력만이 목표는 아니었다. 나는 이 기회를 국교 수립의 전초적 단계로 이끌어 가야 한다고 생각하고 있었다. 우리가 다음 세대를 위해 해줄 수 있는 더 큰 사업은 소련을 적이 아닌 우방으로 만들어 놓는 일이었다.

그쪽에서는 우리 측 안을 완강하게 거절했다. 첫 회의 자체가 성립되지 않을 상황이었다. 회의는 내가 우리 측 대표로 나서고, 중간중간에 상황을 정 회장에게 보고하고 상의하는 식으로 진행되었는데, 협상이 처음부터 난관에 부딪히자 정 회장은 낙담했다.

"돌아가는 게 낫겠구먼. 그런 식으로 나오면 돌아가겠다고 통보하시오. 아니면, 당신이 책임지고 협의를 계속하면서 돌파구를 열어 보든지. 한국에서는 많은 기업들이 좋은 결과를 기대하고 있을 텐데……."

우리가 돌아가겠다는 뜻을 비치자, 소련 측에서도 '가도 좋다'는 태도를 보였다. 첫 협상에서 파국을 맞고 있었다. 만일 여기서 이런 식으로 물러선다면, 한국 기업의 소련 진출은 물론, 양국 간의 국교 정상화의 길도 더욱 멀어질 것이었다. 위기였다.

정 회장의 본심은 어떻게 해서든 협상을 추진하라는 것이었다. 문제는 소련 측이었다. 나는 이 협상이 자유 진영이 아닌, 공산당과 KGB가 지배하는 소련과의 협상이라는 점에 유의했다. 서방 국가와의 협상은 당사자만 납득시키면 되었다. 그러나 이곳은 협상 테이블에 나온 상대방 선에서 문제가 해결되지 않는다. 당시 우리 판단으로는 고르바초프의 결단이 필요할 것 같았다.

협상은 일단 정지 상태였으나, 나는 소련 상공회의소 수석 부회장 골라노프와 저녁 늦게까지 보드카를 마시면서 대화를 계속했다. 소련인들과 만나려면 보드카를 잘 마셔야 한다는 말이 있는데, 그건 사실이었다. 소련인들은 외국인이 보드카를 잘 마시면 오랜 친구처럼 대했다. 한국을 찾은 외국인이 소주나 막걸리를 잘 마시면 우리가 훨씬 친근감을 느끼는 것과 같았다. 그날 우리 둘은 보드카를 많이 마셨다. 보드카를 사이에 두고 우리는 인간적인 느낌을 주고받았다.

밤이 깊어졌을 때 나는 협상 문제를 다시 꺼냈다.

"당신이 결정하기 어렵다면, 왜 우리 정 회장을 당신네 상공회의소 회장과 만나게 해주지 않는 겁니까? 당신은 상공회의소 회장이 지금 모스크바에 없다고 하는데, 나는 그렇게 생각하지 않아요."

그들이 최고 책임자를 먼저 내세우지 않는 이유는 짐작할 수 있었다. 국교가 없는 나라와 협상을 하는 데 최고 책임자가 나와서 결렬되면 모양이 좋지 않기 때문이었다. 그들의 협상 방식은 늘 그런 것 같았다. 나는 솔직하게 내가 받은 인상을 골라노프에게 밝힌 뒤, 마지막으로 이번 협상의 의의에 대하여 말했다.

"나와 함께 오신 정 회장은 한국 재계의 실질적인 대표요. 전경련 회장을 10년이나 역임했고, 지금도 명예회장으로 있습니다. 또 나는 대한상공회의소 부회장을 13년째 역임하고 있습니다. 그러니 우리와 합의해 협력의 길을 터놓으면 한국 기업들이 소련과 협력하는 데 큰 영향력을 미칠 수가 있어요. 국교가 없더라도 경제 협력은 상공회의소 같은 민간 창구로도 충분히 가능합니다."

나는 이어서 한국 기업이 동남아와 중동 등 세계 시장에 진출해 성공한 사례를 들면서, 소련 경제 개발에 큰 도움을 줄 수 있다고 강조하며 한마디 덧붙였다.

"우리는 순수 민간인 자격으로 왔기 때문에 어떤 정치적인 배경이 없습니다. 북한을 자극한다거나 하는 문제도 전혀 없습니다. 지금 나와 나눈 대화의 내용을 당신 정부 최고위층에 전달해 주십시오. 그러면 우리의 진심을 알게 될 것입니다."

"알겠습니다. 내일 한 번 더 협상합시다."

첫 방문에서 아무런 성과가 없다 하더라도, 이를 비난할 사람은 없을 터였다. 체제의 장벽이니, 투자 실효성이니, 협상 실패의 이유는 얼마든지 댈 수 있었다. 그러나 나는 물러서지 않았다.

협상은 다음날 오전 속개됐다. 오후가 되자 소련 상공회의소 측에서 연락이 왔다.

"굿 뉴스입니다. 사인할 용의가 있습니다. 서명식을 가집시다."

돌아가도 좋다는 파국까지 치달은 협상이 성사되는 순간이었다.

1989년 1월 11일, 한국과 소련 역사상 최초의 공식 문서가 탄생하였던 것이다.

기업인에게 계약이 체결되는 순간만큼 기쁜 순간은 없다. 사인을 하고 만년필 뚜껑을 닫는 순간의 성취감을 어떻게 말로 다 표현하랴.

비록 구체적인 사업에 대해서는 아무것도 합의한 것이 없었으나, 50년 가까이 적대국이었던 소련과 경제 협력 공식 창구를 처음으로 마련했다는 사실에 나는 몹시 뿌듯했다. 정 회장도 흡족해했다.

그날 저녁은 우리 측에서 만찬을 베풀었다.

1차 방문으로 물꼬가 트이자 1991년까지 소련 방문은 줄기차게 이어졌다. 현대 그룹 최고 경영층의 공식적인 방문만 해도 일곱 차례였다. 모스크바와 레닌그라드, 나홋카, 야쿠티야, 보스노이치 등 소련의 서쪽에서 동쪽 끝까지 우리가 진출할 수 있는 곳이면 어디든 찾아갔다. 우리처럼 소련 전역을 누비고 다닌 외국인은 없었다.

우리는 매일 새벽부터 일어나 준비를 하고 연방 정부나 각 공화국의 지도자들과 협상을 하거나 현장을 답사하는 강행군을 계속했다. 밤에도 12시까지 답사가 계속됐고, 친교를 위한 모임이 이어졌다. 어느 날은 열 시간이 넘도록 헬기를 탄 적도 있는데, 그곳 관리들은 구토를 하며 나가떨어지기도 했다.

어찌 된 셈인지 연일 계속되는 강행군에도, 시베리아 벌판을 종횡무진 돌아다녀도 정 회장과 우리는 끄떡없이 견디어 냈다. 그냥 견딘 것이 아니라 적극적으로 사업과 관련된 현장을 찾아 다녔고, 사소한 일까지 일일이 확인하고 기록했다. 다시 젊어진 것 같았다.

모두 역사와 미래를 앞당기고 있다는 흥분에 휩싸여 있었다고나 할까. 그런 자부심과 소명 의식이 없었다면, 그 같은 초인적인 행군을 배겨내지 못했을 것이다.

소련의 관리들은 이런 우리들을 보고 몹시 놀라는 눈치였다. 유럽이나 다른 선진 공업국에서도 많은 사람들이 다녀갔지만, 극동의 조그만 나라에서 온 기업인들처럼 열정적이고 진지하게 접근하는 사람들은 일찍이 본 적이 없다고 고백하는 관리도 있었다.

성과도 컸다. 레닌그라드의 알루미늄 제련소 건설, 연해주 임산업 합자회사 설립, 석유화학제품 합작회사 설립, 올가 항의 펄프제지 공장 건설, 엘킨스코어 석탄개발 및 철도건설, 야쿠티야 가스 개발 등 굵직굵직한 합의들이 이루어졌다.

1989년에서 1991년까지 그 짧은 기간 동안 사실상 소련에 대한 현대의 모든 사업 계획은 현지에서 발로 뛰는 과정에서 수립되었다. 이 계획들 중 상당 부분은 이미 실천 단계에 들어갔고, 상당 부분은 앞으로 추진될 것이다. 그 어느 것이나 21세기 한국 경제의 밑거름이 될 중요한 프로젝트들이다.

그 중에서도 내가 가장 관심을 가졌던 사업은 야쿠티야 공화국의 가스 개발이었다.

시베리아 천연가스를 한국으로

1989년 처음으로 소련을 향하던 날, 김포공항에는 많은 기자들이 몰려들었다. 그 중에 MBC 보도국의 한 기자는 공항까지 가는 내 차에 동승했다.

"소련 가면 어떤 일을 하시게 됩니까?"

"미지의 나라인데, 무슨 구체적인 목표가 있겠습니까?"

"그래도 무슨 꿈이라도 있을 것 아닙니까?"

절대로 보도하지 않겠다는 약속을 받고 내 '꿈'을 털어놓았다.

"21세기는 클린 에너지 시대가 됩니다. 화석 에너지 가운데 클린 에너지는 천연가스밖에 없어요. 수요가 폭발적으로 늘게 됩니다. 천연가스는 자유 우방국에서도 많이 나지만, 해상으로 운송해야 하기 때문에 어려움이 많습니다. 가스 운반을 위해 액화시켜야 하고, 이를 위해 별도 플랜트가 필요합니다. 특수 설비 운반선도 있어야 하고, 이를 저장하는 시설도 필요하며, 액화 가스를 다시 기화시켜야 하는 등 설비와 장비, 절차가 매우 복잡합니다. 그나마 자유세계의 경제성 있는 가스는 일본이 다 선점한 실정입니다. 일본이 손을 못 댄 곳이 바로 소련입니다. 자료를 보니 소련 땅에는 우리와 가까운 곳에 풍부한 천연가스가 매장돼 있는 것으로 나타나 있어요. 그걸 북한을 통해 육로로 가져왔으면 하는 것이 내 꿈입니다."

아직 꿈은 꿈일 뿐이라고 나는 말했다. 단순한 경제 논리로는 풀 수 없는 난제이므로 이것이 보도되었다가는 사람들이 웃고 말 것이 라며 절대 보도하지 말라고 당부했다. 기자는 약속을 지키겠다고 말 했다.

그러나 나중에 소련에서 돌아와, 우리가 서울을 떠나던 날 저녁 방송에 내 목소리가 나갔다는 사실을 알게 됐다. 기자가 몰래 녹음 기를 갖고 동승했던 것이다. 다음날 신문에도 '시베리아 천연 가스, 북한 통해 한국 온다'라는 제목의 기사로 대서특필됐다.

나는 기자에게 속았지만, 그에게 말한 나의 꿈은 여러 번의 소련 방문으로 가능성이 점점 높아져 갔다.

1990년 초에 모스크바를 방문했을 때 처음으로 공산당 중앙본부 가 우리를 초대하여 양국 관계의 현황과 전망에 대한 브리핑을 해준 일이 있다. 그때 공산당 중앙본부의 국제 담당 책임자는 다음과 같 은 얘기를 했다.

"우리는 오래전부터 한국을 주시해 왔습니다. 한국은 신생 국가 중에서 경제 발전을 성공적으로 이룬 표본적인 국가로서, 고르바초 프 대통령 이전부터 소련의 관심 대상이었습니다. 서울 올림픽에 참 가하면서 우리 공산당의 국제 부서에서는 한국이 워낙 친미적인 국 가라 많은 저항이 있을 것으로 판단했습니다. 그래서 세계적인 수준 의 예술 단체와 예술가들을 대거 데리고 갔어요. 문화와 예술을 통해 친미 반소적인 분위기를 누그러뜨리기 위해서였습니다. 그러나 막상 가보니 한국사람들의 소련에 대한 적대감은 의외로 적었습니다. 오히려 미국이 우리에 비해 너무 소홀하게 올림픽에 참가하지 않았나 하는 생각이 들더군요. 덕택에 소련은 한국에서 성공적으로 데뷔할 수 있었습니다. 우리는 현대를 비롯하여 삼성, 대우 등 한국의 대기업들에 대한 모든 자료를 조사하여 갖추고 있습니다. 어떤 기업과 어떤 협력을 하는 것이 피차 좋은 결과를 낳게 될지 평가 작업도 해두었습니다. 현대는 건설과 중공업을 중심으로 하는 기업이기 때문에 소련의 시베리아 개발과 대형 프로젝트의 공동 추진에 아주 적격이라 생각합니다."

이 자리에는 야쿠티야 자치공화국의 자티프 부수상도 참석해 있었다. 공산당 중앙본부의 국제 담당 책임자는 자티프 부수상과 우리를 번갈아 보면서 말했다.

"야쿠티야 공화국을 개발하는 데는 현대 그룹과 같은 기업의 협력이 아주 긴요하리라고 생각합니다. 현대 그룹 책임자 여러분을 만나기 위해서 부수상이 일부러 여기까지 왔으니 서로 인사를 하시지요."

야쿠티야 공화국에서 모스크바까지는 비행기로 일곱 시간이 걸린다고 했다. 멀리서 날아온 부수상은 공산당 관리의 브리핑에 이어 가지고 온 자료를 펼쳐 보이면서 야쿠티야 공화국의 자원에 관해 브리핑을 시작했다. 듣고 보니 실로 놀라운 자원의 보고였다.

소련에는 이런 얘기가 있다고 한다.

'태초에 하느님이 자원을 손에 쥐고 지구를 한 바퀴 돌면서 온 세계 여기저기 골고루 뿌리고 다녔는데, 야쿠티야 상공에 도착하자 그

만 너무 추워 두 손에 쥐었던 자원을 다 놓아 버렸다.'

그래서 야쿠티야는 세계적인 다이아몬드광, 석탄광, 금광, 철광석광, 그리고 각종 특수광에다 가스, 석유에 이르기까지 모두 세계적인 매장량을 지니게 되었다는 우스갯소리다.

"이처럼 풍부한 자원을 가진 야쿠티야 공화국은 한국의 현대가 우리의 모든 개발 사업에 참여할 것을 기대합니다."

"당신네 공화국을 꼭 한 번 찾아가겠습니다."

그렇게 약속을 했고, 약속에 따라 6월에 야쿠티야를 방문했다.

야쿠티야 공화국은 중국 바로 위에 있다. 비행기를 타고 서울에서 북쪽으로 곧바로 날아가면 세 시간 만에 도착할 수 있는 가까운 곳이다. 서울과 동일한 경도이므로 시간대도 같아 한국과 경제 교류에 더없이 유리한 위치에 있다. 비록 얼어붙은 땅이 대부분이지만 면적은 중국의 1/3이나 되고, 인구는 겨우 백만 명도 채 넘지 않는다.

우리가 수도 야쿠츠크에 도착하니, 공화국 영빈관은 우리를 위해 막 수리를 끝낸 듯 페인트 냄새와 벽지 냄새가 그대로 났다. 우리는 수상과 부수상을 만난 후에 곧장 현지답사에 나섰다.

제일 먼저 간 곳은 수도에서 비행기로 두 시간 거리인 빌류이스크 시 교외의 키실시르 가스전이었다. 아직 개발이 안 된 이 가스전은 매장량이 소련 내에서 둘째 번으로, 세계적인 규모였다. 새어 나오는 가스를 태우는 불꽃이 백야의 얼어붙은 하늘에 따뜻한 온기를 뿜어내고 있었다. 석유 한 방울 나지 않는 나라에서 온 나그네에게는 그 불꽃이 부럽고 아름답게 보였다.

거기서 헬기를 타고 미루누이 시 근처에 있는 다이아몬드 노천광을 찾았다. 남아프리카 연방 다음으로 세계 2위의 생산량을 자랑

하는 다이아몬드 광산이었다. 부근에는 다이아몬드 가공 공장도 있었다.

이틀째 아침, 9시에 일어나 헬기로 알란 시로 가서 금광을 둘러보고, 다시 네룬그리의 석탄 노천 탄광을 살펴보았다. 세계 최대의 노천 탄광 규모는 워낙 커서 숨이 막힐 지경이었다.

석탄이 문자 그대로 산과 같아서 자원 빈국에서 온 기업인으로서는 기가 죽을 수밖에 없는 광경이었다. 그 산을 그냥 파내기만 하면 되니, 강원도의 수백 미터 지하 갱도에서 고생하는 우리 탄부들 생각이 절로 나지 않을 수 없었다. 탄광의 규모에 걸맞게 이곳에서 움직이는 수송 장비들도 모두 80톤, 120톤의 대형급들이었다. 이곳의 석탄은 일본이 이미 연간 몇 백만 톤씩 수입해 가고 있었다.

야쿠티야 공화국 정부가 우리에게 보여 주고 싶었던 탄광은 네룬그리 시에 인접한 엘킨스코어라는 미개발된 탄광이었다. 이 노천 탄광도 경제성이 아주 높은 것으로 평가되었으나 아직 개발되지 않고 있었다. 이 탄광을 공동으로 개발하여 한국으로 수출하려는 것이 야쿠티야 정부의 야심적인 계획이었다.

엘킨스코어에서 시베리아 횡단철도에 접속시켜 블라디보스토크까지 실어 나르고, 블라디보스토크에서도 두만강 북쪽의 포시에트 항까지 연결시켜 여기서 한국까지 해상 또는 육로로 수송한다는 청사진이었다. 그러자면 탄광을 개발하는 문제와, 탄광에서 시베리아 횡단 철도까지 연계 철도를 부설하는 두 가지 사업이 추진되어야만 했다. 야쿠티야 정부와 우리는 이 사업을 진지하게 검토하기 시작했다. 특히 블라디보스토크에서 두만강을 건너 북한을 경유, 한국까지 육로 수송이 가능한지에 대한 문제가 가장 큰 관심사였다.

우리는 매일 아침부터 야쿠티야 공화국의 고위 관리들과 함께 헬기로 이동하고 현장을 답사하는 강행군을 계속했다. 해가 지는 밤 12시까지 답사를 멈추지 않았다.

뭐니 뭐니 해도 야쿠티야 공화국에서 우리의 가슴을 가장 설레게 한 것은 역시 가스였다. 60억 톤이 매장되어 있다고 하는데, 이는 우리나라가 소비량이 급증할 21세기에도 50년 이상 쓸 수 있는 물량이었다. 매장량은 천문학적인 데 비하여 인구는 2백만 명에 지나지 않아 어차피 수출할 수밖에 없는 자원이었다.

어디로 수출할 것인가? 야쿠티야에서 유럽까지는 거리가 너무나 멀어서 유럽에 파는 것은 경제성이 전혀 없다. 결국 극동 지역밖에는 보낼 곳이 마땅찮은 물건이었다. 3천8백 킬로미터만 수송하면 한국에 와 닿는다. 결국 이 가스야말로 21세기의 한국을 위해 존재하는 자원이었다. 자원 빈국인 우리나라의 가까운 곳에 이런 천혜의 자원이 숨겨져 있었다는 사실을 확인하고 나는 하느님에게 무한한 감사를 드렸다.

이 자원을 우리 경제의 밑거름으로 이용하기까지는 넘어야 할 산들이 첩첩이 가로막고 있는 것도 사실이었다. 우선 야쿠티야 측과 개발계획에 합의를 하더라도 연방 정부의 승인을 얻어야 하는 절차상의 문제가 있다.

절차상의 문제가 다 해결되더라도 일찍이 경험해 보지 못한 독특한 기후 조건 속에서 어떻게 견딜 수 있을까 하는 것도 큰 문제였다. 겨울에는 영하 30~40도의 강추위 속에 24시간 내리 밤이 계속되고, 반대로 여름에는 영상 30~40도의 무더위 속에 24시간 내리 낮만 계속되는 나라다. 수송로도 당장에는 여의치 않다. 이런 모든 악조건 때문에 수많은 나라의 정부와 기업인들이 군침을 흘리며 왔다가 발길을 돌려야 했다.

그렇다면 유럽 국가들에게는 경제성도 없고 악조건뿐인 바로 그 이유가 거꾸로 우리에게는 매력이 아니겠는가. 아무나 덤벼들지 못하는 악조건이기 때문에 우리가 해야 하지 않겠는가.

그리고 이 사업은 생산된 가스를 대륙으로 횡단하여 북한을 거쳐 한국을 잇는 가스관을 통해 들여오고 해저 터널을 통해 일본까지 보내는 대규모 사업으로 연결시켜야 한다.

21세기의 한국 경제에 절대로 필요한 가스를 해상 수송 아닌 육로로 들여온다는 것은 곧 우리나라에서 가스가 생산되는 것과 비슷한 효과를 지닌다. 좀 더 확대 해석하면 북방에 드넓은 국토를 새로 마련하는 것과 같은 효과라 할 수 있다.

이미 유럽은 우랄 산맥 동쪽의 가스 유전을 개발하여 6천5백 킬로미터의 송유관을 통해 소련의 가스를 받아들이고 있다. 이에 비해 야쿠티야의 가스를 우리나라까지 끌어들이는 거리는 3천8백 킬로미터에 지나지 않는다. 유럽까지의 절반 거리인 셈이다. 일본까지는 불과 2백 킬로미터의 해저 가스관만 가설하면 된다.

파이프라인의 설치는 단순히 가스 공급 외에 소(少) 동북아 경제권의 형성을 촉진시킨다는 데에 커다란 의의가 있다.

연해주, 지린 성, 헤이룽장 성과 북한 지역에서 필연적으로 벌이게 될 거대한 사업을 위해서도 에너지인 가스의 확보는 필수적이다. 또한 야쿠티야의 천연가스를 한국까지 끌어오는 가스관 주변 일대는 자연히 천연자원과 여러 가지 생산물을 교역할 수 있는 다양한 기반 시설들이 뒤이어 들어서게 될 것이다.

한국 같은 작은 나라가 세계에 우뚝 서기 위해 반드시 해야만 하는 일이다. 그리고 우리는 그런 저력을 갖고 태어났다. 세계는 넓다. 그 넓은 세계를 우리의 안마당으로 끌어들이지 않고 책상 앞에 앉아 세계화니 국제화니 백날 떠들어 봤자 소용없는 일이다.

야쿠티야 답사를 마치고 레나 강에 띄운 선상에서 합의서를 만들었다. 야쿠티야를 가로질러 흐르는 레나 강은 길이 4천 킬로미터가 넘는, 소련의 3대 강 중 하나다. 시베리아의 동토를 적시며 흘러 북해로 들어가는 이 강의 넓은 곳은 폭이 12킬로미터가 넘어 강 가운데서 바라보면 양안이 보이지 않을 정도다.

이 사람들도 풍류와 멋을 아는 사람들이었다. 네덜란드에서 사들였다는 유람선은 호화로웠고, 선상에 차려 놓은 음식들은 풍성하고 사치스러웠다.

그러나 아무리 풍류가 있고 음식이 좋다 하더라도 사업은 역시 계산이다. 양측은 금융 문제 때문에 의견이 맞지 않아 거의 파국 직전까지 가는 위기를 맞기도 했고, 배 안에서 따로따로 모여 구수 회의를 하거나, 자리에 앉아서도 서로 말없이 냉랭하게 두 시간을 버티는 신경전을 벌이기도 했다.

그러나 협상은 파국 직전의 마지막 단계에서 합의를 보았다. 큰 진통 끝에 합의에 이르고 나면 그 기쁨은 두 배로 늘어난다. 서로의 처지와 입장 때문에 팽팽하게 맞섰다가 극적인 합의를 이룬 우리들은 곧 인간적으로 서로를 깊숙하게 이해하게 되었고, 마치 형제 같은 따뜻한 정을 느끼게 되었다.

국제 간의 냉엄하고 살벌한 협상 과정 속에서도 가끔 이렇게 피가 흐르고 정이 흐르는 인간적인 만남이 있기 때문에 세상은 살맛이 나는 것이다. 인간 세상에 대한 희망이 생기는 것도 이러한 때다.

마침내 야쿠티야 공화국의 가스 유전과 석탄광 개발, 철도 부설 등 자원의 개발을 주 내용으로 하는 합의서가 작성됐다. 우리는 곧장 모스크바로 날아가 연방 정부와 협의를 마쳤다. 곧바로 모스크바 강 선상에서 서명식을 갖고 자티프 부수상과 정주영 회장, 그리고 내가 서명했다.

이 사업들은 그 후 현대가 정치에 전념하면서 주춤했고, 구소련의 정치 상황과 남북 관계의 악화 등 여러 악재가 겹쳐 일시적으로 제동이 걸려 있는 상태다. 그러나 반드시 해야 할 사업이기 때문에 곧 재추진될 것이고, 그를 위해 누군가 앞을 내다보는 사람들이 다시 땀을 흘려야 할 것이다.

고르바초프 미로 찾기

1991년 11월, 일곱 번째 소련 방문 때였다. 모스크바에 갔더니, 그 동안 안면을 터둔 사이인, 고르바초프의 경제특보 페트라코프로부터 급히 만나자는 연락이 왔다. 그런데 나 혼자만 오라는 것이었다. 뭔가 중요한 일이 있을 것이라는 예감이 들었다.

크렘린 궁 맞은편에 있는 페트라코프 사무실에 들어섰더니, 그는 대뜸 이렇게 말했다.

"당신들 고르바초프 대통령을 만나 볼 생각이 없습니까?"

"왜 없겠습니까. 대통령을 만나는 것은 우리의 큰 소망이었습니다. 우리가 소련에서 해야 할 일을 전달하고, 또 대통령의 생각도 알고 싶습니다."

우리에게 의사를 타진할 정도라면 벌써 고르바초프와 교감이 있었을 것이라고 나는 짐작했다. 어쨌든 파격적인 일이었다.

"대통령을 만날 사람들의 명단을 미리 제출해 주시고, 이 일은 절대 비밀로 해주시오."

정 회장은 내 얘기를 듣자 흥분했다. 그는 신이 나서 이렇게 말했다.

"이봐, 고르바초프 대통령을 만날 때 할 이야기를 미리 준비하자고. 그리고 지금 여기에 KBS 취재 팀이 와 있잖아. 같이 들어갈 수 있도록 교섭을 좀 해보시오."

다음날 아침, 페트라코프로부터 또 '혼자 들어오라'는 연락을 받았다.

"내일 오후 5시 크렘린 궁으로 가서 대통령을 만나게 됩니다. 최종 명단은 정주영, 이명박, 그리고 한국 측 통역 한 사람입니다. 통역자 명단을 미리 주시오."

그런데 바로 이때부터 일이 틀어지기 시작했다.

다음날 5시까지는 시간이 비어 있었다. 이게 화근이었다. 마침 이 시간을 이용해, 현대 모스크바 지점장으로부터 러시아 공화국에 팔아야 할 물건도 많으니 러시아 공화국 수장을 꼭 만나야 한다는 요청이 있었으므로, 미리 예방 신청을 해놓았는데, 하필이면 고르바초프 대통령을 만나기로 한 전날 오후 2시로 약속이 잡힌 것이다. 정 회장과 나, 모스크바 지점장, 이렇게 세 사람이 러시아 공화국 수상실로 갔다.

수상과의 면담은 순조로웠고, 우리는 러시아 공화국이 필요로 하는 소모품을 현대종합상사가 공급하고 러시아 측은 물건값을 원자재로 지불하기로 명시하는 합의서에 서명했다. 양국 텔레비전 카메라가 이를 촬영했다.

그런데 이날 합의서 내용에는 원자재 중에 석유도 들어가 있었다. 원래 석유, 가스, 금과 같은 주요 지하자원은 연방 정부가 직접 관할하게 되어 있었는데, 우리는 이 사실은 까맣게 모르고 있었던 것이다. 이 합의 내용이 이튿날 아침 러시아 방송과 신문에 보도되었다.

페트라코프가 다급한 목소리로 나를 찾았다. 불길한 예감이 스쳤다. 페트라코프 사무실로 달려갔더니, 그는 몹시 화가 나 있었다. 한참 동안이나 아무 말도 하지 않았다.

"당신들은 큰 실수를 저질렀소. 우리 국가의 규정을 깨뜨렸단 말이오. 대통령 예방이 취소됐을 뿐만 아니라, 앞으로 당신들의 활동에도 협조하지 않을 것이오."

청천벽력이었다. 하지만 나로서도 할 말이 있었다.

"이럴 수가 있습니까. 우리는 그런 협정이 있는지조차 몰랐소. 책임이 있다면 오히려 그런 사실을 알고도 서명한 러시아 공화국에 있는 것이 아니겠소. 대통령은 만나지 않아도 좋아요. 그러나 앞으로 협조를 못하겠다는 결정은 납득할 수가 없습니다."

"이미 방침이 결정되었소. 그만 돌아가시오."

고르바초프와 대좌하기 직전에 취소 통보를 받은 정 회장은 여간 실망하는 것이 아니었다. 호텔 방에 들어가서 문을 걸어 잠가 버렸다.

그동안 닦아 놓은 북방 진출의 출입구가 봉쇄될 처지였다.

그 즈음 이미 소련 연방 대통령 고르바초프와 러시아 공화국 대통령 옐친 사이에는 갈등의 골이 돌이킬 수 없을 정도로 깊어지고 있었다. 우리는 이런 사실을 감지하지 못했기 때문에 적절하게 대처할 수 없었고, 결국은 고르바초프와 옐친과의 싸움에 잘못 끼어든 결과가 되어 버렸다.

나는 우선 마음을 가라앉혔다.

'페트라코프를 인간적으로 설득할 수 있는 방법은 무엇인가?'

나는 캄캄한 절벽을 응시했다.

그렇다. 러시아에서 영어로는 인간적인 감정을 전달하기가 어렵다. 통역이 있어야 한다. 나는 유학구 씨를 찾았다. 그는 진주 태생으로, 6·25때 이북으로 가서 소련에 정착한 사람이었다. 역사학자로, 모스크바 국립연구소 동양과장이었다. 우리가 고르바초프를 만나러 갈 때 통역으로 유 씨를 동행하겠다고 명단을 미리 제출했다(뒷날 노태우 대통령과 고르바초프 대통령이 정상 회담을 할 때도 그가 통역을 했다).

나는 유학구 씨와 페트라코프를 만나기 위해 면담을 신청했다. 그러나 그는 몇 차례에 걸친 요청에도 냉담했다.

내가 "이제 돌아가는 길이다. 마지막으로 할 말이 있다"고 하자 사무실 문을 열어 주었다. 오후 5시였다. 나는 유학구 씨를 통해 내 감정을 전달했다.

"우리가 결과적으로는 연방 정부의 정책을 어긴 것이지만, 우리 현대에 고의성은 없었습니다. 당신은 페레스트로이카를 실제로 집행하는 책임자로서 소련의 앞날뿐 아니라 우리에게도 친절한 길 안내를 해주었습니다. 그동안 우리의 투자 의욕과 소련의 경제 발전을 잘 조화시켜 기대 이상의 협력 관계를 다져 왔습니다. 그런데 이제 와서 소련 내 규정을 잘 몰라 저지른 실수 하나 때문에 지금까지 쌓아 올린 성과를 허물어 버린다면, 이건 양측 모두에게 너무나도 비

생산적입니다."

나는 하소연했다. 페트라코프는 처음에는 듣지 않으려는 기색이더니, 유학구 씨가 소련어로 말하자 귀를 기울이는 것 같았다.

"당신에게 인간적으로 호소하는 것입니다. 고르비를 만나지 못해서 우리는 많은 불이익을 당했습니다. 그러나 이것은 현대만의 불이익이 아닙니다. 소련에게도 큰 손실입니다. 왜 양측 모두에게 손실이 오게 하는지 그 이유를 모르겠습니다."

그는 잠시 생각하더니 자기 사무실에서 조금 기다리라는 것이었다. 한 가닥 희망이라도 남아 있는 것인가? 초조하기가 이를 데 없었다. 기다리고 있는 사이에 정 회장으로부터 전화가 왔다. 그도 좌불안석이었다.

한참 후에 페트라코프가 돌아왔다.

"당신 뜻을 이해하겠소. 우리도 제의를 하나 하겠소. 당신이 이런 내용으로 타스 통신과 기자 회견을 하시오."

기자 회견문은 우리 현대가 연방 정부의 규정을 몰라 잘못된 계약을 체결했으니 협약을 파기한다는 내용이었다. 이 같은 회견문이 신문에 실리면 그때 다시 결정을 내리겠다는 것이었다. 우리는 우리 의지와 관계없이 연방 정부와 러시아 공화국의 힘겨루기에 끼어든 형국이었다.

그러나 우리는 연방 정부와 러시아 공화국의 위치가 앞으로 어떻게 바뀔지 알 수가 없었다. 섣불리 한쪽 편을 들 수 없는 난감한 지경이었다.

나는 기자 회견을 하는 쪽으로 마음을 굳혔다. 기자는 페트라코프가 보내기로 했다. 다음날인 12일 오후 5시, 고르바초프를 만나기로 되어 있는 시각 이전에 기자 회견 내용이 신문에 나와야 했으므로 시간이 없었다.

다음날 아침 일찍 타스 통신 기자가 왔다. 그는 이미 내용을 다 알고 있었다. 나는 기자에게 이번 사태의 전말을 설명했다. 그러나 몇 군데, 페트라코프가 전해 준 회견문을 '수정'했다. 연방 정부와 러시아 공화국 양측을 동시에 고려해야 했다. '우리는 이 협약을 파기하는 것이 아니다', '쌍방 간에 잘못된 계약이 효력을 얻기 어렵다는 사실을 지적하는 것뿐'과 같은 우회적 표현들을 곳곳에 집어넣었다.

나의 기자 회견 내용은 오전에 활자화되었다. 페트라코프가 만나자는 전화를 걸어 왔다. 나는 기자 회견문이 달라진 것에 대한 변명을 하지 않을 수가 없었다.

"당신은 어제 협약을 파기하라고 했으나, 생각해 보니 파기는 합법적으로 체결된 협약에 해당되는 것입니다. 이번의 경우는 계약 자체가 규정을 어긴 것이라 효력을 발생할 수 없으니, 파기라는 말보다 수정할 때까지 효력을 발휘할 수 없다는 말이 더 강한 의미를 가집니다."

페트라코프는 고개를 끄덕이더니 잠시 어딘가를 다녀왔다. 밝은 표정이었다.

"좋습니다. 계획대로 5시에 대통령을 만날 수 있게 됐습니다."

나는 페트라코프에게 양해를 구하고 그 자리에서 정 회장에게 이 소식을 전했다. 그리고 내친김에 한 가지를 더 요청했다. 당시 모스크바에 와 있던 KBS 취재 팀을 동행케 하자는 것이었다. 그는 경호 문제를 들어 난색을 표하다가 결국 내 뜻을 받아들였다.

우리 일행은 약속 시간에 맞춰 크렘린 궁에 도착해 대기실에 앉아 있었다. 5시 정각에 비서실 직원이 나타나 양해를 구했다.

대통령이 접견 중인 사람과 이야기가 덜 끝나 조금 늦어진다는 것이었다. 10분만 기다려 달라고 했다.

10분 후에 그 사람은 다시 와서 이번에는 15분만 더 기다려 달라고 했다. 나는 고르바초프의 남다름을 보았다. 보통 외국의 기업가가 국가 원수를 만날 때는 30분이고 한 시간이고 기다리라면 기다리는 수밖에 별 도리가 없다. 그런데 고르바초프는 시간마다 늦어지는 이유를 설명해 주는 것이었다.

마침내 고르바초프를 만났다. 기자들을 위해 포즈를 취한 뒤 자리를 권하면서 그는 사과부터 했다.

"5개국 대사들에게 신임장을 주어야 하는데, 일이 바빠 주지 못하다가 방금 한꺼번에 불러 신임장을 주었습니다. 미안해서 신임장을 준 뒤에 차 한 잔 나누며 이야기를 나누었습니다. 대사들이란 워낙 말이 많은 사람들이거든요. 이해해 주시기 바랍니다."

그는 한국과 러시아의 역사적 관계에 대해서 정확한 지식을 갖고 있었고 솔직했다. 소련 경제의 어려움을 털어놓으면서 한국 기업인들과 협력이 필요하다고 말했다.

"2백 년 전에 지금의 소련 아카데미를 창설한 유명한 학자가 '러시아의 발전은 원동 지역에서 온다'고 말했습니다. 소련의 원동 지역이 발전하려면 그 근거리에 있는 극동 지역 나라들의 협력이 필요합니다. 특히 한국이 큰 역할을 해주리라 기대하고 있습니다."

뒤이어 그는 공산주의 종주국의 대통령이라고 생각되지 않을 만큼 깜짝 놀랄 말들을 했다.

"한반도가 남북으로 분단될 당시에는 북한의 공업이 더 발달하고

크렘린 궁에서 고르바초프와 함께.

국민소득도 높았습니다. 남한은 겨우 농업에 의존하는 수준이었지요. 그런데 지금은 거꾸로 북한이 남한보다 가난합니다. 왜 그렇게 됐는지 아십니까?"

우리는 어떤 의도로 묻는지 몰라 어리둥절할 수밖에 없었다. 그는 이렇게 설명했다.

"북한은 공산주의를 채택했고, 남한은 자본주의를 선택했기 때문입니다."

국교도 수립되지 않은 나라의 경제인에게 소련의 대통령이 한 말은 정말 솔직한 것이었다. 현실을 그대로 볼 줄 아는 시야를 가졌기에 격심한 이데올로기의 변화 과정에서도 큰 혼란 없이 역사의 한 장을 안정되게 이끌었을 것이라는 생각이 들었다.

뒤이어 나온 이야기는 더욱 인상적이었다.

"북한이 사회주의를 선택하도록 종용한 것은 소련입니다. 따라서 북한의 문제는 소련의 책임이 큽니다. 한국과 북한은 분단 전에는 같은 언어와 같은 문화를 가진 한민족이었지요. 언제가 될지 모르지만 남한과 소련의 국교가 열리고 경제 협력을 하게 되면 그 열매를 북쪽에도 나누어 줍시다. 소련은 그래야만 할 도의적 책임이 있습니다."

정말 공감이 가는 이야기였고, 한소 경제 협력의 의의를 집약한 말이라고 생각했다. 고르바초프는 스스럼없이 양국의 장래에 대한 생각을 털어놓으며 미래를 위한 새로운 관계 설정이 절실하다고 강조했다. 한국 기업의 소련 내 활동을 적극 지원하겠다는 약속도 잊지 않았다.

고르바초프 대통령 예방은 대성공이었다. 특히 정 회장은 큰 자신감을 얻은 것 같았다. 그는 '내친김에 부시도 만나자'면서 곧장 미국으로 날아갔고, 중국을 방문했고, 마침내 평양까지 들어갔다. 고르바초프를 만난 이후 그는 자신이 커다란 정치적 역할을 할 수 있는 인물이라고 생각하기 시작한 것이다. 사실 그의 북방 진출은 한국의 어느 정치인보다 앞선 것이었다. 때문에 그는 자부심에 가득 차 있었다.

신고구려 시대의 출발지, 연해주

연해주(프리모르스키) 지역은 가깝게는 구한말, 우리 민족의 '피난처'이기도 했지만, 더 멀리 올라가면 만주 지역과 더불어 고구려의 기상이 뻗쳐 나가던 웅혼한 대지였다. 지금도 우리 아버지, 할아버지 대의 교포들이 살아 있다.

나는 북방을 생각할 때마다 가장 먼저 연해주를 떠올린다. 지금으로부터 1백 년 전, 우리 선조들이 세계의 흐름에 일찍 눈떠 제국주의의 침탈을 막을 수 있었다면, 지금쯤 우리는 만주 일대와 연해주까지를 우리의 '국경'으로 삼아 동북아 경제권의 당당한 주역으로 떠올라 있을 것이다.

북방에 진출하면서 나는 분단이 우리의 과거뿐 아니라 미래까지 옥죄고 있음을 뼈저리게 느꼈다. 휴전선은 우리 민족의 장래를 생각할 때 하루빨리 걷어 내야만 한다. 정치적인 이유, 단일 민족의 유구한 동질성, 역사의 반복성 등 장황한 이유를 댈 여유가 나에게는 없다. 나는 무엇보다도 경제 논리로서 남북 경협과 통일을 이해한다.

세계는 하나의 경제권, 하나의 무역 질서에 편입되고 있다. 세계는 오직 경제 논리에 의해 움직인다는 뜻이다. 경제 논리에 포함되지 않는 것은 이제 지구상에 존재하지 않는다. 나는 동구권과 구소련이 이데올로기로부터 등을 돌린 근본 이유를 '빵'에서 찾는다. 빵은 경제 논리에 의해 생산되고 유통된다.

나의 경제 통일론은 연해주에서 출발해, 남북 경협을 지나, 동북아 경제권으로 귀착된다. 이 경제 통일론은 민족의 미래, 한반도의 21세기에 대한 비전에 다름아니다.

나는 소련과 경제 협력을 추진할 때 우선적으로 연해주 지역의 삼림에 관심을 쏟았다.

세 번째 소련 방문 때인 1989년 10월, 연해주의 임업생산연합에 그라보브스키 사장과 현대종합목재산업주식회사 주강수 전무 사이에 임산업 합작회사 설립에 관한 합의서가 작성되었다. 합의서에 따르면 이 합작 회사는 일정한 지역을 임대받아 원목의 벌채, 운반 및 선적 수출, 제재목과 칩, 가구 등 가공품의 생산 및 수출에 이르기까지 임산업 전 분야를 도맡기로 했다.

이 사업은 합의서가 교환된 이듬해인 1990년부터 착수되어 이미 많은 양의 목재가 우리나라와 제3국에 수출되었다. 연해주의 한소 합작 임업사업은 고르바초프 대통령 시절의 그 어려운 격변 속에서 소련 정부가 외국 기업과 합작한 사업 중에서 유일하게 성공을 거둔 사례로 기록되었다.

국내 수요량의 90%에 달하는 삼림 자원을 외국에서 사다 쓰는 우리로서는 비록 남의 나라일지라도 앞으로 육로 수송이 가능한 연해주에서 광대한 삼림을 본격적으로 개발하게 되었다. 천연가스와 함께 장차 동북아 경제권이 해상은 물론 육로로 연결되어야 한다는 필요성을 보여 주고 있는 것이다.

북한을 열어야 21세기가 열린다

우리가 연해주 삼림 합작 개발을 시작하자, 북한 벌목공들이 벌목장을 탈출하기 시작했다. 북한 벌목공은 체제의 울타리를 뛰쳐나오고, 우리는 그 체제의 외곽으로 들어간 것이었다. 제3국인 연해주에서의 이 우연찮은 '교차'는 남과 북이 급속하게 변화하고 있음을 상징적으로 보여 주는 사건이었다. 남과 북이 경제 논리에 의해 곧 만나게 되리라는 신호였다.

현재 연해주는 러시아 공화국 영토다. 그곳을 '고향'으로 삼고 있는 동포들은 스탈린의 강제 이주 정책에 의해 중앙아시아 등지로 옮겨 살고 있지만, 대다수는 연해주로 돌아가고자 한다. 그렇게 되면 연해주는 한국의 영토는 아니지만 우리 민족의 삶이 연장된 영토로서 새로운 의미를 갖게 된다.

경제적으로 이 '민족의 영토'는 한국 기업이 대륙으로 진출하는 확실한 교두보가 될 것이다. 이곳에서는 동해를 거쳐 5대양으로 나갈 수 있으며, 철도를 통해 유럽으로 직접 연결된다. 부산에서 출발한 상품이 말라카 해협을 지나 수에즈 운하를 통과한 뒤 다시 육로로 유럽 각지로 들어가는 현재의 해상 수송로보다 직접 철도로 유럽과 연결되면 시간상으로나 비용 면에서 비교가 되지 않는다. 육로가 훨씬 유리하다.

남북이 조만간 통일된다는 것을 전제할 때, 중국의 동북 3성과 함께 이 지역의 중요성은 몇 배나 높아진다.

우리는 연해주와 함께 두만강 건너에 있는 러시아의 부동항 포시에트에 집중적인 관심을 가지고 진출을 시도했다. 포시에트는 미래의 매우 중요한 거점이었다.

현재 지린, 헤이룽장, 랴오닝 성 등 중국 동북 3성에 거주하는 우리 동포는 150만 명에 이른다. 그 동포들이 국제적으로 활발한 활동을 펼치게 될 날이 곧 오는데, 그 지역에서는 태평양으로 나갈 길이 없다. 가장 가까운 곳이 블라디보스토크와 두만강 사이에 있는 포시에트라는 부동항이다.

이곳은 중국 국경에서 불과 40킬로미터밖에 떨어져 있지 않다.

그뿐만이 아니다. 포시에트는 한국을 비롯해 북한, 중국, 러시아 경제가 접점을 이루는 삼각 지대의 중심이 되는 지역이다.

지금 북한이 추진하고 있는 두만강 개발 사업도 러시아의 블라디보스토크, 중국의 창춘, 그리고 북한의 나진을 잇는 삼각 지역을 대상으로 하고 있는데, 이 경우에도 중심은 역시 포시에트이다.

이곳의 개발이 성공적으로 이루어진다면, 앞으로 이 일대는 러시아와 중국에 살고 있는 우리 동포들의 새로운 경제 중심지가 될 뿐만 아니라, 한반도의 우리 민족과 연계되면서 동북아 경제권의 새로운 중심지로 떠오르게 될 것이다. 북방 진출은 우리 민족의 미래와 이렇게 매우 밀접하게 연결되어 있는 것이다.

나는 한국 경제의 앞날을 낙관한다. 우리 경제는 성장과 위기를 반복하면서 발전해 왔다. 1960년대 초반의 베트남 특수, 1970년대의 중동 특수, 1980년대의 동남아와 국내 건설 붐으로 성장을 지속해 왔다. 한국 경제의 성장은 곧 건설 시장의 성장이었다.

1990년대의 전환점은 남북 간의 경협이다. 여기에는 러시아, 중국 등 북방까지도 포함된다.

남북 경협은 남과 북의 경제 발전으로만 국한되지 않는다. 세계 경제의 블록화 현상에 대한 효과적인 대응이라는 측면에서도 매우 중요하다. 남과 북의 경제 협력이 시작되는 순간, 육로는 당연히 열린다. 육로가 열리는 순간, 동북아 경제권이 구체적으로 블록으로 활동하기 시작하게 된다.

지난 1990년 정주영 회장이 북한에 들어가 금강산 개발 사업을 합의한 것은 실로 중요한 전환점이 될 수 있었다. 그때 우리는 정 회장의 아이디어 가운데 최소한 하나라도 실천에 옮겼어야 했다. 그러나 정치 논리에 경제 논리가 희생되고 말았다. 그때 경협이 성사되었다면, 통일은 그만큼 앞당겨졌을 것이다. 아쉬운 일이 아닐 수 없다.

장차 세계의 4대 경제권인 NAFTA, EU, 중국, 일본 가운데 중국과 일본의 압력을 견디어 내려면 남과 북이 통일하는 것 말고는 다른 방법이 없다.

일부에서는 통일 비용을 문제 삼으면서 통일이 되면 남과 북 모두 경제적으로 낙후될 것이라는 예측을 하는데, 절대 그렇지 않다. 남북 경협은 우리가 북한을 일방적으로 도와주는 것이 아니다. 원조가 아니라 경제 협력이다. 남과 북이 같이 발전하자는 것이다.

우선은 인력난, 고임금에 시달리고 있는 우리 중소기업이 먼저 북한에 진출하는 것이 효과적이다. 지금 우리 중소기업의 설비와 기술은 선진국에 뒤지지만, 북한에 들어가면 앞으로도 얼마 동안은 충분히 가동할 수 있다. 북한은 우리 중소기업을 통해 경제 발전과 동시

1991년 7월 두만강에서. 나는 이곳에서 우리 민족이 남북 경협을 통해 북방에 진출하고 나아가 동북아 경제권의 중심으로 부상할 날을 꿈꾸었다.

에 자본주의를 점차적으로 배우게 될 것이다.

그런 다음 대기업들이 진출해 대륙 진출의 교두보를 마련하는 것이 순서다. 그렇게 될 때 인도, 중동, 유럽으로 나가는 길이 열린다. 부산에서 시작하는 새로운 '실크로드'가 뚫리는 것이다.

한 외국 통계를 보니까 2002년이 되면 중국의 구매력이 연 6천4백억 달러가 되고, 일본이 5천2백억 달러에 이르게 된다고 한다. 그러니까 수출입을 모두 고려한다면 우리 한반도를 중심으로 연간 2조 달러에 가까운 물동량이 발생하게 된다. 이 엄청난 시장은 우리가 어떻게 대응하느냐에 달려 있다. 그 중 상당 부분이 우리 것이 될 수 있다.

그러나 자칫 넋을 놓고 있다가는 우리는 두 경제 핵의 자장 속으로 빨려 들어가게 된다.

　남북 경협과 민족 통일이 필요한 까닭이, 새로운 경제 질서에 대응하는 국제화가 절실한 이유가 다른 데에 있는 것이 아니다.

| 글을 마치며 |

또 다른 세계로 나를 보낸다

나는 요즘 일요일마다 내가 다니는 교회에서 주차 안내를 맡아 하고 있다. 이른 새벽 남보다 일찍 나와 기다렸다가 교인들의 차를 안내해 바로 주차하도록 하는 것이 나의 일이다.

시작한 지 2년, 나는 이 일이 즐겁다. 새벽바람도 늘 쾌적하고, 교인들과 나누는 아침 인사도 정겹고, 봉사로서 휴일의 하루를 열어 가는 기회를 준 교회와 하느님에게도 고맙다. 비록 작은 일이지만 내 앞으로의 삶이 가야 할 좌표의 한 상징으로 느껴지곤 한다.

나는 경제 분야에서 반평생을 살았다.

생각해 보면 참으로 숨 가쁜 성장의 계절이었다. 나와 함께했던 동료들은 뛰고 또 뛰어왔다. 세계의 어느 누구보다 혼신의 힘을 다해 일했고 목표치를 뛰어넘는 결과를 내왔다. 엄청난 속도의 성장으로 회사는 최정상의 자리에 서게 됐고, 우리 경제 또한 세계 10위권으로 도약했다.

하지만 빛이 있으면 그늘이 지듯이 성장의 그림자도 있기 마련이다.

앞으로 나아가려다 희생되거나 좌절한 근로자, 건설 역군, 경제인들도 많았다. 우리 경제의 번영은 그들의 헌신적인 땀과 눈물을 기반으로 하고 있기에 결코 잊을 수 없는 공로자들이라고 생각한다.

경제적 불평등, 분배의 모순과 이에 따른 계급 갈등, 그리고 전통문화의 훼손과 환경 파괴 등의 문제도 발생했다. 우리의 경우는 특히 오랜 시간 동안 억압적 정치 구조 아래 있었기 때문에 더욱 그러했다.

이제 보다 양질의 성장, 보다 인간적인 삶을 위한 조건들을 심각하게 숙고하고 실천해야 하지 않을까?

많은 사람들이 나를 성장의 주역이라고 한다. 그동안 기업인으로서 가난의 사슬을 풀고 경제적 번영의 토대를 마련하는 데 일조했다면, 이제 성장의 과실을 골고루 나눌 수 있도록 돕고, 양질의 참된 사회를 만드는 책임의 일부가 나에게 있을 것이다.

"명박아, 음식 준다고 받아먹지 말고 거저 돕고 오거라."

손전등을 들고 새벽길을 나서면 돌아가신 어머니의 말씀이 자꾸만 떠오른다. 어머니는 자기 존재의 떳떳함을 가르쳤고, 정직과 성실성을 가르쳤고, 신명으로 맡겨진 일을 완수하라고 가르쳤다. 헌신이 아니면 봉사가 아니라고 가르쳤다. 어머니가 계셨다면 이렇게 말씀하였을 것이다.

"지금부터는 앞보다 좌우를 더 살펴서 성장의 그늘을 챙기거라. 정치도 봉사이니라."

스무 살 시절 나는 운동권 학생이었다.

6·3 사태에 연루되어 옥살이를 하며 나는 척박한 조국을 위해 할 수 있는 일이 무엇인가를 놓고 원점에서부터 고민했다. 길거리에는 실업자들이 우글거리고 대학을 나와도 일자리가 없었다. 먹을 것도, 입을 것도, 잠잘 자리도 없는 가난한 이 나라를 위해 무엇보다 먼저 할 일은 경제 건설이라고 믿었다. 나에게 경제는 이론이나 행정이 아니라 실물 참여를 통해 가꿔질 수 있는 것으로 여겨졌고, 그래서 나는 기업인이 되었다.

　그러나 나는 또 다른 세계로 나를 보냈다. 아니, 스무 살 시절 정치의 열병을 앓았던 출발점으로 되돌아왔다.

　그렇다면 지난 27년의 시간은 지금의 나에게 무엇을 남겼는가? 나는 정치 세계 그대로 머물렀다면 배울 수 없었던 많은 것을 배웠다고 자부한다.

　사업을 일으켜 사람들과 함께 일하는 방법을 배웠고 돈을 버는 방법을 배웠다. 정보를 분석하고 전략을 세우며 조직을 관리하는 방법을 배웠다. 지방 경제와 국가 경제 그리고 세계 경제가 어떻게 유기적으로 물고 물리는지도 배웠다.

　그러나 무엇보다도 내가 자신 있게 배웠노라고 말할 수 있는 것은 기업가 정신이다.

　기업가는 장사꾼이 아니다. 진정한 기업가는 무에서 유를 창조하는 발명가다. 진정한 기업가는 불가능을 가능으로 바꾸는 해결사다. 진정한 기업가는 비생산을 생산으로 만드는 혁신가다. 기업가는 돈보다 일을 사랑하고, 일의 성취에 뜻을 둔다.

　바야흐로 세계의 경제 질서는 새롭게 재편되고 있다. 이와 함께 정치는 바로 경제이고 경제가 곧 정치인 시대로의 변화가 이루어지고 있다. 그러므로 기업인의 정계 진출은 기업가 정신의 도입을 뜻하는 것이어야 한다. 기업에서 체득한 경영 혁신의 노하우를 정치에 이용해야 한다.

　새로운 국가 사업을 제시하고 부가 가치를 창출하는 정부를 만들어야 한다. 맹목적 반대나 찬성이 아니라 경쟁 국가에 대한 우위를 확보하고, 국가의 총매출과 순이익을 늘리는 전략을 내놓아야 한다. 방만하고 낭비적인 데다가 위압적인 정부 조직과 공직자를 대신해 생산적이고 효율적이며 고객 중심적인 정부 조직과 공직자를 창출해야 한다. 그리하여 고객인 국민에게 삶의 만족을 줄 수 있어야 한다.

　선거의 표를 의식하는 정치보다 10년, 20년 뒤의 국가 이익을 내다보는 장기 투자형 국가 경영을 해야 한다. 자기 자신을 위한 통치가 아니라 전체를 위해 헌신하고 봉사하는 경영이라야 한다.

　앞선 나라의 앞선 정치인은 그렇게 하고 있다. 미국은 아예 최근 정부 개조 작업의 기준으로 기업가 정신을 천명하고 있다. 일본의 성공적인 지방 자치 단체장은 예외 없이 경영 마인드를 갖고 있다. 심지어 기업체 사장을 여야가 공동으로 영입하는 사례도 있다.

　군대가 20세기 중반 가장 앞선 조직이었다면 기업은 20세기 후반 이후를 이끌고 있는 프론트 조직이다.

 기업과 정부, 기업과 국가는 그러나 매우 다른 것이 사실이다. 무엇보다도 기업은 자기 이익의 극대화를 추구하고 있지만 국가와 정부는 전체의 이익, 공동의 선을 목표로 하고 있기 때문이다. 그 차이를 이해하고 조율할 수 있다면 세계화 시대, 무한경쟁 시대에 기업가 정신이 기여할 바는 무궁무진하다.

 기업 경영이든 국가 경영이든 경영의 본질은 같은 것이 아닌가? 나는 그렇게 믿고 있다. 나는 그래서 20대의 원점으로 복귀했다. 한때 기업 성장의 불을 밝히기 위해 뛰었던 내가 이제는 우리 모두의 성장을 위해 더 열심히 뛰어야겠다고.

 막상 결심하고 글쓰기를 시작하니 하고 싶은 말 남기고 싶은 이야기가 많았다. 그러나 앞으로 할 일이 더 많이 남았으므로 자꾸 앞서나가는 펜을 거둬 들여야 했다.

 격변의 2000년대가 우리를 기다리고 있다.

 젊은이들이여!

 신화는 없다. 그러나 새로운 신화를 위해, 모두 도전해야 할 때이다.

1995년 1월
이명박